역사는 지나치게 자세히 설명하면 지루하고 딱딱할 수 있고, 너무 재미 기구로만
풀어가다 보면 역사의 본질을 놓칠 수 있지요. 그런데 이 책은 재미와 역사의 본질, 두
마리 토끼를 다 잡은 것 같아요.

— 김현애 서울영림초등학교 교사

단순한 역사적 사실 암기가 아닌 원리와 근본을 이해할 수 있습니다.

— 박성현 상일초등학교 교사

《용선생의 시끌벅적 한국사》를 사회 교과서와 함께 갖고 다니라고 얘기하고
싶습니다. 가장 빠르고 꼼꼼하게 역사 공부를 시작할 수 있는 입문서라고 생각합니다.

— 이종호 순천도사초등학교 교사

아이들이 힘들어하는 역사가 암기 과목이라는 생각에서 벗어나 '왜?'라는
질문만으로도 충분히 멋진 수업이 가능하다는 점을 보여 주고 있습니다.
초등학생뿐 아니라 중학생들에게도 좋은 책입니다.

— 정의진 여수여자중학교 교사

이 책은 시간, 공간, 인간을 모두 다루면서도 전혀 어렵거나 지루하지 않습니다.
내가 주인공들과 함께 역사 여행을 하는 것 같습니다. 이 책을 읽은 6학년 여학생은
"작년에 교과서에서 배웠던 것이 이제야 이해가 돼요"라고 하더군요.

— 황승길 안성초등학교 교사

✔ 읽기 전에 알아두기

❶ 이 책은 2016년 《용선생의 시끌벅적 한국사(전면 개정판)》을 증보·개정하여 출간하였습니다.

❷ 보물, 국보, 사적은 문화재보호법 시행령[대통령령 제32111호]에 의거하여 지정번호를 삭제하여 표기하였음을 알려드립니다.

❸ **저자 현장 강의 전면 개정판**에서는 책 속의 QR코드를 통해 영상을 보실 수 있습니다. QR코드를 스캔하여 회원 가입 및 로그인 진행 후 도서 구매 시 제공된 쿠폰의 시리얼 넘버를 등록해 주세요.

▶ 영상 재생 방법 ······························

▲ 용선생 현장 강의
영상 재생 방법

- 회원 가입 후에는 로그인을 위해 다시 한번 QR코드를 스캔해 주세요.
- 시리얼 넘버는 최초 한 번만 등록하면 됩니다. 등록된 시리얼 넘버는 변경하거나 양도할 수 없습니다.
- 로그인이 되어 있으면 바로 영상이 재생됩니다.
- '참고 영상'은 링크 영상으로 시리얼 넘버 인증 없이 바로 시청 가능합니다.
- '용선생 현장 강의' 영상은 **용선생 클래스**(yongclass.com) 홈페이지를 통해 PC로도 시청하실 수 있습니다.
- **저자 현장 강의 전면 개정판**을 구매하지 않은 독자님은 용선생 클래스 홈페이지에서 결제 후 '용선생 현장 강의' 전체 영상을 보실 수 있습니다.

용선생의 시끌벅적 한국사

글 금현진

서울대학교 국어교육과를 졸업하고 월간 《우리교육》에서 기자로 일하였고, 엄마가 된 후 어린이책 작가가 되었습니다. 이 책을 쓰기 시작하면서 어떻게 하면 역사를 어려워하는 우리 아이들에게 역사를 올바르고 재미있게 알려 줄 수 있을까 계속 고민했습니다. 이를 위해 여러 책과 논문들을 읽고, 우리 역사를 생생하게 담아내기 위해 역사의 현장을 직접 돌아보기도 했습니다. 역사 공부에 첫발을 내딛는 어린이도 혼자 읽고 이해할 수 있는 책을 만드는 데 공을 들였습니다.

글 정윤희

연세대학교 대학원에서 한국사(조선 시대사)를 전공하고, 주간지 《한국대학신문》에서 기자로 일했습니다. 자라나는 아이들에게 역사를 쉽고 재미있게 알려 주는 데 관심이 많습니다.

그림 이우일

홍익대학교에서 시각디자인을 공부한 만화가입니다. '노빈손' 시리즈의 모든 일러스트레이션을 그렸으며 지은 책으로는 《우일우화》, 《옥수수빵파랑》, 《좋은 여행》, 《고양이 카프카의 고백》 등이 있습니다. 그림책 작가인 아내 선현경, 딸 은서, 고양이 카프카, 비비와 함께 그림을 그리고 글을 쓰며 살고 있습니다.

정보글 나종현

서울대학교 국사학과를 졸업하고 같은 학교 대학원에서 석사·박사 학위를 받았습니다. 주요 논문으로 〈17세기 반계 유형원의 실리 개념과 고례 추구〉, 〈율곡학파 성리설의 전개와 호론 사상의 형성〉이 있습니다.

지도 박소영

홍익대학교 시각디자인과를 졸업한 후 어린이 교육용 소프트웨어 개발 일을 하며 틈틈이 만화를 그리던 것이 일러스트레이션 일을 시작하는 계기가 되었습니다. 쉽고 재밌는 그림으로 이야기를 풀어 나가려 노력하고 있습니다.

지도 조고은

애니메이션과 만화를 전공했으며 틈틈이 그림과 만화를 그리는, 계속해서 공부하고 배우는 중인 창작인입니다.

기획 세계로

1991년부터 역사 전공자들이 모여 함께 고민하고 연구하며 한국사와 세계사를 가르치고 있습니다. 역사를 주제로 한 책을 읽어 배경지식을 쌓고 이에 대해 자신의 생각을 이야기하는 '독서 토론 프로그램', 우리나라와 세계 여러 나라의 역사, 문화 현장을 답사하며 공부하는 '투어 캠프 프로그램'을 운영하고 있습니다. 지은 책으로는 《이선비, 한옥을 짓다》 등 역사 동화 '이선비' 시리즈가 있습니다.

검토 및 추천 전국초등사회교과모임

전국 초등학교 선생님들이 모여 활동하는 교과 연구 모임입니다. 역사, 사회, 경제 수업을 연구하고, 학습 자료를 개발하며, 아이들과 박물관 체험 활동을 해 왔습니다. 현재는 초등 교과 과정 및 교과서를 검토하고, 이를 재구성하는 작업을 통해 행복한 수업을 만드는 대안 교과서를 개발하는 데 힘쓰고 있습니다.

자문 및 감수 송찬섭

서울대학교 국사학과를 졸업하고 같은 학교 대학원에서 석사·박사 학위를 받았습니다. 현재 한국방송통신대학교 문화교양학과 명예 교수로서 우리 역사를 과학적으로 연구하고 그 성과를 대중에게 보급하기 위해 만들어진 역사학연구소에서 활동하고 있습니다. 지은 책으로는 《조선 후기 환곡제 개혁 연구》, 《농민이 난을 생각하다》 등이 있으며, 엮은 책으로는 《실학파와 정다산》 등이 있습니다.

문화유산 자문 오영인

서울대학교 대학원 고고미술사학과에서 도자사학 전공으로 석사·박사 학위를 받았습니다. 서울대학교에서 강의를 진행하고, 국가유산청 문화유산 감정위원으로 근무했습니다. 현재 사회평론 역사연구소 연구원으로 역사책을 만들고 있습니다.

7

임진왜란과 병자호란을 극복하다

글
금현진 정윤희

그림
이우일

기획
세계로

검토 및 추천
전국초등사회교과모임

자문 및 감수
송찬섭

사회평론

초대하는 글

여러분! 시끌벅적한 용선생의 한국사 교실에 오신 것을 환영합니다.

먼저 기억에 관한 어느 실험 이야기를 소개할까 해요. 기억 상실증에
걸린 환자들과 평범한 사람들이 똑같은 질문을 받았대요. "당신은 지금 바닷가에
서 있습니다. 앞에 펼쳐져 있는 모습을 상상해 보세요. 자, 뭐가 보이나요?" 질문을
받은 평범한 사람들은 하얗게 부서지는 파도며 노을 지는 해변, 물장구치는 아이들,
또는 다정한 연인의 모습을 떠올리고는 그로부터 여러 가지 상상을 풀어 놓았답니다.
그런데 기억을 잃은 사람들의 대답은 아주 간단했어요. 그들이 떠올릴 수 있는
것이라곤 그저 '파랗다'는 말뿐이었대요. 물론 기억 상실증에 걸린 사람들도 바다가
어떤 곳인지 모르지 않습니다. 파도나 노을, 물장구 같은 말들에 대해서도 알고
있고요. 그런데도 그들은 바닷가의 모습을 그려 내지는 못한 거지요. 이쯤 되면
기억이란 것이 과거보다는 현재나 미래를 위한 것이 아닌가 싶은 생각도 듭니다.
그래서 과학자들은 이 실험 이후 기억에 대해 새로운 해석을 내리게 되었대요. 기억은
단순히 과거의 일들을 기록해 두는 대뇌 활동이 아니라, 매순간 변하는 현재와 다가올
미래를 대비하기 위한 '경험의 질료'라고요.

재미난 이야기지요? 우리가 역사를 공부하는 이유에 대해서도 새삼 생각하게 하는
이야깁니다. 한 사람의 기억들이 쌓여 인생을 이룬다면, 한 사회의 기억들이 모여
역사가 됩니다. 무엇을 기억할지, 또 어떻게 기억할지에 따라 우리의 현재와 미래는
달라지겠지요. 그래서 이런 말도 있답니다. '역사에서 배우지 못하는 이들에게는
미래가 없다!'

책의 첫머리부터 너무 무거웠나요? 사실 이렇게 거창한 말을 옮기고는 있지만, 이
책의 저자들은 어디 역사가 뭔지 가르쳐 보겠노라 작정하고 책을 쓴 것이 아니랍니다.
오히려 그 반대였지요. 이 책을 쓰는 동안 우리는 처음 역사를 공부하던 십대 시절로

돌아갔어요. 시작은 이랬습니다. 페이지마다 수많은 인물과 사건들이 와장창 쏟아져 나오는 역사책에 대고 '그건 무슨 뜻이죠?', '대체 무슨 일이 있었던 건데요?' 하고 묻게 되는 거예요. 그것으로 끝이 아니었어요. 겨우 흐름을 잡았다 싶으면 이번엔 '정말이에요?', '왜 그랬을까요?', '그게 왜 중요한데요?' 하며 한층 대책 없는 물음들이 꼬리를 잇더군요. 그럴 때마다 우리를 도와준 것은 바로 이 책의 독자인 여러분이랍니다. 여러분도 분명 비슷한 어려움을 겪으며 무수한 물음표들을 떠올릴 거라고 생각하니, 어느 한 대목도 허투루 넘길 수가 없었어요.

하여, 해가 바뀌기를 여섯 번! 짧지 않은 기간 동안 이 책의 저자와 편집자, 감수자들은 한마음으로 땀을 흘렸답니다. 우리는 무엇보다 과거에 일어난 일들을 최대한 있는 그대로 파악하려는 노력과 다양한 관점에 따라 풍부하게 해석해 내려는 노력을 동시에 기울이고자 했어요. 널리 알려진 역사적 지식이라도 사실과 다른 점은 없는지 다시 검토했고요. 또 역사책을 처음 읽는 학생들이라도 지루하지 않게 한국사 전체를 훑을 수 있도록 하기 위해 흥미진진한 구성, 그리고 쉽고 상세한 설명에 많은 공을 들였답니다. 한국사를 공부하는 일은 오늘 우리 자신의 모습을 뿌리 깊이 이해하는 일이자, 앞으로 써 갈 역사를 준비하는 과정이기도 해요. 그 주인공인 여러분을 초대합니다. 유쾌하고도 진지하고, 허술한 듯 빈틈이 없는 용선생의 한국사 교실로 들어오세요!

금현진

차례

1교시

조선을 뒤흔든 7년, 임진왜란

임진년 4월, 긴 전쟁이 시작되다　013
수군과 의병의 활약으로 전세를 바꾸다　020
명나라의 참전과 협상의 실패　029
두 번째 침략과 기나긴 전쟁의 끝　034

나선애의 정리노트　043
용선생의 역사 카페_ 보물을 빚어낸 조선 도공들　044
한국사 퀴즈 달인을 찾아라!　046
역사반 답사 여행_ 부산　048

교과서 단원: 5학년 2학기 사회 1-3. 민족 문화를 지켜 나간 조선 / 중학교 역사② Ⅳ-4. 왜란·호란의 발발과 영향

2교시

상처로 남은 전쟁, 병자호란

명나라와 후금의 틈바구니에서　055
쫓겨난 광해군과 새 임금 인조　061
두 차례에 걸친 청나라의 침략　065
삼전도의 수치스러운 항복　069
호란이 지나간 자리　074

나선애의 정리노트　081
용선생의 역사 카페_ 청나라로 간 소현 세자　082
한국사 퀴즈 달인을 찾아라!　084

교과서 단원: 5학년 2학기 사회 1-3. 민족 문화를 지켜 나간 조선 / 중학교 역사② Ⅳ-4. 왜란·호란의 발발과 영향

3교시

치열한 논쟁으로 나라의 질서를 다잡다

동인과 서인에서 시작된 붕당 정치　089
협력과 견제 속에서 대동법을 시행하다　094
상복 입는 기간을 둘러싼 치열한 논쟁　098
환국의 소용돌이에 휘말린 여인들　103

나선애의 정리노트　111
용선생의 역사 카페_ '조선 시대 외교 사절단'
　　　　　　　　　연행사와 통신사　112
한국사 퀴즈 달인을 찾아라!　114
역사반 답사 여행_ 강릉　116

교과서 단원: 5학년 2학기 사회 2-1. 새로운 사회를 향한 움직임 / 중학교 역사② Ⅴ-1. 조선 후기의 정치 변동

4교시

영조와 정조, 변화의 시대를 이끌다

치우침 없이 '탕탕평평'한 정치를 꿈꾼 영조　123
백성들의 소리를 들으며 개혁을 펼치다　127
사도 세자의 아들, 개혁 정치를 잇다　131
정조 '세상을 고루 비추는 달빛'이 되려 하다　135
개혁 정치의 꿈이 깃든 화성　140
못다 이룬 개혁의 꿈　151

나선애의 정리노트　155
용선생의 역사 카페_ 정조의 죽음에 대한 오해와 진실　156
한국사 퀴즈 달인을 찾아라!　158

교과서 단원: 5학년 2학기 사회 2-1. 새로운 사회를 향한 움직임 / 중학교 역사② Ⅴ-1. 조선 후기의 정치 변동

5교시

꿈틀꿈틀 커 가는 조선의 경제

수확량은 껑충, 노동력은 절반   164
가난한 농민, 도시·광산·포구 속으로   173
시장을 어지럽힌 자, 경제 발전의 주역   178
국경 넘는 역관과 상인, 누가 막으리오   184

나선애의 정리노트   191
용선생의 역사 카페_ 고구마 재배 대작전!   192
한국사 퀴즈 달인을 찾아라!   194

교과서 단원: 5학년 2학기 사회 2-1. 새로운 사회를 향한 움직임 / 중학
교 역사② V-2. 사회 변화와 농민의 봉기

6교시

백성들이 잘사는 나라를
꿈꾼 실학자들

농민에게 땅을 나눠 줄 방법을 고민하다   199
상업의 중요성을 일깨운 소설, 〈허생전〉   207
상공업을 통해 나라를 살찌우려 하다   211
유배지에서 실학을 꽃피운 정약용   217

나선애의 정리노트   227
용선생의 역사 카페_ 《대동여지도》를 만든 김정호   228
한국사 퀴즈 달인을 찾아라!   230

교과서 단원: 5학년 2학기 사회 2-1. 새로운 사회를 향한 움직임 / 중학교
역사② V-3. 학문과 예술의 새로운 경향

7교시

양반을 비웃은 말뚝이,
신분을 뛰어넘은 춘향이

말뚝이, 양반을 실컷 놀려 먹다   235
서서히 무너지는 양반들   241
춘향, 신분을 뛰어넘어 꿈을 이루다   246
점잔만 빼던 양반 문화도 이제 그만!   250

나선애의 정리노트   263
용선생의 역사 카페_ 암행어사의 모든 것   264
한국사 퀴즈 달인을 찾아라!   266

교과서 단원: 5학년 2학기 사회 2-1. 새로운 사회를 향한 움직임 / 중학교
역사② V-4. 생활과 문화의 새로운 양상

8교시

한 많고 사연 많았던 조선의 여인들

열다섯 꽃다운 처녀가 혼례를 올리는데   271
시집살이 매운 맛에 한숨은 늘고   276
자식을 못 낳으니 시름만 깊어지고   282
남편이 죽으니 따라 죽어 열녀가 되라 하네   286
꿋꿋하게 다른 길을 걸었던 조선 여인들   290

나선애의 정리노트   295
용선생의 역사 카페_ 장화와 홍련 이야기   296
한국사 퀴즈 달인을 찾아라!   298
역사반 답사 여행_ 제주도   300

교과서 단원: 5학년 2학기 사회 1-3. 민족 문화를 지켜 나간 조선 / 중학
교 역사② V-4. 생활과 문화의 새로운 양상

교과서에 나오는 한국사-세계사 연표   304
찾아보기   306
참고문헌   308
사진 제공   310
정답   311

'용쓴다 용써'
용선생

허술하지만 열정만은 가득한 선생님. 하늘을 향해 거침없이 솟아나 있는 용머리와 지저분한 수염이 인간미(?)를 더해 준다. 교장 선생님의 갖은 핍박에도 불구하고, 생생한 역사 수업을 위해 물불을 가리지 않는다.

'장하다 장해'
장하다

'튼튼하게만 자라 다오.'라는 아버지의 소원대로 튼튼하게만 자랐다. 공부는 꽝이지만, 성격은 짱이어서 시험을 못 봐도 씩씩하고, 애들이 공부 못한다고 놀려도 씩씩하다.

'오늘도 나선다'
나선애

똑소리 나는 우등생. 공부도 잘하고 아는 게 많아서 잘 나선다. 차갑고 얄미워 보이지만, 사실 누구보다 따뜻한 마음을 가지고 있다. 티는 안 나지만.

'백전불태의 사나이'
이순신

단 한 번도 일본군에게 진 적이 없는 천하무적 장군. 판옥선을 거북이 모양으로 개조하고 학 날개 모양으로 진을 짠다. 조선인에겐 영웅, 일본인에겐 공포인 그의 활약을 기대하시라!

'외교와 궁궐 공사의 달인'
광해군

임진왜란 뒷수습에 힘쓰는 인물. 특기는 명나라와 후금 사이에서 계산기 두드리기. 그러나 '후궁의 아들'이라는 콤플렉스에 시달린 나머지 엄청난 일을 저지르는데……

'깐깐한 원칙주의자'
송시열

서인의 핵심 인물로, 원리원칙대로 행동하니 따르는 사람도 많고 적도 많다. 어쩌다 보니 붕당 정치의 중심이 되었지만, 사실 그에게는 큰 꿈이 있다. 무너져 가는 나라의 질서를 바로 세우는 것!

'잘난 척 대장'
왕수재

이 세상에서 자기가 제일 잘난 줄 안다. 그래서 친구가 없는데도 담담하다. '천재는 외로운 법이고, 질투의 대상인 법'이라나. 근데 사실 깐족거리는 데 천재적이다.

'엉뚱 낭만'
허영심

엉뚱 발랄한 매력을 가진 역사반의 분위기 메이커. 뛰어난 공감 능력으로 웃기도 울기도 잘한다. 반짝반짝 빛나는 역사 유물을 좋아한다.

'깍두기 소년'
곽두기

애교가 넘치는 역사반 막내. 나이도 가장 어리고, 타고난 동안이라서 언뜻 보기엔 유치원생 같다. 하지만 훈장 할아버지 덕분에 어려운 한자를 줄줄 꿰고 있는 한자 신동이기도 하다.

'이보다 냉정할 순 없다'
숙종

겉으로는 우유부단해 보이지만, 사실은 권력을 줬다 뺏다 하면서 신하들을 길들인 냉정한 임금. 숙종의 이런 방식 때문에 신하들의 대립은 커져만 가는데⋯⋯.

'개혁의 아이콘'
정조

암살의 위협에 시달리다 우여곡절 끝에 왕위에 올라 여러 개혁을 추진한다. 뒤주에 갇혀 죽은 아버지를 추억하기 위해 정약용을 시켜 수원에 성을 쌓았다고.

'문제는 상공업이야!'
박지원

조선의 대표적인 실학자. 과거 시험을 보러 가서는 답안지를 내지 않거나 그림을 그리고 나오기도 한 괴짜이다. 〈허생전〉, 〈양반전〉 등 재미난 소설을 지었다.

1교시

조선을 뒤흔든 7년, 임진왜란

태조 이성계가 처음 나라를 세운지 이제 200년이 지났어.

그 사이에 수많은 사건들이 있었지만, 조선은 그런 어려움들을 이겨 내고

발전을 거듭하며 안정된 사회를 이루고 있었지.

이 평화를 깨뜨린 것은 일본이었어. 오랜 혼란기를 거쳐 일본을 통일한

도요토미 히데요시가 조선을 향해 칼을 겨눈 거야.

이 전쟁은 7년 동안이나 이어지며 조선에 큰 상처를 입혔단다.

1583
이이가 십만양병설을 주장하다

임진왜란이 일어나다
1592.4

조선군이 한산도에서 승리하다
1592.7

조선군이 진주성에서 승리하다
1592.10

도요토미 히데요시가 죽다
1598.8

명나라가 군사를 요구하다
1618

이순신 장군 동상

알고 있는 용어에 체크해 보자!

- [ ] 임진왜란
- [ ] 이순신
- [ ] 판옥선
- [ ] 한산도 대첩
- [ ] 의병

"형아! 오늘은 왜 이렇게 일찍 왔어?"

교실에 들어서던 곽두기와 허영심은 웬일로 제일 먼저 와서 기다리고 있는 장하다를 발견했다.

"내가 아주 좋아하는 사람 만나는 날이니까!"

"그게…… 누군데?"

허영심이 배시시 미소를 지으며 은근한 목소리로 물었다.

"이순신 장군님!"

"응? 난 또…… 알았어!"

괜스레 기분이 상한 허영심이 콩콩거리며 자리에 가 앉고, 곧 나선애와 왕수재, 용선생도 교실로 들어섰다. 장하다는 용선생을 보자마자 "오늘 이순신 장군님 이야기 들려주시는 거죠?" 하고 서둘렀다.

"우리 하다가 오늘 수업을 엄청 기다렸구나? 좋아, 빨리 시작하

자. 이 선생님이 또 훌륭한 자료를 구해 오지 않았겠냐."

용선생은 옆구리에 끼고 온 비디오테이프를 서둘러 재생했다. 까만 화면에서 갑자기 "따당, 따당!" 하는 소리가 울려 퍼졌다.

"일본군이다! 일본놈들이 쳐들어왔다!"

"따당! 땅! 땅!"

또다시 울려 퍼지는 총소리에 아이들은 모두 숨을 죽였다. 서서히 밝아지는 화면과 함께 묵직한 목소리가 흘러나왔다.

 ## 임진년 4월, 긴 전쟁이 시작되다

1592년 4월 13일, 부산 앞바다에는 700여 척의 배가 몰려들었다. 새로운 무기인 조총으로 무장한 일본군들이 탄 배였다. 부산 일대는 순식간에 아수라장이 되었다. 치밀한 준비 끝에 쳐들어온 일본군은 부산진성과 동래성을 가볍게 무너뜨린 후 곧바로 한양을 향해 밀고 올라왔다.

"임진왜란은 이렇게 시작되었어. 조선이 세워진 지 200년이 지난 뒤, 조선 14대 임금인 선조가 왕위에 오른 지 25년째 되는 해인 1592년, 임진년이었지."

"아니, 대체 일본군은 왜 가만히 있는 조선에 쳐들어오고 난리래요?"

〈부산진 순절도〉
성곽에는 검은 갑옷
차림의 부산첨사 정발을
중심으로 죽기를
결심한 비장한 모습의
수비병들이 단호하게
그려져 있어. 격전 장면을
화폭에 효율적으로
담아내기 위해 높은
각도에서 내려다보는
방식을 취했다고 해.
세로 145cm, 육군박물관
소장. 보물.

장하다가 이해할 수 없다는 듯 눈동자를 굴리며 말했다.

"그래, 그게 궁금하지? 당시 일본에서는 100여 년 동안 이어진
혼란기를 거쳐 도요토미 히데요시가 전국을 통일한 참이었어. 그
동안의 잦은 전투를 통해 병사들도 잘 단련되어 있었지. 막 나라를

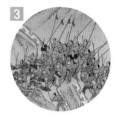

〈동래부 순절도〉
일본군에 맞서 싸우다
죽은 동래부 사람들의
이야기를 담은 그림이야.
세로 145cm, 육군박물관
소장. 보물.
① 지붕에서 아낙들이
기왓장을 던지며
일본군에 맞서 싸우고
있어.
② 동래부사 송상현이
왕이 있는 북쪽을 향해
죽기를 각오하고 싸울
것을 맹세하고 있어.
③ 한쪽에서는 동래성
동쪽 벽을 허물고 성
안으로 들어오는 일본군
모습도 보여.

통일한 도요토미 히데요시는 나라 안의 힘을 한데 모을 수 있는 계
기가 필요하다고 생각했어. 그에게는 온통 바다로 가로막힌 섬나라
를 벗어나 대륙으로 세력을 넓히고자 하는 야심도 컸지. 그는 우선
조선에 이렇게 요구했어.

도요토미 히데요시 (1536~1598) 일본에는 천황이라 불리는 왕이 있긴 했지만 별로 힘이 없었어. 그래서 각 지방의 영주들이 서로 싸우면서 세력을 키웠지. 도요토미 히데요시는 전국의 영주들을 모두 물리치고 일본을 통일한 사람이야.

'명나라를 치러 갈 테니 조선의 길을 빌려주시오!'

이건 조선을 침략할 핑곗거리를 만들려는 수작이었지만, 조선을 차지하고 난 뒤 명나라도 공격하겠다는 뜻을 내비친 것이기도 했지. 명나라와의 관계를 중시하던 조선은 당연히 이 요구를 거절했어. 그러자 20만여 명의 일본군이 조선을 침략한 거지."

"선생님, 일본군들이 가지고 온 조총이란 건 뭐예요? 총인가요?"

곽두기가 손으로 총 쏘는 시늉을 하며 물었다.

"맞아, 서양에서 일본으로 전해진 총이야. 몸체가 기다랗고 총알도 제법 멀리까지 날아갔던 총이지. 전쟁 초반에 조선군이 크게 밀린 데는 이 조총의 영향이 꽤나 컸다고 해. 물론 조선군에게도 화력 좋은 무기들이 있었어. 여러 종류의 대포도 있었고, 마치 로켓처럼 화약을 달고 날아가 폭발하도록 되어 있는 화살도 있

조총 포르투갈 상인들이 일본에 전한 총으로, 대포와 달리 가볍게 들고 다니면서 사용할 수 있었어. '날아가는 새도 맞혀서 떨어뜨릴 수 있다'고 해서 조총(鳥銃)이라고 불렀어.

었지. 하지만 병사들이 일대일로 맞서 싸울 땐 이런 무기들보다 개인용 무기가 훨씬 더 중요하지 않았겠니? 조선 병사들은 활과 창으로 일본군의 조총에 맞서야 했던 거야."

용선생이 다시 화면을 재생하자, 바삐 움직이는 임금의 행렬이 나타났다.

엄청난 수의 일본군이 한양을 향해 밀어닥친다는 소식에 선조와 신하들은 부랴부랴 북쪽의 의주로 피난을 떠났다. 5월 2일, 일본군은 부산에 닻을 내린 지 18일 만에 한양을 차지했다. 일본군은 기세를 몰아 평양과 함경도까지 올라갔다. 의주에 도착한 선조는 다급한 나머지 명나라 땅으로 넘어가려 했으나 신하들이 강하게 반대하는 바람에 실행에 옮기지는 못했다.

"어머! 어떻게 임금이 혼자 살겠다고 도망을 쳐?"

허영심이 뜻밖이라는 듯 두 볼을 감싸며 소리쳤다.

"백성들도 큰 배신감을 느낀 모양이야. 평양에 머물던 선조의 피난 행렬이 다시 북쪽으로 도망치려 하자 흥분한 백성들이 무기를 들고 몰려들어서 겨우 진정시킨 일도 있었으니까. 그

정선의 〈경복궁도〉 불에 타 폐허가 된 경복궁의 모습이야. 궁궐 안의 건물은 불타 버리고, 광화문과 경회루의 돌기둥만 남아 있어.

리고 한양의 경복궁에 불이 났는데, 불을 지른 것이 조선 백성들이라는 기록도 있어. 노비들이 혼란을 틈타 노비 문서를 태워 없애려다가 생긴 일이라고도 하고, 도망친 왕과 신하들에게 화가 난 백성들이 궁에 불을 놓은 거라고도 해. 조선 왕조의 상징이나 다름없는 경복궁이 정말 조선 백성들의 손으로 불태워졌다면 조선 지배층의 권위는 땅에 떨어진 것이나 마찬가지지. 그나마 광해군이 활약한 덕분에 백성들의 배신감은 조금이나마 누그러졌어."

"광해군이라면, 왕 아닌가요?"

"이때는 왕이 아니라 세자 신분이었어. 선조는 전쟁이 터지기 전까지만 해도 세자를 정하지 않고 있었어. 후궁이 낳은 아들은 여럿 있었지만 왕비의 몸에서 태어난 아들은 없었거든. 하지만 전쟁이 터지고 쫓겨 갈 처지가 되자 급한 대로 후궁의 아들인 광해군을 세자로 삼은 거였어. 혹시 전쟁 중에 왕이 죽을지도 모르는 일이고, 비록 도망치는 왕일지언정 백성들을 나 몰라라 할 수는 없었거든. 선조는 광해군을 함경도로 보내서 백성들을 이끌게 했어. 광해군은 길거리에서 먹고 자면서 직접 병사들을 모아 일본군을 막는 데 앞장섰대. 세자가 자기 몸을 아끼지 않고 그렇게 애쓰는 모습을 보면서 백성들도 적잖이 위안을 받았지. 하지만 그것만으로는 일본군을 물리칠 수 없었어."

 나선애의 개념 사전

후궁
왕이 혼례를 치러 정식으로 맞이한 첫 번째 부인을 보통 중전 또는 중궁이라고 불렀어. 그 이후에 맞아들인 부인들은 후궁이라고 불렀는데, 중전보다 지위가 낮았어.

수군과 의병의 활약으로 전세를 바꾸다

잠시 동안의 침묵을 깨고 장하다가 문득 외쳤다.

"그렇지만 우리한텐 이순신 장군님이 있었잖아요!"

"오냐, 맞다. 이순신은 바다에서 싸운 수군의 장수였지? 이제부터 조선의 수군이 대활약을 해 줄 거야."

이순신 장군 동상
이순신(1545~1598)은 일본 수군을 수차례 격파하는 큰 공을 세웠어. 이 공을 인정받아 '충무'라는 시호를 받았지. 이 동상은 종로구 세종로에 있어.

조선군의 반격은 바다에서 시작되었다. 전라 좌수사 이순신은 진작부터 식량을 저장해 두는가 하면 군함을 갖추고 무기를 보강하는 등 외부의 공격에 대비하고 있었다. 그에 비해, 일본의 수군은 본래 전투보다는 식량 등 물자를 실어 나르는 역할이 더 큰 병력이었다. 이순신의 군대는 5월 7일 경상도 옥포에서 일본군과 싸워 첫 승리를 거둔 뒤, 잇달아 벌어진 해전에서 연거푸 승리했다. 7월에 벌어진 한산도 대첩에서는 학이 날개를 펼치는 형세로 적을 에워

《난중일기》　이순신 장군이 쓴 일기야. 임진왜란이 발발한 1592년 1월부터 노량 해전에서 전사하기 직전인 1598년 11월까지의 기록이 담겨져 있어. 2013년 유네스코 세계 기록 유산으로 등재되었어. 현충사관리소 소장. 국보.

싸는 학익진(鶴翼陣) 전법을 통해 큰 승리를 거두어 일본군의 기세를 완전히 꺾어 놓았다. 이제 더 이상 서해와 남해에는 일본군의 배가 접근할 수 없었다. 그러자 육지의 일본군은 본국으로부터 식량과 무기를 공급받기 어려워졌다. 상황은 빠르게 뒤바뀌기 시작했다.

"오 예! 저게 그 유명한 한산도 대첩의 학익진이구나!"

기다리던 이순신 이야기가 나오자 장하다는 절로 싱글거렸다. 장하다와 눈이 마주친 왕수재는 얼떨결에 "어? 으응" 했지만 속으로는 자기가 모르는 것을 하다가 알고 있다는 사실이 당황스러웠다. 용선생이 한산도 대첩에 대해 좀 더 설명을 해 주었다.

비격진천뢰 선조 때 이장손이 발명한 것으로 임진왜란 때 사용된 포탄이야. 땅에 떨어지면 큰 소리를 내며 폭발하고, 작은 철 조각이 나오도록 설계돼 있어. 지름 20.1cm, 국립고궁박물관 소장. 보물.

불랑기포 포르투갈을 비롯한 서양에서 명나라로 전해진 대포야. 불랑기는 서양인을 부르던 "파랑키(프랑크)"에서 유래되었대.

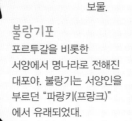

호준포 명나라 장군인 '척계광'이 발명한 대포로, 호랑이가 웅크리고 앉아 있는 모양이라고 해서 호준포라는 이름이 붙었대. 한 번에 탄환을 100발이나 발사할 수 있었어.

천자총통 우리나라 고유의 대포로, 길이는 약 130cm, 무게는 300kg에 가까운 엄청나게 큰 대포야. 임진왜란 때 판옥선과 거북선에 주로 실은 대포가 바로 이 천자총통이야.

지자총통 천자총통과 마찬가지로 우리나라 고유의 대포야. 길이는 약 90cm, 무게는 약 92kg 정도. 천자총통보다 약간 더 작지? 천자문의 천지현황(天地玄黃)을 대포의 크기 순서대로 갖다 붙여서 이런 이름이 탄생했어. 국립진주박물관 소장. 보물.

신기전과 화차 사진 속의 화살이 신기전이야. 세종 때 만들어진 무기로서 화약의 힘으로 날아가는 화살이야. 밑에 있는 건 화차인데, 문종 때 발명되었어. 화차의 구멍에 신기전을 꽂고 화살 끝에 불을 붙이면 차례로 100발이 발사되었대.

"이때 잔뜩 약이 올라 있던 일본 수군은 자기네 군사들을 전부 끌어모으다시피 했어. 그러자 이순신은 5~6척의 배로 적군의 배를 유인해 낸 다음 넓은 바다에서 기다리고 있다가 학익진을 펼쳐서 총공격을 한 거야. 바다에서만큼은 조선군이 일본군보다 강했어. 우선 이순신이라는 뛰어난 장수가 있었고, 일본군의 조총이 바다에선 별 위력을 갖지 못했거든. 조선군이 가진 화력 좋은 대포가 더 유리했지. 바다 위의 전투는 멀리서 상대방의 배를 공격하는 방식으로 이루어지니까. 또 한 가지 비결은 조선 수군이 탔던 배였어. 너희들 그 배가 무슨 배인지 알고 있니?"

왕수재가 서둘러 "거북선이죠!" 하고 대답하자 장하다가 "거북선만 있었던 게 아닌데……. 거북선하고 비슷한 다른 배도 있었죠? 이름이 뭐더라?" 하며 이마를 긁적였다.

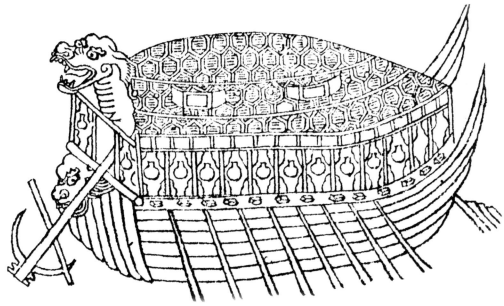

거북선
판옥선에 덮개를 씌워서 만들었는데, 그 모습이 마치 거북이 등딱지 같았대. 가장 먼저 적진으로 쳐들어가서 적의 진열을 흐트러뜨리는 역할을 했어.

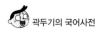
곽두기의 국어사전

판옥선
'판옥'이란 '널빤지로
지은 집'이란 뜻이야.
판옥선은 갑판 위에
2층으로 된 판옥을
올렸어.

"판옥선이지! 우아, 장하다 대단한데? 흔히 임진왜란 때 활약한 배가 거북선이라고만 알고 있는 사람들이 많지만, 거북선보다 더 많았던 것은 판옥선이었어. 거북선은 판옥선의 형태를 기본으로 하고, 그 위에 튼튼한 덮개를 씌워 막은 전함이었지. 그럼 조선 수군의 배가 왜 잘 싸웠느냐! 일단 일본군의 배는 바닥 부분이 좁고 날렵한 모양을 하고 있었어. 이렇게 하면 빠른 속력을 낼 수 있다는 장점이 있지. 하지만 갑자기 방향을 바꾸는 데는 불리해. 그래서 한산도 대첩 때도 빨리 뱃머리를 돌려 도망칠 수 없었던 거야. 반면에 조선의 배는 바닥이 평평하게 생겼어. 그러면 뱃머리를 돌리기가 쉽기 때문에 재빨리 방향을 바꿔 가면서 싸울 수 있었지. 또 조선군의 배는 일본군의 배보다 갑판이 높았어. 원래 일본군은 바다에서 싸울 때 배를 가까이 댄 뒤 상대편 배에 뛰어들어 싸움을 벌이곤 했는데, 갑판이 높으니 쉽지 않았지. 그리고 갑판을 이중으로 만들었기 때문에 위아래 갑판 사이에는 당장 전투에 참여하지 않는 병사들이 적의 공격을 피할 수 있는 공간도 있었지. 그뿐인가? 갑판에 덮개가 있어서 공격하기가 쉽지 않은 거북선이 적진을 마음대로 누비며 대포를 쏘아 대니, 일본군은 싸움마다 질 수밖에 없던 거야."

"어때, 멋지지 않냐? 끝내주지, 그치?"

장하다가 아이들을 이리저리 둘러보며 재촉하자, 다들 맞장구를 쳐 주었다. 다시 자료 화면이 돌아가기 시작했다.

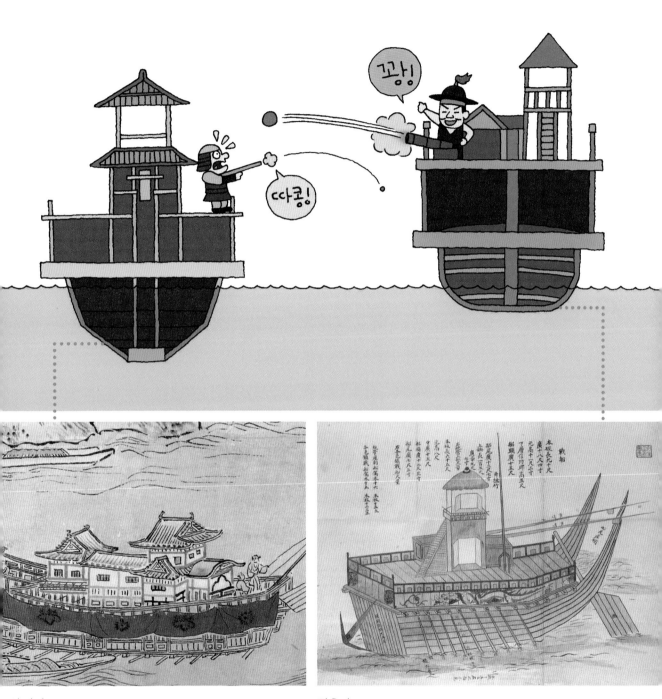

안택선　일본은 섬나라이면서도 전투용 배를 만드는 기술은
뒤떨어졌어. 왜냐하면 수군은 전쟁 물자를 나르는 역할만을 맡았거든.
그래서 선박의 두께가 얇았고, 배의 폭이 좁아 대포를 장착하기
힘들었어.

판옥선　명종 때인 1555년에 개발되었어. 배의 길이가 20~30m로
매우 컸고, 120명 이상이 탑승할 수 있었어. 대포를 자유자재로 장착할
수 있었고 주로 단단한 소나무로 만들어서 매우 견고했어.

전세를 뒤바꾼 또 다른 주인공은 의병이었다. 곳곳에서 유생과 관리들이 백성들을 모아 일본군에 맞서기 시작한 것이었다. 나라를 지키기 위해 뭉친 의로운 병사, 의병의 대부분은 농민들이었다. 뿐만 아니라 승려나 노비들까지 무기를 들고 나서며 의병의 규모는 점차 커져 갔다. 비록 정식으로 훈련받은 군사들은 아니었지만 나라를 지키겠다는 굳은 신념으로 스스로 싸움에 나선 이들이었기에, 일본군은 의병을 두려워할 수밖에 없었다.

"선생님, 저희 아빠가 그러셨는데요. 의병장이었던 곽재우 장군이 우리 조상님이래요."

곽두기가 의기양양한 목소리로 말했다.

"이야, 그러냐? 곽재우의 활약은 대단했어. 물에는 이순신, 땅에는 곽재우라는 말이 돌 정도였다니까. 그는 붉은 비단으로 만든 옷을 입고 백마를 타고 다니면서 일본군에 맞서 싸웠는데, 자기와 똑같은 차림의 병사들을 여기저기에 풀어서 일본군을 혼란에 빠뜨리는가 하면, 일본군이 지나는 길목에 벌떼며 화약이 든 상자를 갖다 놓아서 일본군을 괴롭히기도 했대. 또 곽재우는 식량과 무기 공급이 끊긴 일본군이 전라도의 곡창 지대를 공격하면서 벌어진 진주 대첩에서도 공을 세웠지. 진주 대첩은 진주성을 책임지고 있던 진주 목사 김시민이 조선의 군대와 의병 3,000여 명으로 3만 명의 일본군과 맞서 싸운 전투야. 비록 수적으로 열세였지만 화살이 떨어졌

허영심의 인물 사전

곽재우
(1552~1617)
34세 때 과거에 합격했으나, 문장이 선조의 뜻과 맞지 않는다는 이유로 무효가 됐어. 벼슬을 포기하고 은거하던 중 일본군이 쳐들어오자 의병을 일으켜 싸웠어. 붉은 옷을 입고 다니면서 스스로 '천강 홍의 장군 (天降紅衣將軍)'이라 칭했대.

을 때 성 위에서 끓는 물을 붓
는 등 끝까지 일본군을 공격했
지. 이때 곽재우도 진주성 밖
에서 일본군을 공격하면서 전
투를 도운 게 큰 힘이 됐어."

뿌듯한 기분이 드는지 곽두
기의 얼굴이 발그레해졌다.

"그뿐만이 아니야. 조헌, 고
경명, 김천일 등도 문신이면
서 의병장으로도 활약했는데,

금산 칠백의총 조헌과 의병 700명은 충청남도 금산에서 전라도로 향하는 일본군과 맞서 싸우다 전사했어. 무덤은 조헌의 제자들이 이들의 시체를 거두어 만든 거래. 사적.

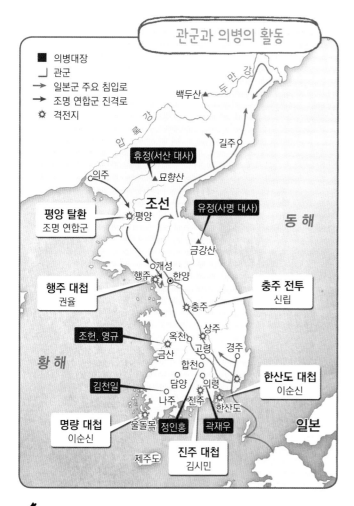

관군과 의병의 활동

- ■ 의병대장
- ⌐ 관군
- → 일본군 주요 침입로
- → 조명 연합군 진격로
- ✿ 격전지

백두산

두만강

길주

휴정(서산 대사)

▲묘향산

의주

압록강

조선

✿평양

유정(사명 대사)

평양 탈환
조명 연합군

금강산

동 해

개성

행주

한양

행주 대첩
권율

✿충주

충주 전투
신립

조헌, 영규

옥천

상주

금산

고령

경주

황 해

합천

한산도 대첩
이순신

김천일

담양

의령

나주

진주

한산도

일본

명량 대첩
이순신

울돌목

정인홍

곽재우

제주도

진주 대첩
김시민

곽두기의 국어사전

승병(僧兵)
중 승(僧), 군사 병(兵)
으로, 승군이라고도
해. 나라를 위기에서
구하기 위해 승려들이
조직한 군대야.

이들은 의병을 모집해 금산·담양·나주 등에서 일본군을 무찔렀어. 의병의 기세는 대단했지. 조헌이 자신의 제자와 함께 의병을 일으키자 그 소식을 들은 충청도 지역 백성들이 너도나도 힘을 합하려 구름처럼 몰려들었다는 이야기도 전해져. 충청남도 금산에 있는 칠백의총에는 충절을 지키다 죽은 조헌과 700명 의병들의 유골이 함께 모셔져 있어."

"아! 죽음을 무릅쓰고 싸웠군요!" 장하다가 주먹을 불끈 쥐고 말했다.

"승려들의 활약도 대단했지. 승려 최초로 봉기한 영규는 승병을 결집시켜 조헌과 함께 청주성을 되찾았고, 금강산에서는 사명 대사 유정이 승병장으로서 이름을 날렸어. 묘향산에서는 서산 대사 휴정이 전체 승병 조직의 선봉장 역할을 했대. 의병들은 양반부터 천민까지 신분에 상관없이 내 고향과 나라를 지키겠다는 의지 하나로 전투에 참여한 거야. 자, 그다음엔 또 어떻게 됐는지 볼까?"

🤪 명나라의 참전과 협상의 실패

일본군이 밀리는 사이, 명나라의 지원군이 조선에 도착했다. 이는 선조가 도움을 요청했기 때문이기도 했지만 명나라의 안전을 위한 것이기도 했다. 일찍이 일본이 명나라를 치겠노라 큰소리를 친 만큼 명나라도 이 전쟁을 구경만 하고 있을 처지는 아니었던 것이다. 조선과 명의 연합군은 먼저 평양성을 되찾고 남쪽으로 밀고 내려왔다. 하지만 한양 근처에서 일본군에게 크게 패하자, 명나라 군사들은 일본군과 더 싸우려 들지 않았다. 그러나 조선군은 한양을 되찾기 위해 필사적으로 노력했다. 그 와중에 벌어진 전투가 행주 대첩이었다. 이 전투의 지휘관이었던 권율은 행주산성에 진을 치고 일본군과 맞섰다. 병사들은 물론 행주산성의 백성들까지 모두 죽기를 각오하고 싸웠고, 치열했던 전투는 결국 조선군의 승리로 끝이 났다. 이후 일본군은 경상도 해안 지역까지 물러나게 되었다.

 허영심의 인물 사전

권율(1537~1599)
벼슬에 뜻이
없어서 마흔이
넘어서야 관직
생활을 시작했어.
임진왜란이 일어나기
전, 유성룡이
선조에게 2명의
인재를 추천했는데,
바로 이순신과
권율이었어.

"아싸! 다들 힘을 합쳐서 일본군을 통쾌하게 무찔렀군요!"

신이 난 장하다가 벌떡 일어섰다. 허영심은 행주 대첩이라는 말에 반가워하며 "행주치마가 생겨난 그 싸움 맞죠?" 했다.

"아하, 행주 대첩 때 여자들도 나서서 치마에 돌을 담아 날랐고, 거기서 '행주치마'라는 말이 생겨났다는 이야기가 있지. 하지만 이건 잘못 알려진 이야기야. 행주치마는 임진왜란이 일어나기 전부터

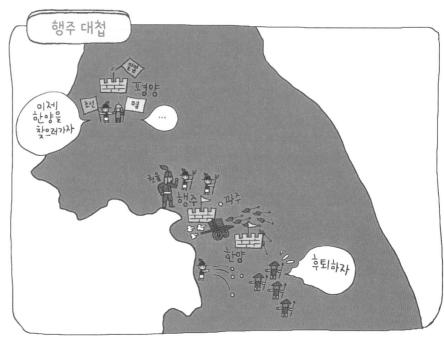

있었으니까."

용선생이 설명하는 동안에도 장하다는 잔뜩 흥분한 채 연필을 집어 들고 칼싸움 흉내를 내고 있었다.

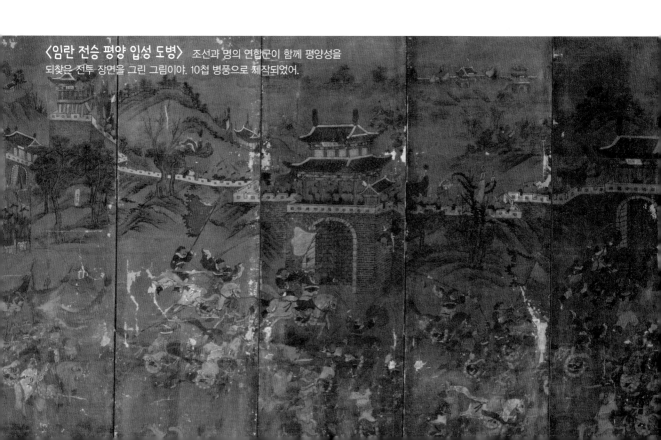

⟨임란 전승 평양 입성 도병⟩ 조선과 명의 연합군이 함께 평양성을 되찾은 전투 장면을 그린 그림이야. 10첩 병풍으로 제작되었어.

"우리 장군님들 최고! 조선 백성들도 최고! 아싸!"

그러자 용선생이 걱정스런 목소리로 장하다를 불렀다.

"하다야, 그렇지만…… 아무리 이기고 있어도 전쟁은 마냥 신이 나는 것이 아니야. 고통과 슬픔이 가득한 거란다."

용선생의 무거운 표정에 머쓱해진 장하다가 슬슬 자리에 앉았다.

"전쟁이 이어지는 동안 백성들이 겪은 시련은 말로 다 할 수 없을 정도였어. 너희보다 더 어린 아이들까지도 끌려가 노예가 되는가 하면, 뿔뿔이 흩어져 먼 나라로 팔려 가기도 했지. 그뿐이 아니야. 옛날엔 전쟁이 일어나면 힘없는 여자들은 이중의 고통을 겪어야 했어. 일본 병사들은 조선 여자들을 마음껏 희롱하고 다녔어. 그것만으로도 잔인한 일인데, 조선은 여성의 정조를 아주 중요하게 여기던 나라였기 때문에 정조를 잃은 여인들은 몸이 더럽혀졌다고 생각

폴 루벤스의 〈조선 남자〉 일본으로 끌려간 조선 아이들 중 한 명이 이탈리아 상인에게 팔려 유럽으로 갔어. 이탈리아 상인은 이 소년에게 '안토니오 코레아'라는 이름을 지어 주었어. 피터 폴 루벤스(1577~1640)가 그린 〈조선 남자〉의 모델이 안토니오 코레아라는 이야기가 있어.

했어. 그래서 일본군에게 희롱을 당한 여인, 또는 곧 그렇게 될 것이 두려운 여인들이 스스로 목숨을 끊는 일도 많았지."

아이들의 표정이 점점 숙연해졌다. 용선생은 잠시 망설이더니 "너희들, '귀무덤'이라는 말 들어 봤니?" 하고 물었다. 아이들이 고개를 저었다.

"지금도 일본 땅에 남아 있는 임진왜란의 슬픈 흔적이란다. 이름은 귀무덤이지만 실제로는 귀보다 코가 더 많이 묻혀 있대. 전쟁이 길어질수록 아무 죄도 없는 조선 백성들이 수도 없이 일본군의 손에 숙어 나가야 했어. 일본군들은 조선 사람을 죽인 뒤에 코를 벤 다음 소금과 석회에 절여 일본으로 가져갔어. 그만큼 많은 적들을 죽였다는 표시로 말이야. 일본군들이 때론 산 사람의 코를 싹둑 베어 가기도 해서, 조선 사람들은 더욱 두려움에 떨어야 했어. '눈 감으면 코 베어 가는 세상'이라는 말도 그때 생겨났다는구나."

용선생이 들려준 이야기에 적잖이 충격을 받은 아이들은 누구 하나 말을 잇지 못했다.

"이런! 분위기가 너무 무거워졌구나. 그래서, 너희들에게 특별히 하고 싶은 말은 혹시라도 전쟁을 흥미진진하고 신나는 일이라고 생각하진 말아 달라는 거야. 너희도 알다시피 이 선생님은 인류의 평화와 행복을 지키기 위해 노력하는 평화주의자거든!"

귀무덤   일본의 옛 수도 교토의 도요토미 히데요시 신사 인근에 있어. 무려 조선인 12만 6천여 명의 귀나 코를 전리품으로 베어 와 무덤을 만들었다고 해.

용선생이 씩 웃어 보인 뒤 다시 자료를 틀었다. 일본과 명나라 장수가 탁자를 사이에 두고 눈싸움을 하는 모습이 나타났다.

1593년 4월, 금세 이길 줄 알았던 전쟁에서 궁지에 몰리기 시작한 일본과, 일본군이 예상 밖으로 강하다는 사실을 확인하고는 더 이상의 충돌을 꺼리던 명나라 사이에 협상이 시작되었다. 화의(和議), 즉 전쟁을 그만두자는 협상이었다. 양측은 협상에서 서로 자신에게 유리한 조건을 내걸었다. 명나라는 일본군이 조선 땅에서 물러날 것과 명나라에 조공을 바칠 것 등을 요구했다. 일본은 명나라 황제의 공주를 일본의 황후로 보내고, 조선 8도 중에서 4도를 자기 나라에 넘길 것 등을 요구했다. 받아들이기 힘든 요구 조건을 내세우며 억지를 부리는 일본과의 협상은 이루어지기 어려웠다. 결국 3년이나 시간을 끌던 끝에 화의는 실패로 돌아갔다.

"어쩜, 말도 안 돼! 무슨 요구 조건이 저렇담? 게다가 어떻게 조선을 쏙 빼고 자기네끼리 협상을 할 수가 있어요?"

화가 치민 나선애가 목소리를 높였다.

"조선은 작고 약한 나라에 불과하니까 전쟁을 계속하고 말고는 자기네한테 달려 있다는 식이었던 거지. 사실 조선 입장에서는 굳이 일본의 요구 사항을 들어주면서 화의를 맺을 필요도 없었을 거야. 이미 많은 희생을 치른 끝에 승리에 다가서는 중이었으니까. 더 어이없는 것은 일본군이 다시 조선을 공격했다는 거야."

두 번째 침략과 기나긴 전쟁의 끝

1597년 1월, 일본군이 다시 침략해 왔다. 이 해가 정유년이었으니, 정유재란이라고 부른다. 그러나 조선군은 이미 5년 전의 나약했던 군대가 아니었다. 일본군은 남쪽 지방에서 크고 작은 싸움을 벌이며 약탈을 저지를 뿐, 더 이상 위로 올라오지는 못했다. 한편, 이순신은 이 무렵 일본 장수의 계략으로 관직을 빼앗겼다가 가까스로 다시 수군을 지휘하게 되었다. 돌아온 이순신은 9월에 벌어진 명량 해전에서 좁은 바닷길과 빠른 물살을 이

용해 큰 승리를 거두었다. 단 12척의 배로 133척이나 되는 일본군의 배를
물리친 기적적인 승리였다.

"역시, 이순신 장군니임~!"

다시 장하다가 벌떡 일어서자, 허영심이 "흥분 좀 하지 말라고!"
하며 끌어 앉혔다.

"선생님, 이순신 장군이 관직을 빼앗겼다는 건 무슨 얘긴데요?"

곽두기의 질문에 용선생이 자초지종을 설명해 주었다.

"일본군은 이순신이 있는 한 조선의 수군을 이길 방법이 없다고
여겼어. 아예 바다에서는 조선군과 싸우지 말라는 명령까지 내려졌

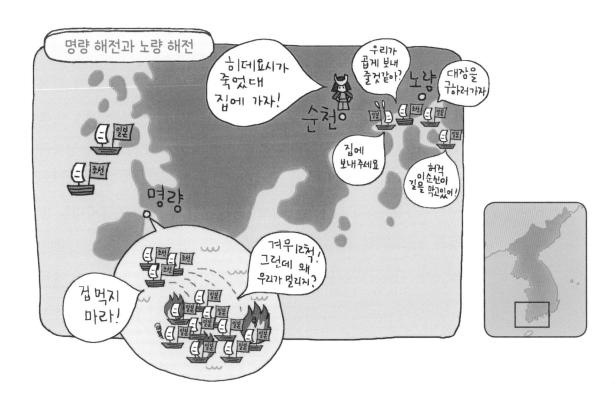

〈울산성 전투도〉 1597년 수천 명의 조선군과 명나라군이 울산성 안의 왜군을 공격하는 장면이야.
울산성은 왜군이 쌓은 성으로, 1만 6천 명을 동원해 40여 일 만에 쌓았어.

지. 그러다 고니시라는 장수가 이순신을 지휘관의 자리에서 끌어
내릴 음모를 꾸몄어. 조선 조정에 첩자를 보내서 일부러 거짓 정보
를 흘린 거야. '나와 사이가 좋지 않은 장수 가토가 조선에 상륙하
는 날을 알려 줄 테니 조선 수군이 몰래 숨어 있다가 덮쳐라' 하는
내용이었어. 조정에서는 그 정보만 믿고 이순신에게 출동하라는 명
령을 내렸어. 하지만 이순신은 수상한 낌새를 알아차리고 출동하지
않았지. 근데 그게 문제였어. 큰 전쟁을 치르는 중에 장수가 왕의

명령을 어긴 거니까. 게다가 고니시가 '가토가 벌써 조선에 상륙했다. 아까운 기회를 놓쳤다!' 하면서 은근히 약까지 올리자 선조는 이순신을 무척 괘씸하게 여겼어. 결국 이순신은 관직을 빼앗기고 죄인 신세가 되었어. 이순신이 물러나자, 그토록 강했던 조선의 수군은 일본군에게 크게 패하고 말았어. 당황한 조정에서는 다시 이순신을 불러 수군을 지휘하도록 했지. 그리고 이순신은 보란 듯이 명량 해전에서 통쾌한 승리를 이끌어 낸 거야."

"그렇게 된 거구나. 만약에 조정에서 끝까지 이순신 장군을 믿지 않고 죄인 취급했으면 큰일 날 뻔했네요."

"그렇지? 자, 이제 긴 전쟁이 막바지로 들어섰어."

다시 자료 화면이 이어졌다.

얼마 뒤, 도요토미 히데요시가 죽었다는 소식이 전해졌다. 그러자 일본군은 더 이상 싸울 의지를 잃고 본국으로 도망치기 시작했다. 이순신은 도망

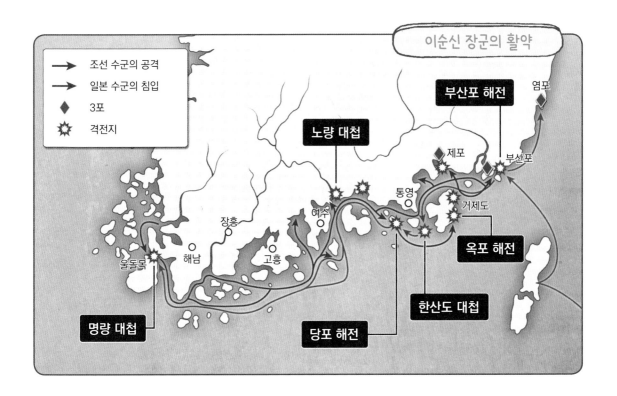

이순신 장군의 활약

→	조선 수군의 공격
→	일본 수군의 침입
◆	3포
✸	격전지

부산포 해전

노량 대첩

염포

제포

부산포

통영

거제도

여수

옥포 해전

장흥

해남

고흥

한산도 대첩

울돌목

명량 대첩

당포 해전

치는 일본군을 뒤쫓아 노량 해협에서 마지막 전투를 벌였다. 이때 이순신
은 일본군의 총탄에 맞아 쓰러졌다. 그는 "싸움이 급한 상황이니 나의 죽
음을 알리지 말라"는 유명한 말을 남기고 전사하고 말았다. 이 싸움에서 조
선이 크나큰 승리를 거둠으로써 7년에 걸친 전쟁이 마침내 막을 내렸다.
1598년 11월 19일의 일이었다.

　전쟁이 끝났다는 소리에 아이들은 "후유" 하며 한숨을 내쉬었다.
　"임진왜란이 이렇게 긴 전쟁인 줄 처음 알았어요."
　"그래, 길고도 고통스러운 전쟁이었지. 참고로, 이 전쟁을 임진왜
란이 아니라 '조일 전쟁'이라고 불러야 한다고 주장하는 이들이 있

어. 왜냐하면 임진왜란이라는 말은 임진년에 왜구들이 난리를 피웠다는 뜻이거든. 하지만 실제론 그 정도가 아니라 조선과 일본이 수 년 동안 전면전을 벌인 데다, 명나라까지 참여한 국제적인 전쟁이었지. 또 일본군은 임진년에 한 번만 공격을 한 것이 아니라, 정유년에도 공격을 해 왔고. 그러니까 임진왜란과 정유재란을 합해서 조일 전쟁이라고 부르자는 거야. 하지만 아직 완전히 정리된 이야기는 아니야."

나선애가 "그럴 법한 얘기네요" 하며 고개를 끄덕였다.

"이 전쟁이 조선에 남긴 상처는 어마어마했어. 정치며 경제, 각종 제도와 사회 질서 등 나라 운영의 밑바탕이 통째로 위기에 처하게 됐으니까. 인구수가 크게 줄어든 것은 물론이고, 백성들이 농사지을 땅도 3분의 2가량이나 망가져 버렸지. 또 토지 문서나 호적 문서가 대부분 불타 버려서 전쟁이 끝난 뒤에도 한동안은 세금조차 제대로 거둬들일 수 없었어. 그 때문에 조정에서는 곡식이나 돈을 바치는 사람에게 특별한 혜택을 주는 제도를 통해 겨우 재정을 채우곤 했어. 대표적인 것이 공명첩이었는데, 이는 허울뿐인 관직을 내려 주는 임명장이었어. 받는 사람의 이름이 빈칸으로 되어 있어서 공명첩(空名帖)이라고 이름 붙였지. 그 밖에 노비를 양인 신분으로 풀어 주는 제도도 있었어. 그런가 하면 전쟁 기간에 경복궁이나 불국사, 실록을 보관하던 사고 등 숱한 문화유산이 파괴되었어.

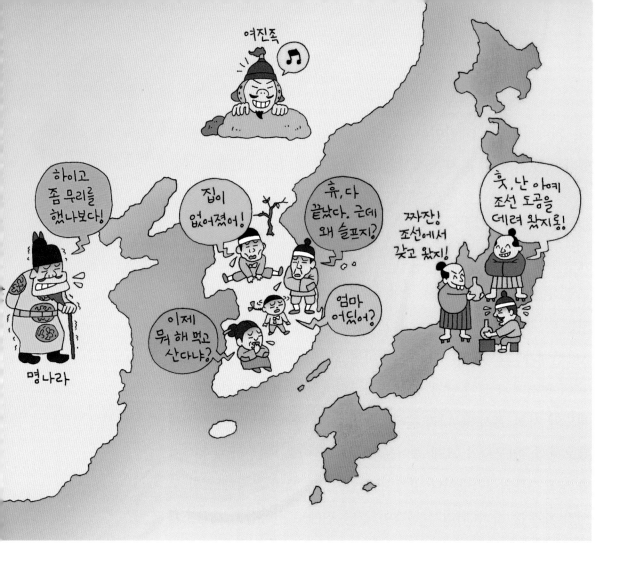

온통 부서지고 망가진 속에서 어떻게 다시 국력을 회복하고 안정을
되찾을 것인가, 전쟁이 끝나자 조선은 이런 큰 숙제와 마주하게 되
었지.”

“아흐, 일본군을 물리친 걸로 다 끝난 줄 알았더니 그렇지가 않네
요.”

장하다가 풀 죽은 목소리로 중얼거렸다.

"아무렴. 한편 임진왜란이 끝난 뒤 명나라는 하루가 다르게 기울어 갔어. 조선에 대규모의 군대를 보내느라 힘이 약해진 마당에 만주에서 세력을 키운 여진족이 명나라를 공격했거든. 결국 얼마 뒤 명나라는 망하고 여진족이 세운 청나라가 중국 대륙을 차지하게 되었지."

일본이 가져간
조선 막사발
막 만들어 막 썼다고
해서 막사발이라고 불러.
이 평범해 보이는 조선의
막사발이 일본으로
건너가 찻그릇으로
사랑을 받았고 일본의
국보가 되었어.

"그럼 일본은요? 일본도 괜한 전쟁을 일으켰다가 손해만 보고 끝난 건 아닌가요?"

"물론 일본 역시 이 전쟁에 국력을 다 쏟아 부었기 때문에 적잖은 타격을 받았어. 하지만 그들은 얻은 것도 많아. 지금도 일본에선 임진왜란을 '도자기 전쟁'이라고 부르곤 한대. 전쟁 때 포로로 잡아간 도공들을 통해서 일본의 도자기 문화가 크게 발달했기 때문이지. 뿐만 아니라 그들은 임진왜란 때 조선의 성리학을 받아들여서 학문 수준을 한 단계 끌어올릴 수 있었어. 일본으로 끌려간 조선의 학자들이 일본에 성리학을 전해 주었거든. 특히 강항이란 학자는 성리학뿐만 아니라 과거 제도, 제사 의식 등을 직접 가르쳐 주었어."

장하다가 "으, 억울하다 억울해!" 하며 책상을 쿵쿵 두드렸다.

"진작 국방을 튼튼히 했으면 얼마나 좋아?"

나선애의 말에 곽두기도 우울한 목소리로 말했다.

"그랬으면 귀무덤, 아니 코무덤 같은 것도 안 생겼을 텐데."

그러자 왕수재가 어깨를 으쓱해 보이며 말했다.

"그렇긴 하지만, 작정하고 쳐들어오는 걸 어떻게 말리냐? 그 정도면 잘 막아 냈구만 뭐."

"그래, 조선은 큰 시련을 넘긴 거야. 오늘 수업은 여기까지다. 마지막으로 숱한 희생 속에서도 용감하게 적에 맞서 나라를 지켜 낸 장군들과 의병들, 그리고 조선의 백성들에게 박수 한번 보내 줄까?"

"네!"

짝짝, 용선생의 큰 손바닥이 마주치는 소리를 시작으로 역사반 교실에는 꽤 오랫동안 박수 소리가 울려 퍼졌다.

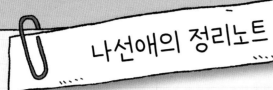

나선애의 정리노트

1. 임진왜란 극복 과정

1592년 4월	약 20만 명의 일본군이 쳐들어옴(임진왜란!)
1592년 5월	이순신이 옥포에서 처음으로 승리를 거둠
1592년 7월	이순신이 한산도 대첩에서 승리함
1592년 9월	전국적으로 의병들이 일어남
1593년 1월	명나라가 지원군을 보냄
1593년 2월	권율이 행주 대첩에서 승리함
1597년 1월	일본군이 다시 공격을 시작함(정유재란!)
1598년 8월	도요토미 히데요시가 사망하자 일본군이 철수하기 시작함
1598년 11월	이순신이 노량 해전에서 승리함

2. 판옥선 vs 안택선

	판옥선	안택선
주재료	소나무 : 나무의 단단함↑	삼나무 : 나무의 단단함↓
모양	바닥이 평평함 : 빠르기↓, 방향 바꾸기 쉬움	바닥이 뾰족함 : 빠르기↑, 방향 바꾸기 어려움
돛	2개 : 빠르기↓, 역풍을 타고 앞으로 나아갈 수 있음	1개 : 빠르기↑, 역풍에서 맥을 못 춤
주요 무기	대포, 화살 : 멀리 떨어져 있어도 공격 가능	조총, 화살 : 가까이 있을 때 공격 가능

3. 전쟁이 남긴 것

조선 : 많은 사람들이 목숨을 잃고 전 국토가 황폐화됨

명나라 : 무리해서 군대를 보내느라 힘이 약해짐 → 만주의 여진족에게 멸망당함

일본 : 도요토미 히데요시가 죽자 정권이 바뀜(에도 막부), 문화가 크게 발전

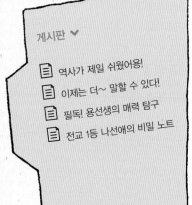

보물을 빚어낸 조선 도공들

중국에서도 인정받았던 고려청자, 기억하고 있겠지? 조선 시대에 들어서는 주로 백자를 만들었어. 백자는 그 특유의 정갈함과 소박함, 우아함으로 조선은 물론 일본에서도 명품 대접을 받았어.

조선 자기는 백자 외에도 종류가 매우 다양했는데 그중 일본인들이 유독 관심을 보였던 건 '막사발'이야. 일본인들은 막사발을 숭배하다시피 했어. 마치 사람의 손길이 하나도 닿지 않은 듯한 자연스러움에 반한 기지. 한 일본 도공은 "이런 그릇을 단 한 개만 만들 수 있다면 여한이 없겠다"고 했고, 어떤 학자는 "사람이 만든 게 아니라 자연이 조선 도공의 손을 빌려 만든 것이다"라고도 했지. 도요토미 히데요시 같은 최고 권력자들도 막사발을 애지중지해서 자신이 가장 아끼는 부하들에게만 막사발을 하사했어. 또 어떤 사람은 큰 잘못을 저지르게 되자, 막사발을 도요토미 히데요시에게 바쳐 목숨을 구할 수 있었지.

임진왜란이 일어나기 전, 일본 사람들은 대부분 나무로 만든 그릇을 쓰고 있었어. 이런 일본의 도자기 기술을 한층 끌어올린 사람들이 바로 임진왜란 때 잡혀간 조선 도공들이야. 1594년 일본으로 끌려간 이삼평(?~1655)은 아리타 지역에서 최초로 백자를 구워 냈어. 그와 그의 후손들이 만든 '아리타 도자기'는 유럽까지 수출되어 호평을 받았지. 아리타 마을 사람들은 이삼평을 '도자기의 신'으로 모시는 신사를 세우고, 매년 4월에 이삼평을 기리는 행사를 열고 있어.

또한 일본으로 끌려간 도공 심당길의 후손들

이삼평 탑

이마리 채색 동식물 무늬 합
일본 에도 시대(1603~1867)에 규슈 사가현 아리타 지역에서 제작된 자기야. 이마리 항구를 통해 유럽으로 수출되어 이마리 자기라고 불러. 높이 34cm.

도 '사쓰마 도자기'라는 명품 도자기를 만들어 냈어. 사쓰마 도자기는 일본의 3대 도자기이자 세계적 명품으로 취급받고 있어. 그의 후손들은 400여 년 전 심당길이 일본에 끌려올 때 쓰고 있던 망건을 아직도 소중하게 보관하고 있다고 해.

 COMMENTS

용선생 : 어느 조선 도공은 막사발에 한글을 새겨 넣기도 했어. "개가 멀리서 울부짖는 소리가 들려온다. 그리운 고향으로 돌아가고 싶다"는 글귀였지.

↳ 허영심 : 너무 슬퍼요. T.T

한국사 퀴즈 달인을 찾아라!

01 ★★☆☆☆

키워드만 보고 장군 이름 대~기!

• 붉은 옷, 벌떼, 진주 대첩 하면 떠오르는 사람은? (   )
• 거북선, 나의 죽음을 알리지 마라, 학익진 하면 떠오르는 사람은? (   )

02 ★★★☆☆

조선의 판옥선과 일본의 안택선을 서로 비교한 표야. 질문을 차근차근 읽은 다음, 빈칸에 동그라미를 쳐 줄래?

	조선의 판옥선	일본의 안택선
① 속도가 더 빠른 것은?		
② 배가 더 단단한 것은?		
③ 갑판이 더 높은 것은?		
④ 방향 전환이 더 쉬운 것은?		

05 ★★★★★

나선애가 만든 역사 신문의 사설이야. 그런데 기억이 가물가물한 부분은 빈칸으로 남겨 두었지 뭐야? 하나씩 채워 줄래? ① (   ) ② (   ) ③ (   ) ④ (   )

[사설] 전쟁은 무엇을 남겼나

전쟁은 끝났지만, 상처는 너무나도 크다. 죄 없는 백성들이 너무 많이 죽었고, 경복궁이 불타 버렸다. 나라의 재정도 바닥나서 허울뿐인 관직을 내려 주는 (①)을 발행할 지경이다. 물론 우리 조선만 피해를 입은 것은 아니다. 우리 조선을 도와주었던 (②)는 대규모의 군대를 보내느라 힘이 약해진 상태에서 여진족의 공격을 받아 휘청거리고 있다. 그런데 정작 전쟁을 일으킨 일본은 조선의 (③)을 가져가 학문 수준을 끌어올리는 한편, 도공들을 포로로 잡아가 (④) 문화를 화려하게 꽃피우고 있다.

03 ★★★☆☆

여기 임진왜란 사건 일지가 있어. 그런데 순서가 뒤죽박죽이잖아? 누가 좀 바로잡아 줘!

① 일본과 명나라 사이에 협상이 시작되다.
② 이순신이 학익진을 펼쳐 일본 수군을 무찌르다.
③ 일본군이 한양을 18일 만에 점령하다.
④ 이순신이 노량 해전에서 목숨을 잃다.
⑤ 도요토미 히데요시가 사망하다.

(   ) – (   ) – (   ) – (   ) – (   )

04 ★★★★☆

나선애가 다음 주제로 수업 시간에 발표를 할 거야. 발표 내용으로 옳지 않은 것은 무엇일까? (   )

발표 주제 : 조선과 일본의 전쟁, 임진왜란

① 일본군이 사용한 무기 조총
② 일본 땅에 남아 있는 귀무덤
③ 한양을 버리고 의주로 피란 간 선조
④ 여진족과 싸우느라 조선에 군대를 보내지 못한 명나라

• 정답은 311쪽에서 확인하세요!

떠나 볼까?

용선생 현장 강의

임진왜란 최초의 접전지
부산에 가다

대한민국 남동쪽 끝에는 우리나라 제1의 항구 도시인 부산이 있어. 부산은 임진왜란이 시작된 곳이자 6·25 전쟁 발발 직후 임시 수도의 역할을 한 곳이야. 볼거리와 즐길 거리가 많은 부산으로 가 보자.

동래읍성 동래읍성의 성벽길을 따라 걷다 보면 군대를 지휘하던 장소인 서장대, 북장대와 북문, 마안산 공원까지 방문할 수 있어. 동장대는 충렬사 뒷산에 있는데, 다른 곳들과 따로 떨어져 있어.

동래읍성

임진왜란의 흔적이 남아 있는 동래읍성에 올라가 보았어. 1592년 일본군이 부산 앞바다에 쳐들어오면서 임진왜란이 시작된 것, 기억하지? 동래부사 송상현은 "죽기는 쉬우나 길을 비키기는 어렵다"라는 글을 동래 성문 앞에 내걸고는 치열하게 싸웠지. 동래읍성에서는 매년 10월마다 임진왜란 동래성 전투를 재현하는 동래읍성 축제를 열어 이를 기리고 있대. 동래읍성에서 가장 높은 곳인 북장대에 올라서니 동래 지역과 해운대, 금정산까지 한눈에 들어왔어.

○ 동래읍성 ○ 해운대 해수욕장 ○ 부산 국제 ○ 감천 문화 마을 ○ 부산 임시 수도
영화제 거리 대통령 관저

해운대 해수욕장

북장대에서 저 멀리 보이던 바다로 향했어. 해운대 해수욕장이야. '해운대'란 이름은 통일 신라의 최치원이 이곳의 풍경에 반해 동백섬 바위에 자신의 호 '해운'을 새긴 데서 비롯됐어. 해운대 해수욕장은 백사장이 길게 펼쳐져 있고 수심도 얕아서 물놀이하기에 참 좋았어.

해운대 해수욕장 여름철이면 수백만 명의 피서 인파로 북적여.

장산에서 바라본 광안 대교
광안 대교는 바다를 가로질러 해운대와 광안리를 잇는 다리야. 우리나라에서 인천 대교 다음으로 긴 다리라고 해. 광안 대교는 10만 가지 이상의 색을 내는 조명으로 아름다운 야경을 만들어 내지.

부산 국제 영화제 거리 길의 양 옆으로 볼거리와 먹을거리가 많아.

영화인의 핸드 프린팅

부산 국제 영화제 거리

매년 부산에서는 국제 영화제가 열려. 1996년부터 열린 부산 국제 영화제는 우리나라에서 가장 큰 영화제이자 아시아를 대표하는 영화제이지. 영화제가 열리는 남포동에는 부산 국제 영화제 거리(BIFF거리)가 있어. 바닥에 설치된 영화인들의 핸드 프린팅과 조각상을 보니 미국 할리우드에 온 것 같은 느낌이 들었지. 내가 아는 배우가 있는지 찾아보는 것도 참 재밌었어!

자갈치 시장 부산 자갈치 시장은 100년이 훌쩍 넘는 역사를 가진 수산물 시장이야. 원래 자갈밭(자갈처)에 있던 시장이라 '자갈치' 시장이라 부르게 되었대. 부산 국제 영화제 거리 바로 건너편에 있으니 꼭 가봐!

감천 문화 마을

버스를 타고 비탈의 꼭대기까지 굽이굽이 올라가니 색색의 벽화가 그려진 감천 문화 마을이 나왔어. 이 마을은 6·25 전쟁 직후 부산으로 피난을 온 사람들이 모이며 형성된 마을이야. 복잡하고 미로 같은 골목 곳곳에는 다양한 조형물이 설치되어 있고, 벽에는 각기 다른 벽화들이 그려져 있어 구경하는 재미가 쏠쏠했어.

어린 왕자와
사막 여우 동상

감천 문화 마을 빨주노초파남보! 무지개 색이 다 모인 것 같지? 지금도 사람들이 살고 있는 곳이니 너무 시끄럽게 둘러보면 안 되겠지?

부산 임시 수도 대통령 관저

감천 문화 마을 근처에 있는 부산 임시 수도 대통령 관저에도 갔어. 1926년에 경상남도 도지사의 관사로 지어진 건물인데, 6·25 전쟁으로 부산이 임시 수도가 되자 대통령이 머물렀던 곳이야. 건물 안에는 당시 생활 모습을 재현해 놓았어.

부산 임시 수도
대통령 관저

2교시

상처로 남은 전쟁, 병자호란

임진왜란이 끝난 지 30여 년. 조선은 큰 고민거리를 떠안게 됐어.
이전부터 섬겨 오던 명나라를 따를 것인가, 명과 대립하며 세력을 키운
청나라를 따를 것인가 하는 문제였지. 섣불리 나섰다간
또다시 나라가 전쟁에 휩싸일지 모르는 상황이었기에 조선은 신중한 태도를 보였어.
하지만 결국은 청나라의 침략을 피할 수 없었단다.

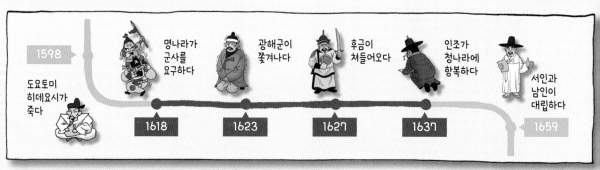

1598

도요토미
히데요시가
죽다

명나라가
군사를
요구하다

1618

광해군이
쫓겨나다

1623

후금이
쳐들어오다

1627

인조가
청나라에
항복하다

1637

서인과
남인이
대립하다

1659

김윤겸의 〈호병도〉

✔️ 알고 있는 용어에 체크해 보자!

☐ 광해군   ☐ 인조반정   ☐ 청나라

☐ 병자호란   ☐ 남한산성

"뭐야, 오늘은 드디어 놀이공원 가나 보다 했더니……."

석촌호수 옆, 코앞의 대형 놀이공원을 떠올리며 장하다가 입맛을 쩝쩝 다셨다.

"여기가 오늘의 목적지다!"

용선생이 가리킨 곳에는 유리 지붕 아래로 몇 미터는 됨직한 기다란 비석이 세워져 있었다.

"이런 길가에 웬 비석이 있어요? 꽤 크네."

"병자호란 때 세워진 비석이야. 명나라의 뒤를 이은 청나라가 두 번에 걸쳐 조선을 침략했던 전쟁이지."

"아하! 그럼 청나라 군대를 무찌른 장군님이 세운 비석이군요!"

"음, 그랬으면 좋겠다만 사실은 그 반대야. 덕분에 이 비석은 참 많은 사연을 갖게 됐지. 넘어뜨

곽두기의 국어사전

호란
호란이란 '오랑캐가 일으킨 난리'라는 뜻이야.

려지기도 하고, 땅속에 파묻히기도 했으니까. 사실 보고 있자면 많이 불편하고 속이 상하는 비석이거든."

용선생은 비석에서 조금 떨어진 나무 그늘 아래 주섬주섬 돗자리를 깔며 말을 이었다.

"얘기가 길어. 자…… 이 비석이 무슨 사연을 담고 있는지 한번 들어 볼 텐가, 제자들?"

호기심이 동한 아이들은 얌전히 신발을 벗고 돗자리 위에 올라앉았다.

명나라와 후금의 틈바구니에서

"임진왜란이 끝난 뒤, 선조는 식량을 아끼기 위한 정책을 내놓는가 하면 농사를 지을 수 있는 땅을 늘리기 위해 개간 사업도 벌였지. 또 다치고 앓아누운 백성들을 위해서 의학 책도 만들었어. 궁중 의원 허준에게 각종 의학 지식이며 여러 가지 병의 치료법을 한데 정리해 《동의보감》을 만들도록 한 거야."

그 말에 곽두기가 반색을 하며 "저 그 책 알아요! 할아버지가 가끔 이야기하시는 책이에요" 하

서울 삼전도비 삼전도(지금의 서울 송파구 삼전동)에 세워진 비석이야. 높이 3.95m, 너비 1.4m에 이를 만큼 거대해. 이 비석은 청나라의 강요로 세워졌어. 사적.

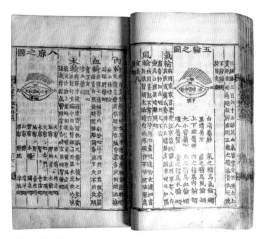

《동의보감》 허준(?~1615)이 의학 이론과 처방들을 일목요연하게 총정리한 의학 책이야. 중국과 일본에서도 수차례 출간되었고, 동아시아 의학 전통을 정리한 책으로 평가받았어. 유네스코 세계 기록 유산이야. 서울대학교 규장각한국학연구원 소장. 국보.

고 말했다.

"그래, 《동의보감》은 지금까지도 널리 활용되고 있는 책이야. 10여 년이 넘는 집필 기간을 거쳐 광해군 때에야 완성되었지. 선조의 뒤를 이은 광해군은 본격적으로 전쟁의 피해를 씻어 내고 다시 나라의 체계를 세우기 위해 애썼어. 토지 대장과 호적도 새로 만들고, 백성들의 부담을 덜어 주기 위해 세금 제도도 개혁하고, 그런가 하면 전쟁 통에 불타 버린 궁궐을 고치거나 아예 새로 짓는 공사도 여러 차례 벌였어. 그런데 이때 너무 무리하게 큰 공사를 벌이는 바람에 문제가 생기기도 했지. 공사 비용을 모으는 일도 큰 일이었거니와, 매번 많은 백성들을 끌어다 공사에 동원해야 했으니까. 그러니 반대하는 신하들도 많았고 백성들의 원망도 커졌지만, 광해군은 뜻을 굽히지 않고 왕위에 있는 내내 궁궐 공사를 계속 벌였어."

"안 그래도 힘든 시긴데 궁궐 공사는 좀 천천히 하면 안 되나?"

허영심의 불만스러운 목소리였다.

"광해군은 나라를 안정시키기 위해서는 왕과 왕실의 권위를 높이 세우는 일이 무엇보다 급하다고 여긴 것 같아. 이 이야기는 이

따 조금 더 하기로 하자. 자, 이렇게 조선이 전쟁의 흔적을 지우기 위해 이리저리 애쓰는 동안 중국 대륙에서는 커다란 변화가 생겼어. 만주의 여진족들이 힘을 키우는가 싶더니 후금이라는 나라를 세우고 명나라에 도전장을 내민 거야. 결국 1618년, 두 나라 사이에 큰 전쟁이 벌어지게 됐지. 그러자 명나라는 조선에 군사를 보내 달라고 요구했어. 임진왜란 때 명나라가 조선을 도왔으니, 이번엔 조선이 명나라를 도와야 한다는 거였어. 그것 참 골치 아픈 문제가 생긴 거지!"

"왜요? 보낼 군사들이 없어서요?"

"물론 전쟁을 치른 지 얼마 되지 않은 조선으로서는 군사를 보내기도 만만치 않았지. 하지만 더 큰 문제는 따로 있었어. 광해군이

누르하치(1559~1626) 명나라군에게 할아버지와 아버지를 잃고 복수의 칼날을 갈던 그는 1616년에 후금을 세우고 1618년에 명나라를 공격했어.

〈항해조천도〉 명나라로 가는 조선 시신들의 바닷길 여정을 담은 그림이야. 강력한 힘을 가진 명나라는 주변 나라들에게 조공(朝貢)을 받았어. '조'는 조정(朝廷)의 황제를 알현하는 것, '공'은 토산물을 바치는 것을 말해.

딱 보니까 명나라는 지는 해고, 후금은 뜨는 해였던 거야. 지금껏 조선이 명나라를 섬겨 오긴 했지만 무작정 명나라 편을 들었다가 나중에 명나라가 망해 버리면 어떡해? 조선처럼 작은 나라가 위험해지는 건 시간 문제 아니겠어?"

"호오, 그렇구나~. 그럼 군사를 보내면 안 되겠네요."

장하다가 눈을 껌벅거리며 말했다.

"군사를 안 보낸다? 그것도 안 될 소리지. 명나라에서 당장 불호령이 떨어지고, 조정의 대신들이며 양반들이 반대하고 나설 게 뻔

한데? 황제의 나라로 섬겨 온 명나라를 저버리는 것은 도리가 아니라고 말이야. 게다가 임진왜란 때 명나라가 조선에 군대를 보낸 것을 계기로 명나라를 더 높이 떠받드는 분위기가 커져 있었거든. 그런데 거꾸로 명나라가 도움이 필요한데 모른 척한다는 건 배신이나 마찬가지잖아."

"군사를 보낼 수도 없고, 안 보낼 수도 없고……. 어려운 문제였구나. 광해군은 그래서 어떻게 했나요?"

나선애가 호기심 가득한 얼굴로 물었다. 용선생은 근엄한 표정을 짓더니 굵은 목소리로 말했다.

"어허, 이것 참 큰일이야……. 이 일을 어쩌면 좋단 말인가? 어흠…… 아! 그러면 되겠구나! 듣거라! 명나라에 1만여 군사를 보내기로 했노라! 강홍립을 지휘관으로 임명할 테니 서둘러 준비하도록 이르라! 단, 떠나기 전에 내가 꼭 할 말이 있다고 전하라!"

영문을 모르는 아이들에게 용선생이 머리를 바싹 들이대고 설명해 주었다.

"광해군은 강홍립에게 명을 내렸어. '명나라 장수들의 명령을 그대로 따르지 말고, 오직 패하지 않는 전투가 되도록 최선을 다하라'고. 강홍립은 왕이 시킨 대로 했어. 전투를 벌이다가 명나라군이 크게 패하고 조선군도 후금에 포위당하게 되

자, 싸움을 포기하고 항복했지."

"하지만 명나라가 가만히 있을까요? 끝까지 싸우지 않고 항복하는 걸 뻔히 알 텐데."

나선애가 걱정스럽게 물었다.

"물론, 명나라는 일부러 후금에 항복한 것 아니냐며 화를 냈어. 이때 광해군은 그들이 의심을 풀 수 있도록 잘 설명을 하는가 하면, 명나라를 돕다가 후금하고 원수를 졌으니 조선이 위험해지면 명나라 책임이라고 큰소리도 쳤어. 명나라 쪽에서는 결국 더 아무 말도 하지 못했지. 그런가 하면 후금에 포로로 잡힌 강홍립은 광해군에게 후금 쪽 분위기를 적은 비밀 편지들을 보내왔어. 광해군은 그 내용에 따라 후금에 대한 대책을 마련하면서 그들이 혹시라도 조선을 공격할 생각을 품지 않도록 유리한 관계를 맺어 나갔지."

아이들은 낮게 "와~" 하고 감탄을 했다. 하지만 장하다의 얼굴에는 불만이 가득했다.

"비겁한 거 아냐? 화끈하게 싸우든가, 아니면 그냥 못 싸우겠다고 돌아와 버리든가!"

"무슨 소리니? 그렇게 기분대로만 했다간 조선이 또 금방 전쟁터가 될 텐데?"

나선애가 따지고 들자, 장하다는 "그런가?" 하고 슬쩍 꼬리를 내렸다.

"당시로선 쉽지 않은 결정이었던 것만은 분명할 거야. 하지만 세자 시절 임진왜란을 겪으며 전쟁이 얼마나 큰 고통을 안겨 주는지를 뼈저리게 느낀 광해군은 다시 조선을 전쟁터로 만들고 싶지 않았거든. 그러니 어느 쪽의 편도 뚜렷하게 들어주지 않고, 또 어느 쪽과도 원한을 쌓지 않으면서 나라의 안전을 보장받는 외교 방식을 고집한 거야."

 ## 쫓겨난 광해군과 새 임금 인조

"그런데 명나라의 불만은 어찌 잠재웠지만 문제는 나라 안의 신하들이었어. 강홍립이 후금에 항복하자, 명나라를 배반한 그를 반역죄로 다스려야 한다고 노발대발한 신하들도 많았을 정도야. 더군다나 당시 조정의 신하들은 광해군이 왕위에 오르기 전부터 광해군을 지지하는 쪽과 그렇지 않은 쪽으로 나뉘어 있었거든."

"네? 그게 무슨 말이에요?"

허영심이 영문을 모르겠다는 표정으로 물었다.

"광해군은 후궁의 아들이라고 했던 것 기억나지? 왕비의 몸에서 태어난 왕자가 없는 상황에서 임진왜란이 터지자 급히 광해군을 세자로 삼은 거였지. 그런데 나중에 선조가 새로 맞은 왕비에게서 왕자가 태어난 거야. 영창 대군이었지. 그러자 적지 않은 신하들이 세자를 영창 대군으로 다시 정해야 한다고 주장했어. 선조도 내심 그러고 싶었고. 그런데 마침 선조가 갑자기 세상을 뜨면서 광해군이 그대로 왕위를 물려받게 된 거였어.”

“치, 왕비의 아들이고 후궁의 아들이고가 그렇게 중요한가?”

허영심이 삐죽거리자 용선생이 설명을 보탰다.

“양반집에서도 누가 위고 누가 아래인지, 누가 대를 잇고 제사를 모셔야 하는지를 따지는 일이 무엇보다 중요했는데, 왕실에서야 오죽했겠니. 어쨌든 광해군은 이런 과정을 거쳐서 왕이 되었기 때문에 속으로는 늘 불안했던 모양이야. 왕위에 오르자 연거푸 무리한 궁궐 공사를 하면서 왕의 위엄을 세우려 한 데는 이런 심리도 작용했던 것 같아. 광해군은 자신에게 반대하던 신하들을 경계하며, 조금만 이상한 기색이 보여도 큰 죄로 다스렸어. 신하들이 언제 영창 대군을 왕으로 세울지 모르는 일이라고 여겼던 거지. 그러다 정말로 그 비슷한 사건이 생겼고, 광해군은 그 일을 계기로 영창 대군을 아예 몰아내 버려. 귀양을 보냈다가 죽게 했지.”

“그럼 동생을 죽인 거잖아요?” 손바닥으로 양 볼을 감싼 허영심이 놀라 물었다.

“그걸로 모자랐는지, 몇 년 뒤에는 영창 대군의 친어머니인 인목 대비까지 내쫓아 버렸어.”

"와! 심했다……." 장하다의 눈이 동그래졌다.

"그래. 결국 광해군을 반대하던 신하들은 이 일을 문제 삼아서 광해군을 내쫓아 버렸어. '어머니를 내쫓고 동생을 죽인 사람은 왕의 자격이 없다!' 하고 말이야. 뿐만 아니라 잦은 궁궐 공사로 백성들의 생활고를 더욱 부채질했다는 죄, 또 명나라에 대한 의리를 저버리고 오랑캐가 세운 후금의

인조

인목 대비

동생을 죽게 하고 어머니를 내쫓은 죄!

광해군

왕을 내쫓는 건 괜찮고?

정선의 〈세검정도〉 이곳에서 김류, 이귀 등이 광해군을 내쫓자는 결의를 하고 칼을 씻었다고 해서 정자 이름을 세검정(洗劍亭)이라 지었다는 설이 있어. 세검정은 서울시 종로구 신영동에 있어.

눈치나 살폈다는 죄목도 덧붙여졌지. 광해군 대신 새 왕이 된 사람은 광해군의 조카인 인조였어. 1623년에 일어난 이 사건을 '인조반정'이라고 해. 그리고, 그 뒤 광해군은 오랫동안 동생을 죽이고 어머니를 내쫓은 폭군으로 평가받았지."

"진짜로 광해군이 쫓겨났단 말이에요?"

장하다가 믿을 수 없다는 듯 되물었다.

"응. 연산군에 이어 두 번째로 쫓겨난 왕이 된 거지. 조선에서 묘호를 받지 못한 임금은 연산군과 광해군 둘뿐이야. 하지만 광해군은 연산군처럼 몹쓸 짓을 많이 저지르지는 않았지. 폭군인지 현명한 임금인지 아직도 말이 많긴 하지만 말이야."

남양주 광해군 묘
경기도 남양주에 문성군 부인 묘(오른쪽)와 나란히 자리하고 있어. 광해군은 유배지인 제주도에서 67세의 나이로 세상을 떠났어. 사적.

두 차례에 걸친 청나라의 침략

"북쪽의 상황은 어땠을까. 누르하치는 1619년 여진족 전체를 통일하고, 명나라의 중앙으로 진출하려는 기회를 틈틈이 엿보고 있었어. 그 시기 조선에서는 인조반정이 일어나 후금에 등을 돌리고 명나라와 가깝게 지냈지. 그러자 후금은 기다렸다는 듯이 조선을 침략해 왔어. 이 사건을 1627년, 정묘년에 오랑캐가 쳐들어왔다고 해서 오랑캐 호(胡) 자를 써서 정묘호란이라고 불러. 3만여 명에 달하는 후금의 군대는 순식간에 압록강을 건너고 평양을 지나 한양을 향해 내려왔어. 그러자 깜짝 놀란 인조와 조정의 신하들은 강화도로 피란을 갔어."

"또요? 임금님들이 순 도망부터 다니고…… 뭐가 그래요? 또 불쌍한 백성들만 엄청 고생하게 생겼구나."

장하다가 툴툴거렸다.

"그런데 이번엔 임진왜란 때와 달랐어. 얼마 지나지 않아 후금 쪽에서 먼저 화해를 하자고 한 거야. 사실 후금은 명나라와 싸우느라 바빴거든. 조선

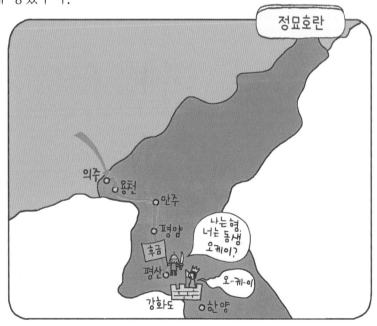

을 공격한 건 '이제 그만 명나라와는 손을 끊고 우리 후금 쪽에 붙어라' 하고 으름장을 놓기 위해서였지. 중국 대륙을 정복하기 전에 일단 근심거리인 조선부터 눌러 놓겠다는 뜻이었어. 후금의 제의를 거절하고 싶어도 그들과 싸울 힘이 없던 조선은 일단 후금과 화해를 하기로 했어. 그리고 후금이 원하는 대로 서로 형제의 나라가 되기로 약속을 했지. 물론 후금이 형이고, 소선이 아우가 되는 거였어."

"그럼 이제부터는 명나라 대신 후금이랑 친하게 지내기로 한 거예요?"

곽두기가 묻자 용선생은 고개를 저었다.

"그건 아니야. 조선은 후금의 군사들이 돌아간 뒤에는 도로 명나라와 가깝게 지냈어. 여전히 후금을 오랑캐라고 얕보고 상대 안 하려고 했던 거야. 그런데 웬걸? 후금은 힘이 더 세졌어. 나라 이름을 청(淸)으로 바꾸고 자기네 왕을 황제라고 부르기 시작했지. 그러더니 조선에 형제 관계가 아니라 군신 관계를 맺자고 요구해 왔어. 조선을 청나라의 신하 나라로 삼겠다는 얘기지."

"형, 아우도 아니고 신하? 그래서 조선은 신하 나라가 되겠다고 했나요?" 장하다가 궁금한 듯 몸을 앞으로 내밀며 말했다.

"아냐. 정묘호란 때야 궁지에 몰렸으니까 약속을 했지만, 인조와 신하들은 끝까지 청나라를 인정할 생각이 없었어. 펄쩍 뛰면서 그럴 수 없다고 했지. 그러니까 청나라에서 또 쳐들어왔네? 1636년, 병자년에 일어난 병자호란이야. 이번엔 정말 문제가 심각했어. 청나라의 왕인 태종이 직접 10만 명도 넘는 군사들을 이끌고 쳐들어왔거든. 청나라 군사들은 엄청나게 빨랐어. 압록강을 건넌 지 6일 만에 한양까지 들이닥쳤지. 당황한 인조와 신하들은 이번에도 강화도로 피신을 하려고 했지만 이미 청나라 군사들에 의해 길이 막힌 뒤였어. 인조와 신하들은 하는 수 없이 급히 남쪽으로 길을 돌려 남한산성으로 들어갔어."

정신없이 이어지는 이야기에 아이들은 침을 꼴깍 삼켜 가며 집중하고 있었다.

"하지만 남한산성에는 1만 4천여 명의 군

사와 50일 치 식량밖에 없었어. 청나라군은 남한산성을 에워싼 채 느긋이 기다렸지. 식량은 점점 떨어져 가고, 군사들은 청나라에 맞서 싸울 엄두조차 내지 못했어. 말 그대로 절망적인 상황이라고 할까. 산성 안에 갇힌 신세가 된 신하들은 날마다 논쟁을 벌였어. 청에 맞서 끝까지 싸우자는 쪽과 청나라와 우호적인 관계를 맺어 되도록 군사적 충돌을 피하자는 쪽이 서로 팽팽하게 맞섰지. 죽으면 죽었지 오랑캐에게 절대로 무릎을 꿇을 수는 없다! 아니다, 이대로 가다간 나라가 망할 판이니 일단 항복하자! 이들의 논쟁은 끝이 없었어. 당시 예조 판서 김상헌과 이조 판서 최명길은 양쪽 주장의 대표 주자였는데, 최명길이 항복 문서를 쓰면 김상헌이 이를 빼앗아 찢어 버렸고, 최명길은 이를 주워다 붙이곤 했다는 거야."

"답답해 정말! 빨리 무슨 수라도 내야 할 거 아냐?"

허영심이 발끈하며 소리를 높이는 바람에 용선생은 깜짝 놀랐다. 살짝 영심의 눈치를 본 용선생이 조심스레 말을 이었다.

"왕을 구하러 온 군사들

도 번번이 청나라군에게 패하고, 강화도에 있던 왕실 사람들마저 포로로 붙잡히자 더는 방법이 없었어. 결국 인조는 남한산성에 들어간 지 45일 만에 청나라에 항복을 하기로 했지. 그런데 항복하는 과정이 또 예사롭지가 않아."

용선생이 고개를 잘잘 흔들어 보였다.

남한산성 한양의 남쪽을 지키는 산성으로 현재 경기도 광주에 위치해 있어. 672년 신라 문무왕 때 쌓은 성의 터를 활용해서 1624년(인조 2년)에 지어졌지. 2014년 유네스코 세계 문화유산으로 등재되었어. 사적.

삼전도의 수치스러운 항복

"1637년 1월, 인조는 세자와 대신들을 이끌고 남한산성에서 나왔

어. 임금의 상징인 곤룡포를 벗고 남색 군복을 입은 채로 말이야. 인조가 무거운 발걸음을 옮길 때마다 백성들의 울음소리가 터져 나왔대. 아마

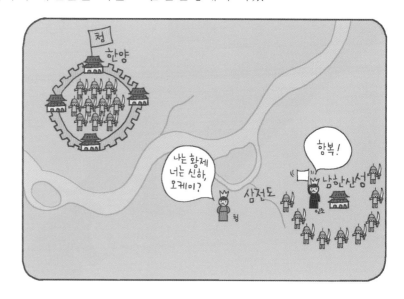

상처로 남은 전쟁, 병자호란 **069**

죽으러 가는 길보다 더 괴롭고 수치스러웠을 거야. 인조와 신하들이 청나라 태종이 기다리고 있는 삼전도에 도착하니, 청 태종은 9층 계단 높이의 높은 단 위에 노란색의 넓은 장막을 펼치고 용상에 앉아 인조 일행을 내려다보고 있었대. 인조는 태종 앞에 가서 엎드려 절했어. 그리곤 이마를 땅바닥에 세 번 찧었어. 또 절하고 다시 세 번 이마를 땅에 찧고, 다시 절하고 세 번 이마를 땅에 찧었지."

"왜 이마를 땅에 박아요?"

"청나라에서는 그렇게 세 번 절하고 아홉 번 이마를 바닥에 대는 것이 황제에 대한 예법이었대. 인조는 이렇게 함으로써 조선이 청나라의 신하 나라가 되었다는 것을 직접 증명해야 했던 거시. 이후 청나라는 조선이 명나라와 외교 관계를 맺을 수 없도록 했어. 또 청나라가 명나라를 공격할 때 군사를 보내 도와줄 것과 조공할 것도 요구했지. 그뿐만이 아

앞으로 황제 폐하라 불러라

지난 일이지만 슬프다…

그래? 난 화가 나는데!

니야. 왕자와 신하들을 인질로 요구하고, 조선의 여인들을 공녀로 뽑아 보내라고 했어. 조선이 성곽을 늘려 지으려고 하거나 수리를 할 때도 허락을 받으라고 했지."

"으아, 너무하네요!" 장하다가 코를 찌푸리고 큰 입을 하고선 말했다.

용선생이 문득 고개를 돌려 비석을 바라다보았다. 용선생을 따라 시선을 옮기던 아이들은 거의 동시에 같은 생각을 했다. 나선애가 먼저 입을 열었다.

"그럼 저 비석은 대체 뭐예요?"

"청 태종은 조선의 항복 과정을 밝히고 청나라의 위엄과 자신의 훌륭한 덕을 기리는 내용을 적은 기념비를 세우게 했어. 중국 대륙에 있던 다양한 민족들 중 누가 보더라도 그 내용을 알 수 있도록 한자, 만주 문자, 몽골 문자의 세 언어로 적도록 했지. 정식 이름은 '대청 황제 공덕비(大淸皇帝功德碑)'인데 보통은 삼전도에서 항복하면서 세운 비석이라는 뜻으로 '삼전도비'라고 불러."

"으! 되게 창피한 거였잖아. 근데 왜 생뚱맞게 이런 놀이공원 옆에 있어요?"

장하다가 인상을 쓰며 물었다.

"바로 이 근처가 인조 임금이 청 태종에게 세 번 절을 했던 장소거든."

삼전도비에 담긴 내용은?

용선생 현장 강의

나선애의 개념 사전

삼전도비

비석 앞면의 왼쪽에는 몽골 문자, 오른쪽에는 만주 문자, 뒷면에는 한자가 쓰여 있어. 비문을 짓기 위해 당대의 문장가 4명에게 명을 내렸지만, 누구도 치욕적인 글을 쓰고자 하지 않았어. 결국 인조의 간절한 부탁으로 이경석이 글을 썼지. 그러나 이경석은 후에 큰 비난을 받게 돼.

그때 비석 가까이 다가가 이리저리 살펴보던 두기가 "선생님, 글자가 하나도 안 보여요!" 하고 소리쳤다. 거기까진 미처 생각해 본 적 없는 용선생이 쉽게 답을 못하고 더듬거렸다.

"그러냐? 그게…… 어, 역사 공부를 아주 열심히 하는 사람한테만 보이나?"

"큭큭!"

갑자기 들리는 웃음소리에 기겁한 용선생이 돌아보니 웬 할아버지가 빤히 쳐다보고 있었다.

"아, 생각을 혀 봐! 그 수난을 겪었는디 아직까지 글자가 멀쩡히 보이겠어?"

"예? 아…… 그, 그렇겠군요."

"그럼! 첨에는 저 비석이 으리쩡쩡하게 서 있었는디, 1900년이 다 돼서 수치스러운 물건이라고 넘어뜨려 놓았다지. 그랬는데, 일본에 나라를 뺏기고 난 뒤에 일본인들이 옳다구나! 하고는 '야, 느그들이 원래 이렇게 별 볼 일이 없는 것들여, 알겄냐?' 하는 심보로 다시 세워 놨어. 그러고 나서 해방이 되니께 사람들이 다시 이걸 쓰러뜨려서 땅속에 파묻었네? 근데 한참 뒤에 큰 홍수가 났는데 이놈이 또 고개를 내민 거여. 그래서 그때 정부가 어쩔 수 없는 건가 보다, 하고 다시 세워 둔 거여."

"아까 선생님이 사연 많은 비석이라고 한 게 이 얘기군요? 참 신기한 일이네. 그 일을 잊지 말라고 자꾸 비석이 나오는 건가?"

장하다가 제법 진지한 표정으로 중얼거렸다.

"저, 근데 어르신은 누구신지……?"

용선생은 비석에 대해 너무나 잘 아는 할아버지가 놀라웠다.

"나? 그냥 동네 사람이여~. 아 저 비석을 치워야 속이 풀리겠다고 행패를 부리는 사람들이 있어서…… 내가 시간 날 때마다 비석을 보러 다닌 게 벌써 몇 년째인가 몰러. 아, 챙피하다고? 남부끄럽다고? 부끄러운 역사면 제대로 부끄러워할 줄을 알아야지! 몰래 없애고 감춘다고 역사가 바뀌겠어? 역사란 건 말이여, 그 속에서 하나라도 배워서 앞으로는 더 잘하라고 있는 거란 말이여!"

자신도 모르게 흥분한 나머지 버럭 호통을 친 할아버지가 머쓱한 웃음을 지었다.

"아, 선상님하고 너희한테 한 소린 아니고 말여. 내가 주책이지. 그럼 계속들 혀."

할아버지는 히죽 웃어 보인 뒤 어슬렁어슬렁 걸음을 옮겼다. 그 모습을 멍하니 바라보던 용선생이 퍼뜩 정신을 차렸다.

호란이 지나간 자리

"자, 이렇게 해서 삼전도의 수치스러운 항복을 끝으로 청나라와의 전쟁이 끝났어."

"잠깐요! 근데 아무리 조선이 지쳐 있다고 해도 그렇지, 청나라 군사들한텐 왜 그렇게 당하기만 했어요?"

장하다가 물었다.

김윤겸의 〈호병도〉
1770년대 초반 청나라를 방문한 김윤겸이 두 명의 청나라 병사를 그린 작품이야.

"청나라 군사들이 워낙 빨랐거든. 조선은 늘 하던 대로 북쪽의 여러 산성에서 청군을 맞아 싸우려 했는데, 청군은 산성 사이를 지나쳐 그냥 한양을 향해 달려왔다는 거야."

"엥? 그게 뭐야."

"조정에서는 황당하고 정신이 없었겠지. 또 청나라 군사들은 잘 훈련된 정예군이었어. 조선군은 몇 몇 전투에서 승리하긴 했지만 대세를 바꾸긴 힘들었지. 게다가 워낙 전쟁 기간이 짧았으니까."

"그래도 전쟁이 짧았으면 백성들한테 큰 피해는 없었겠네요."

나선애의 말에 용선생이 고개를 가로저었다.

"그럴 리가……. 호란도 많은 고통과 상처를 남겼지. 임진왜란 때는 특히 남쪽 지방의 피해가 컸다면 이번엔 북쪽 지방의 피해가 컸어. 전쟁하는 동안에도 많은 피해가 있었지만, 전쟁이 끝난 후에 나타난 피해는 더 컸단다. 많은 사람들이 포로로 잡혀갔는데, 청군은 그 사람들의 목숨을 가지고 장사를 했어. 가족들이 보내 주는 몸값을 받고 나서야 포로를 풀어 준 거지. 특히 여자들은 전쟁이 끝난 뒤에도 고통에 시달려야 했어. 청나라에 잡혀갔다가 갖은 고생 끝에 겨우 돌아온 여자들, 특히 양반집 여자들은 가족들이 받아 주지 않았거든."

"네? 왜요?"

아이들은 이해할 수 없다는 표정이었다.

"청나라에 가서 몸을 더럽히고도 멀쩡히 살아서 돌아왔으니 수치스럽다는 이유였어. 아이를 낳아서 데리고 온 경우에는 그 아이까지 업신여김을 당하고 놀림을 받았지."

"말도 안 돼! 그럴 거면 진작에 나라나 잘 지킬 것이지!"

"내 말이!"

나선애와 허영심이 얼굴을 마주 보며 눈에 힘을 주었다.

"그러게나 말이다. 그때 청나라에서 돌아온 여자들과 아이들을 가리키는 말이 못된 욕으로 굳어졌을 정도니…… 참 잔인한 일이야."

"그게 무슨 욕인데요?"

"그게, 화…… 안 되겠어. 도저히 말할 수가……."

"아, 화냥년 아녀!"

옆에서 들려온 욕설에 용선생이 깜짝 놀라 벌떡 일어났다. 아까 그 할아버지였다.

"환향녀(還鄕女), 그러니까 고향으로 돌아온 여자라는 말이 절개 없는 여자를 손가락질할 때 쓰는 욕이 된 거여. 또 호로(胡虜)자식, 그러니까 오랑캐에게 잡혀갔다 돌아온 여자가 낳은 자식이라는 말에서 '후레자식'이라는 욕이 생겨난 거고. 선상님, 맞소?"

용선생은 허탈한 표정으로 "예……." 하곤 도로 주저앉았다.

"참 신기한 일일세. 내가 여기 이렇게 자리 깔고 앉아서 공부하는 학생들은 또 첨 보네. 여긴 찾아오는 사람도 별로 없거든. 장한 학생들이여. 가만, 내 가서 쭈쭈바라도 사 올 텡게, 기다려잉?"

할아버지는 기특하다는 듯 아이들을 둘러보더

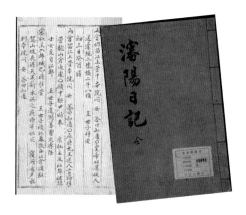

《심양일기》 병자호란 때 청나라 인질로 잡혀 간 소현 세자와 봉림 대군 등이 중국 선양(청나라 초기 수도)에 거주하면서 겪은 갖가지 일을 기록한 책이야. 당시 조선과 청나라와의 관계를 이해하는 데 귀중한 자료지.

니, 이내 팔을 휘휘 저으며 멀어져 갔다. 용선생은 "후유" 하고 한숨을 내쉰 뒤 다시 이야기를 이어 나갔다.

"뒷이야기가 더 남았어. 전쟁이 끝난 뒤 인조의 두 아들 소현 세자와 봉림 대군은 청나라에 인질로 끌려갔어. 아마 당시에는 두 왕자 모두 복수심에 불탔겠지? 봉림 대군은 끝까지 속으로 칼을 갈면서 조선에 돌아가 그들에게 복수를 할 날만을 기다렸대. 그렇지만 소현 세자는 청나라에 들어와 있던 서양 문물과 과학 기술을 접하게 되면서 점점 태도가 달라졌어. 조선도 실력을 기르려면 서양과 청나라의 문물을 받아들여야 한다고 생각했지. 그는 서양 선교사나 청나라 왕족, 관리들하고도 친하게 지내는 사이가 됐어. 그 뒤 8년 만에 두 왕자가 조선으로 돌아왔어. 하지만 인조와 신하들은 소현 세자를 별로 반기지 않았어. 원수 같은 청나라와 친하게 지내다 왔으니 배신자처럼 보였을지도 몰라. 그러다 두어 달 만에 소현 세자는 갑자기 죽어 버렸어. 그 뒤를 이어서 봉림 대군이 세자가 되고, 얼마 뒤에는 왕위에 올랐지."

"뭔가 이상한데요? 왜 갑자기

허영심의 인물 사전

봉림 대군
(1619~1659)
인조의 둘째 아들로, 이름은 이호야. 굉장히 키가 크고 어깨도 떡 벌어진 당당한 체격을 가졌다고 해. 8년간 청나라에 붙잡혀 있을 때는 형인 소현 세자의 보디가드 역할을 했어. 소현 세자가 청나라에서 돌아와 두 달 뒤 죽자 세자가 됐고, 1649년 왕위에 올랐어. 조선의 17대 임금인 효종이야.

아담 샬(1591~1666)
독일 출신의 신부로, 천주교를 알리기 위해 중국으로 왔어. 중국 관리가 되어 천문을 관측하는 일을 맡은 그는 소현 세자에게 서양의 천문학을 알려 주고 지구의, 천문의 등을 선물했어.

죽어 버렸대요?"

"학질이란 병에 걸려 죽었다고 해. 그런데 세자의 온몸이 검은빛으로 변하고 피가 흘러나오는 등 이상한 점이 많아서 누군가 독을 먹여 죽인 것은 아닌가 하는 말들도 있었대. 인조의 뒤를 이어 왕위에 오른 봉림 대군, 즉 효종은 임금이 되자마자 청나라로 쳐들어가겠다고 별렀어. 조선 기준으로 북쪽을 정벌한다고 해서 이를 '북벌'이라고도 해. 청을 공격해 전쟁의 치욕을 씻고, 명에 대한 의리를 지키자는 것이었지."

"맞아요! 쳐들어가요! 전쟁으로 조선을 쑥대밭으로 만들고, 사람들을 괴롭히기까지 했으니 가만둬서는 안 돼요!"

장하다가 자그마한 두 주먹을 날리며 말했다.

"효종의 북벌 계획은 어떻게 됐을까. 효종은 청을 정벌하려고 실제로 성곽과 무기를 정비하고 군대 양성에도 힘을 기울였어. 처음에는 청나라에 이를 갈던 신하들도 그 뜻을 따랐지. 하지만 그런 울분과 복수심만으로는 전쟁을 일으키기란 쉽지 않았어. 전쟁으로 인해 최악으로 치달은 조선의 상황에서 국가의 무리한 북벌 추진은 백성들의 원망만 살 뿐이었지. 현실적으로도 중국을 장악한 청나라를 공격하는 건 불가능했어. 시간이 갈수록 신하들도 하나둘 고개를 젓기 시작했지."

"준비만 하다가 결국 공격은 못하게 된 거군요! 속상하다!" 장하다가 수그러진 북벌 계획에 아쉬워하자 용선생은 아이들을 보며 나지막히 "공격은 했지" 라고 운을 뗐다.

용선생이 가방에서 세계 지도를 스윽 꺼내 보이며 아이들에게 물었다.

"중국의 위쪽에는 어떤 나라가 있을까?"

"아, 너무 쉬워요. 러시아가 있잖아요!" 왕수재가 잽싸게 말했다.

"그래, 당시 러시아는 자원이 많은 중국의 헤이룽강(흑룡강) 일대까지 장악하려고 남쪽으로 점점 내려오고 있었던 거야. 청나라는 러시아를 막아보려 몇 번의 전투를 치렀지만, 상황이 여의치 않자 조선에 조총병 파병을 요청했어. 조총이라고 알지? 임진왜란을 겪고 조선도 조총을 비롯해 무기 개발에 힘써 왔거든. 조선은 조총병을 150, 260명 씩 각각 두 차례나 보냈는데, 청나라 군사와 함께 러시아군을 상대로 승리를 거두고 돌아왔대. 이를 나선 정벌이라고 해. 나선은 러시아를 뜻하지."

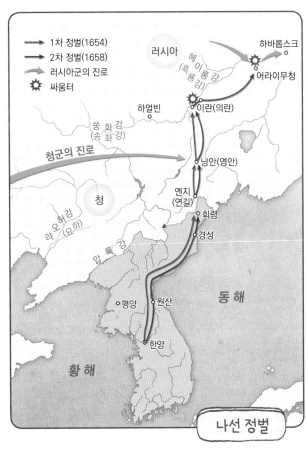

나선 정벌

"청나라를 공격하려고 준비한 무기를 나선 정벌에 사용한 셈이네요!"

"그렇지. 게다가 효종이 즉위한 지 10년 만에 세상을 떠나면서 북벌은 중단됐어. 이후 숙종 때 일부 신하들이 다시 북벌을 주장을 했지만 끝내 이뤄지진 않았지."

"북벌이 성공했으면 얼마나 좋아!"

"애초에 청나라가 쳐들어오질 말았어야 했어!"

"그래! 그럼 이 비석도 당연히 없겠지!"

용선생은 한 마디씩 하는 아이들을 보며 잠시 무언가를 생각하더니 일어나 비석을 향해 다가갔다.

"그게, 나쁜 일은 생기지 않았더라면 더 좋았겠지. 하지만 얘들아, 우리가 이 비석을 보면서 꼭 기억해야 할 점이 있어. 역사를 대할 땐 입맛에 맞는 대로 뭔가를 보태거나 빼려 들어선 안 된다는 점이야. 있는 그대로의 역사를 최대한 정직하게 바라볼 때 역사는 우리에게 진실한 교훈을 전해 주는 법이란다. 그래서 이런 말도 있지 않니? 역사에는 가정이 없다!"

한마디 한마디 힘주어 쏟아 낸 용선생이 "후욱" 심호흡을 했다.

'녀석들, 또 감동했겠지?'

용선생은 마지막으로 듬직한 미소를 날려 주기 위해 천천히 돌아섰다. 그러나…… 이미 아이들은 아이스크림을 들고 나타난 할아버지 곁으로 우르르 몰려간 뒤였다.

나선애의 정리노트

1. 인조반정은?

    ① 광해군이 왕위에서 쫓겨나고 인조가 즉위한 사건

    ② 명분은? 광해군이
- a. 영창 대군을 죽임
- b. 인목 대비까지 내쫓아 버림
- c. 무리한 궁궐 공사를 벌임
- d. 명나라의 은혜를 저버림

2. 사건 일지 : 청나라와의 전쟁

    ① 정묘호란

    조선이 명을 가까이하고 후금을 멀리함
    ↓
    후금에서 쳐들어옴 ——→ 조선과 명나라 간의 관계를 끊기 위한 것!
    ↓
    조선 항복, 후금과 형제 관계 맺음 ——→ 후금이 형, 조선이 아우

    ② 병자호란

    후금이 '청'으로 이름 고침
    ↓
    조선에 군신 관계 요구
    ↓
    조선이 거부
    ↓
    청 태종이 직접 쳐들어옴
    ↓
    인조, 남한산성으로 피란
    ↓
    조선 항복, 청과 군신 관계 맺음 ——→ 삼전도의 굴욕

게시판 ⌄

- 역사가 제일 쉬웠어용!
- 이제는 더~ 말할 수 있다!
- 필독! 용선생의 매력 탐구
- 전교 1등 나선애의 비밀 노트

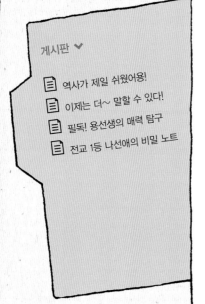

청나라로 간 소현 세자

소현 세자가 도착한 곳은 당시 청나라의 수도였던 만주의 선양(심양)이었어. 선양에는 소현 세자와 세자빈 강씨 외에도 봉림 대군 부부, 세자의 선생님들과 호위 무사들, 통역관, 의사, 노비들이 같이 갔는데, 500명이 훌쩍 넘는 엄청난 숫자였지. 이들의 숙소는 청나라에서 새로 지어 줬어. 그곳을 '심양관소', 줄여서 '심관'이라 부르게 돼.

청나라는 이 심관을 통해 조선 문제를 처리하려 했어. 그러자 인조도 골치 아픈 외교 문제를 소현 세자에게 맡겼어. 가장 큰 문제는 청나라의 의심, 그러니까 '조선이 명나라와 관계를 유지하고 있는 건 아닌가' 하는 의심을 푸는 것이었어. 소현 세자는 청나라 관리들과 친분을 쌓으며 그런 의심을 풀기 위해 노력했어. 또한 청나라는 종종 조선에 요구한 물품이나 군사가 빨리 오지 않는다고 따졌는데, 소현 세자는 '조선의 사정이 여의치 않다'며 변명도 하고, '한 나라의 세자를 이렇게 막 대해도 되는 것인가' 하고 호통도 쳤지.

그런데 소현 세자 일행이 선양에 온 지 4년 후, 커다란 변화가 생겼어. 심관에서 쓸 돈은 원래 조선과 청나라가 지원해 줬는데, 갑자기 청나라가 '땅을 줄 테니 알아서 농사를 지어 돈을 벌라'고 한 거야. 할 수 없이 울며 겨자 먹기로 농사를 시작했는데, 그게 오히려 좋은 결과를 낳았어. 조선의 발전된 농사 기술로 많은 곡식과 채소를 생산할 수 있었고, 이 것들을 청나라 시장에 내다 팔아 큰돈을 벌었거든. 또 심관 에서는 조선의 질 좋은 종이, 약재, 꿀 등을 들여와 내다 팔 았어. 얼마나 장사가 잘됐는지 '심관의 문전이 마치 시장과 도 같았다'고 할 정도로 청나라 사람들이 드나들었다고 해. 소현 세자는 이렇게 번 돈으로 청나라로 끌려온 조선인들 을 해방시켜 줬어. 해방된 조선인들은 청나라에 정착하거 나, 혹은 조선으로 돌아갈 수 있는 돈을 벌기 위해 심관에 서 농사를 지었어.

1644년, 청나라는 명나라를 완전히 정복하고 중국을 통일 했어. 이제 더 이상 조선의 세자를 인질로 잡아 둘 필요가 없어진 거지. 소현 세자 일행은 8년 동안의 볼모 생활을 접 고 조선으로 떠났어. 이때 선양에 남아 있는 조선인들을 위 해 곡식 4,700석을 남겨 뒀다지.

COMMENTS

 나선애 : 이 글을 읽고 검색을 좀 했는데 소현 세자의 아내, 그러니까 세자 빈 강씨에 대한 기사가 있더라고요. 그 기사에선 세자빈 강씨가 장사를 주도한 여성 CEO라 그러던데, 사실인가요?

↳ 용선생 : CEO라는 표현은 좀 과한 것 같아. 하지만 소현 세자를 적극 적으로 도운 건 사실이야. 인조는 이렇게 장사에 힘쓰는 소 현 세자와 세자빈 강씨의 성품이 나빠지고 있다며 별로 좋아 하지 않았대.

한국사 퀴즈 달인을 찾아라!

출발!

01 ★☆☆☆☆

1636년, 청나라의 군사들이 조선으로 쳐들어왔다고 했지? 병자년에 일어난 이 전쟁을 뭐라고 하는지 생각나? (   )

① 병자왜란
② 정묘왜란
③ 임진왜란
④ 병자호란

02 ★★☆☆☆

 난 강홍립이라고 해. 내 얘기 좀 들어 볼래?

(   )는 후금을 치기 위해 우리 조선에 군사를 보내 달라고 했어. 그때 바로 내가 지휘관으로 뽑혔지. 그런데 내가 우리 조선군의 피해를 최소한으로 줄이기 위해 후금한테 항복하니까, 조정의 신하들은 (   )를 배신한 나를 죽여야 한다면서 난리를 치지 뭐야. 악, 억울해!

 친구들, 괄호 안에 무슨 단어가 들어가야 할지 다들 알겠어? 난 알 것 같은데! (   )

05 ★★★★☆

 여기 병자호란 사건 일지가 있어. 그런데 순서가 뒤죽박죽이잖아? 누가 좀 바로잡아 줘!

① 인조가 남한산성으로 피신하였다.
② 청이 조선에 군신 관계를 요구하였으나 조선이 거절하였다.
③ 남한산성에서 나온 인조가 삼전도에서 치욕적인 항복을 하였다.
④ 청나라군이 조선으로 쳐들어왔다.
⑤ 소현 세자와 봉림 대군이 청나라에 인질로 끌려갔다.
⑥ 후금이 나라 이름을 청으로 고쳤다.

( ) – ( ) – ( ) – ( ) – ( ) – ( )

03 ★★★★★

다음은 조선 시대 어느 왕이 쓴 일기야. 이 일기를 쓴 왕에 대한 설명으로 옳지 않은 것은 무엇일까? ( )

(…) 힘을 잃어 가는 명나라를 도와주는 게 얼마나 조선에 위험이 될지 걱정이다. 그래서 명나라가 요구한 군대를 보내주되, 강홍립에게는 '이기려 들지 말고, 적당히 싸우라'고 명을 내렸다.

① 이 왕이 다스리던 때에 《동의보감》이 완성되었다.
② 러시아군을 상대로 전쟁을 벌였다.
③ 토지 문서와 호적을 새로 만들었다.
④ 전쟁 통에 불타 버린 궁궐을 고치거나 새로 지었다.

04 ★★★☆☆

신하들이 광해군을 내쫓고 새 임금을 세우려고 한 이유가 몇 가지 있지? 다음 중 그 이유가 아닌 것 하나만 골라 줄래? ( )

① 동생인 영창 대군을 죽였다.
② 인목 대비까지 내쫓았다.
③ 아들인 세자를 쫓아내 버렸다.
④ 오랑캐와 가까이했다.
⑤ 무리한 궁궐 공사를 벌였다.

• 정답은 311쪽에서 확인하세요!

치열한 논쟁으로 나라의 질서를 다잡다

인현 왕후와 장 희빈의 이야기를 들어 본 적이 있니?

흔히 인현 왕후는 어질고 착한 왕비로, 장 희빈은 천하의 악녀로 그려지곤 해.

그런데 알고 보면 이 두 여인의 뒤에는 붕당이라는 커다란 정치 세력들이 버티고 있었단다.

붕당이란 무엇일까? 사람들은 왜 붕당을 이루어 치열한 논쟁을 이어 나갔던 걸까?

처음 붕당이 생겨난 선조 때부터 인현 왕후, 장 희빈이 등장하는 숙종 때까지 차근히 짚어 보자.

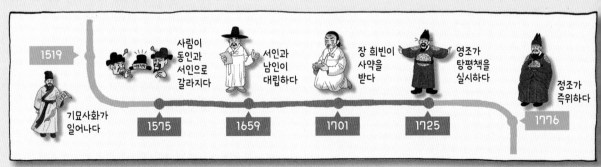

| 1519 | | 사림이 동인과 서인으로 갈라지다 | 서인과 남인이 대립하다 | 장 희빈이 사약을 받다 | 영조가 탕평책을 실시하다 | 정조가 즉위하다 |

기묘사화가 일어나다

| | 1575 | 1659 | 1701 | 1725 | 1776 |

《효종 국장 도감 의궤》

알고 있는 용어에 체크해 보자!

☐ 붕당 ☐ 대동법 ☐ 숙종 ☐ 환국

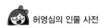

허영심의 인물 사전

장 희빈(?~1701)
본명이 장옥정이라고 하는 기록도 있지만 확실하지는 않아. 궁녀로 일하다가 숙종의 눈에 들어 후궁이 됐어. 이후 종4품 숙원, 정2품 소의를 거쳐 정1품 희빈의 자리에 올랐어.

"세상에, 왕비를 내쫓으려고 별의별 짓을 다 하더라니까! 왕비 인형을 만들어서 바늘로 찌르고 불에 태우고, 임금을 살살 꼬드겨 가지고는……. 암튼 얼마나 못된 여잔지 몰라!"

"영심아, 누가 그렇게 못된 여잔데?"

"깜짝이야! 언제 오셨어요?"

허영심이 전날 책에서 읽은 이야기를 신나게 하고 있는데 용선생이 불쑥 끼어들었다.

"장 희빈 말이에요. 불쌍한 인현 왕후를 그렇게 못살게 굴더니 결국은 사약을 먹고 죽었잖아요? 그런 여자를 제일 조심해야 된다니까!"

영심이 눈에 힘을 주며 장하다를 바라보았지만 장하다는 아무런 반응이 없었다. 대신 용선생이 반가운 표정으로 소리를 높였다.

"오호, 장 희빈! 그 이야기라면 선생님이 할 말이 많은데 말이야. 장 희빈과 인현 왕후의 사이가 나쁠 수밖에 없던 결정적인 이유가 따로 있거든."

"결정적인 이유? 그게 뭔데요?"

"얘기가 길어. 오늘 수업을 잘 듣다 보면 저절로 알게 될 거야!"

용선생은 영심을 향해 씩 웃어 보인 뒤 교탁 앞으로 나섰다.

 ## 동인과 서인에서 시작된 붕당 정치

"먼저 임진왜란이 일어나기 전으로 시대를 거슬러 올라가 보자. 훈구파와 사림파가 대립하는 가운데 네 번의 사화가 일어났던 것 기억하지?"

"결국 마지막에 이긴 것은 사림들이라고 했죠."

나선애의 말에 왕수재도 질세라 "그 사람들은 서원에서 힘을 길렀죠!" 했다.

"좋아, 잘 기억하고 있구나! 선조 때 비로소 조정을 손에 넣은 사림들은 하루 빨리 훈구파의 흔적을 지우고 정치를 바로 세우고자 했어. 그런데 어디 사림이라고 하나에서 열까지 똑같은 생각을 가지고 있었겠니? 그들과는 확연히 달랐던 훈구파가 사라지자, 그동안은 두드러져 보이지 않았던 사림파 사이의 차이가 조금씩 드러나기 시작했어. 워낙에 학문을 깊이 파고들고 그 내용을 바탕으로 나라를 이끌어 가고자 했던 사람들인지라, 스스로 옳다고 생각하는 것은 굽히려 들지 않는 이들이었지. 이후로 조정에는 논쟁거리가 끊이지 않았고, 큰 논쟁거리가 생길 때마다 생각이 비슷한 사람들끼리 한목소리를 내면서 자연스럽게 붕당(朋黨)을 이루게 되었어."

"벗 붕(朋), 무리 당(黨)? 친구들끼리 모임인가요?"

무슨 한자인지 알고 있는 곽두기가 그 뜻을 물었다. 다른 아이들은 두기가 한자를 읽을 때마다 신기해했다.

"붕당이란 정치에 대한 생각과 학문의 방향이 비슷한 사람들끼리 뭉친 집단을 부르는 말이야. 선조 때 처음 붕당이 생겨난 뒤부터 조선의 정치는 여러 붕당 사이의 대립과 균형을 통해 이루어졌어. 시작은 사림들이 동인과 서인으로 갈라진 데서부터였어. 김효원과 심의겸 사이에 이조 전랑이라는 벼슬자리를 둘러싸고 갈등이 생기자, 신하들이 평소 생각이 비슷했던 이를 지지하게 된 거였지. 눈에 보이는 계기는 벼슬자리였지만 이들을 뚜렷이 갈라서게 만든 것은 정치에 대한 입장 차이였어. 명종의 어머니였던 문정 왕후 일가가 권력을 틀어쥐고 정치를 뒤죽박죽으로 만들어 놓았던 게 바로 얼마 전이었어. 그러니 왕의 외가 친척, 즉 외척들이 함부로 정치에 끼어들지 못하도록 하는 것이 중요한 문제였지. 김효원과 동인

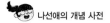

나선애의 개념 사전

동인과 서인

김효원이 한양의 동쪽에 살아서 그를 지지하는 사람들을 '동인(東人)'이라 불렀어. 반면에 심의겸은 한양 서쪽에 살아서 그를 지지하는 사람들을 '서인(西人)'이라 불렀어.

들은 왕의 외가 세력이 아예 조정에 발붙이지 못하도록 해야 한다고 주장했어. 하지만 심의겸을 비롯한 서인들은 외척을 경계해야 하는 것은 맞지만, 조정에서 모두 내쫓을 필요까지는 없다고 보았지. 사실 심의겸 자신도 외척이었지만 부당하게 권세를 누리던 예전의 외척들과는 여러모로 달랐거든."

"동인들이 더 세게 나왔던 거네요?"

"응, 동인 쪽이 더 젊고 개혁적인 신하들로 이루어져 있었거든. 주로 이황이나 조식의 학문을 이어받은 이들이었지. 반면에 서인은 이이나 성혼의 학문을 이어받은 나이 많은 학자들이 상당수였어. 동인과 서인은 나라에 크고 작은 문제가 생길 때마다 자신들의 생각에 따라 대립하며 엎치락뒤치락 힘을 겨루었어. 그런데 그 과정에서 동인은 서인에 대한 태도에 따라 다시 두 무리로 갈라지게 됐어. 서인에게 강경한 입장을 취한 이들이 북인, 온건한 입장을 보인 이들이 남인이 되었어."

"그러니깐, 사림파 신하들이 동인과 서인으로 나뉘었는데 그중에서 동인이 다시 북인과 남인으로 갈린 거네요."

나선애가 손가락을 이리저리 꼽아 가며 정리했다.

"그러는 동안 조선에는 큰 사건이 일어났지. 바로 임진왜란 말이야. 전쟁을 거치는 동안 조선의 정치도 변화를 겪을 수밖에 없었단다. 특히 정치 운영에 있어서 비변사라는 기구가 전면에 등장한 것

나선애의 개념 사전

북인과 남인
북인의 중심은 이발과 이산해였어. 이발의 집이 한양의 북악산, 이산해의 집이 한강 이북에 있었기 때문에 '북인(北人)'이라고 해. 마찬가지로 남인의 중심인 우성전의 집이 남산 밑이고, 또 다른 중심이던 유성룡이 영남 출신이었기 때문에 '남인(南人)'이라 해.

사림

이 특징이야. 이전에는 의정부에서 국가 정책을 논의하고 결정했잖아? 하지만 전쟁을 치르면서 점차 비변사에서 그 역할을 대신하게 됐단다. 비변사는 중종 때 여진족과 왜구의 침입에 대처하기 위해 설치한 임시 기구였지만, 임진왜란과 병자호란 등 오랜 기간 전쟁을 치르면서 최고의 통치 기구로 탈바꿈한 거지. 붕당의 우두머리들도 비변사를 중심으로 해서 자신들의 정치적 주장을 펼쳐 나간 거야."

"전쟁이 정치에도 큰 영향을 준 것이군요."

"그렇지. 임진왜란을 겪는 동안 붕당들도 흔히 말해 뜨는 붕당, 지는 붕당이 생겨났지. 이때 '뜨는 붕당'은 북인이었어. 북인들은 특히 칼을 차고 다녔다던 조식의 학문을 이어받았어. 임진왜란 때 활약한 홍의 장군 곽재우도 북인이었지. 그 밖에도 여러 명의 의병장을 낸 북인들은 백성들한테 인기가 많았어. 전쟁 기간 동안 직접 백성들과 함께 일본군에 맞서 싸웠던 광해군도 북인들을 신뢰했지. 그러니 광해군이 왕위에 있던 기간에는 북인들이 제일 힘이 컸어. 그런데 인조반정이 일어나 광해군이 쫓겨나면서 북인 세력은 하루아침에 무너져 내렸어. 광해군을 몰아내고 인조를 왕으로 세우는 데는 서인들이 앞장서고 남인들이 동조했지. 이후 서인들과 남인들이 서로 적당히 견제하면서 붕당 정치가 이루어졌어."

"그래서 붕당이 좋은 거예요, 나쁜 거예요?"

"글쎄, 일제 강점기 때 일본인 학자들은 붕당 정치가 서로 나눠져 싸우기만 하는 거라고 설명했지. 그렇게 싸움만 해서 조선이 발전을 못한 거라고. 그런데 꼭 그렇지만은 않은 것 같구나. 어느 나라 역사를 봐도 정치 세력들 간의 다툼은 늘 있는 일이니까. 중요한 건 그렇게 싸우면서도 권력을 차지하려는 마음과 백성들을 위하는 마음 가운데 어떤 걸 더 중요하게 생각했느냐 하는 것 아니겠니?"

"그럼 당시 서인이나 남인은 백성들을 위해서 뭘 했나요?"

 **협력과 견제 속에서 대동법을 시행하다**

"붕당 정치 초기는 조선이 임진왜란과 병자호란을 겪은 직후였단다. 그러니 당연히 전쟁의 상처를 회복하는 일이 중요했겠지? 토지와 인구를 조사하고, 나라의 재정을 늘리고 백성의 생활을 안정시키고자 했지. 국방의 문제점을 파악해 군사 제도도 정비했어. 이런 일들을 붕당 간의 토론을 통해서 시행했던 거야. 그 중에 가장 큰 업적이 하나 있지. 너희들 공납이 뭔지 기억하고 있니? 지방에서 나는 특산물을 나라에 세금으로 바치던 것 말이야."

"아! 신분 체험 갔을 때 농민 아저씨가 공납 때문에 너무 힘들다고 하셨어요."

조선 신분 체험에서 농민의 딸 역할을 맡았던 나선애가 먼저 기억해 냈다.

"그래. 조선 시대에는 여러 종류의 세금이 있었는데, 그 중에서도 농민들이 가장 고통스러워했던 게 공납이라고 해. 각자 농사짓기도 바쁜 백성들이 일일이 특산물을 구해야 하는 것부터가 불편하고 힘든 일이었으니까. 그래서 실제로는 향리나 상인들이 대신해서 공납을 바치고 백성들은 이 사람들에게 쌀이나 면포 같은 걸로 값을 치렀지."

"백성들 입장에서는 편한 방법이었겠네요."

대동법 시행 기념비 효종 때 김육의 노력으로 대동법이
확대 실시된 것을 기념하고, 그의 공덕을 기리기 위해
1659년에 세운 거야. 경기도 평택에 있어.

"그런데 문제는 공물을 대신 바치는 사람들이 중간에서 이득을 남기려 드는 거였어. 이걸 방납이라고 해. 공납을 내야 할 사람들이 원하건 원치 않건 무조건 대신 낸 뒤에 강제로 이자까지 쳐서 대가를 받아 낸 거지. 심지어는 백성들이 특산물을 직접 가져와도 품질이 떨어진다며 받지 않곤 했어."

"어휴, 너무하네. 벼룩의 간을 내어 먹지."

"결국 나라에서는 공납 제도를 고쳐 대동법을 실시하기로 했어. 대동법은 처음부터 백성들에게 특산물 대신에 쌀이나 면포로 세금을 받았어. 그리고 집집마다 똑같이 내는 게 아니라 가지고 있는 토지 면적에 따라 액수를 매겼지. 공물을 쌀로 대신하면서 백성들은 더 이상 방납에 시달리지 않을 수 있었고, 공물의 품질이 제각각이거나 보관하고 나르는 과정에서 상하는 문제도 해결할 수 있었지. 방납으로 중간에서 세금을 가로채는 이들이 사라지자 나라 재정에도 도움이 되었고."

"아, 잘됐다! 농민도 좋고 나라도 좋고. 다들 좋아했겠어요."

나선애가 농부 아저씨들을 떠올리며 밝은 목소리로 말했다.

"그래, 확실히 좋은 방법 같지? 하지만 좋아하지 않는 사람들이 있었지. 대동법은 토지 면적에 따라 쌀을 내도록 했으니 가진 땅이 별로 없는 일반 백성들의 부담은 줄어들었겠지만, 땅을 많이 가진 양반들의 부담은 커졌겠지? 그러니 양반들의 반대가 심했지. 대동법이 처음 시행된 것은 광해군 때였어. 전쟁의 상처를 회복하는 과정에서 백성들도 좋고 나라에도 이익이 되는 방법을 택한 거야. 하지만 이때는 반대하는 사람들이 많아서 경기도에만 시행되었지. 그리고 그 이후에 인조, 효종, 현종을 모두 거치고 숙종 때 가서야 전국적으로 시행되었어. 그 기간이 자그마치 100년이란다."

"100년이요? 헉! 정말 양반들의 반대가 심했나봐요?"

"그렇지? 그렇게 반대가 심했지만, 그래도 치열한 논쟁을 통해서 결국에는 시행된 거야. 그런데 대동법이 실시되자 나라에서는 공

물로 거두던 물품들을 더는 얻을 수 없게 되었겠지? 이때부터 나라에서는 필요한 물품들을 사서 쓰게 되었어. 아예 나라에 물품을 대 주는 일을 직업으로 삼은 상인들도 생겨났는데, 그들을 '공인(貢人)'이라고 불러. 공인들의 활동으로 물품을 사고파는 일이 점점 많아지고 더 좋은 물건을 만들어 내기 위해 수공업도 발전했어. 여러모로 대동법은 조선에 적지 않은 변화를 일으킨 셈이지."

"이런 좋은 법을 붕당 정치 하면서 만든 거예요? 그럼 붕당 정치 좋은 거네요."

대동법 확대 실시

백두산 / 두만강 / 압록강 / 함경도 / 평안도 / 동 해 / 황해도 숙종(1708년) / 강원도 인조(1623년) / 울릉도 / 독도 / 경기도 광해군(1608년) / 황 해 / 충청도 효종(1651년) / 경상도 숙종(1678년) / 전라도 효종(1658년) / 제주도 / 남 해

"꼭 좋다, 나쁘다 이야기하긴 어렵지. 하지만 초기의 붕당 정치는 긍정적인 면이 컸다고 보는 학자들이 많아. 붕당은 학문이나 정치에 대한 생각에 따라 모인 집단이라고 했지? 그러니 서로 다른 붕당끼리는 좀 더 나은 정치를 위해 경쟁하는 것이 기본이었어. 늘 상대편이 잘못하는 일은 없는지 경계했고, 반대로 상대편에 허점을

보이지 않기 위해 노력해야 했지. 한편으론 신하들이 이렇게 사사건건 날을 세우고 목소리를 높이니, 왕도 자기 마음대로 권력을 쥐고 흔들기 어려웠어. 그러니 여러모로 정치가 발전할 수 있는 바탕을 마련했다는 거야."

"그럼 계속 정치가 발전해 나간 거예요?"

"계속 들어 보렴."

상복 입는 기간을 둘러싼 치열한 논쟁

"서인과 남인은 자신들의 학문과 사상을 발전시키면서 점점 더 성숙해져 갔어. 그러다 효종이 세상을 떠나자, 붕당 정치의 절정을 이루는 논쟁이 벌어졌지."

"붕당 정치의 절정이요?"

"응. 효종이 죽었을 때 대비인 장렬 왕후 조씨가 살아 있었는데, 상복을 몇 년 동안 입어야 하는가를 두고 논쟁이 벌어졌어."

"엥? 무슨 붕당 정치의 절정이라면서요? 전쟁에서 이기거나 새로운 기계를 발명했다는 얘기인 줄 알았는데."

장하다가 실망이라며 투덜거리자, 용선생이 그에 못지않은 중요한 일이라며 좀 더 설명을 들어 보라고 했다.

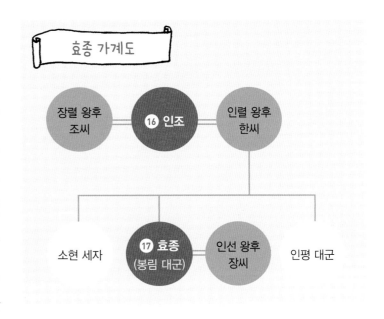

효종 가계도

장렬 왕후 조씨 — ⑯ 인조 — 인렬 왕후 한씨

소현 세자 　 ⑰ 효종 (봉림 대군) — 인선 왕후 장씨 　 인평 대군

"서인들은 효종이 맏아들이 아니니까 대비는 보통 사대부 집안에서 하듯이 1년 동안 상복을 입어야 한다고 했어. 효종은 인조의 둘째 아들로 소현 세자가 일찍 죽는 바람에 왕위에 올랐잖아. 그런데 남인들은 왕이 일반 사대부와 똑같을 수 없으니 효종을 맏아들처럼 대우해서 대비가 3년 동안 상복을 입어야 한다고 했어. 양쪽 신하들은 이 문제를 가지고 옥신각신 긴 논쟁을 벌였어."

"흠, 복잡해 보이는군요. 그래서 누가 이겼나요?"

왕수재가 안경테를 슥 밀어 올리며 물었다.

"효종의 뒤를 이은 현종은 권력을 쥐고 있던 서인들의 말에 따랐어. 근데 한참 뒤 효종의 왕비가 죽으니까 또 똑같은 문제가 생겼네? 서인들은 둘째 며느리의 상이니 대비는 상복을 9개월 동안 입어야 한다고 했고, 남인들은 이번에도 역시 맏며느리처럼 대우해서 1년 동안 입어야 한다고 했어. 그런데 이번엔 현종이 남인들의 손을 들어줬어. 그 바람에 서인들은 쫓겨나고 남인들이 권력을 잡게 됐지."

"어휴, 무슨 상복 입는 걸 가지고 그렇게들 난리람?"

허영심이 어깨를 으쓱해 보였다.

"지금 우리 눈에는 이상해 보이지만 당시 신하들에겐 무척 중요한 문제였어. 조선은 워낙에 예절을 중시하는 나라였으니 왕과 왕비의 장례를 치르는 문제는 결코 작은 문제가 아니지. 더구나 이 논쟁은 왕을 어떤 존재로 바라보는가와 관련이 있었어. 효종이 맏아들이었다면 상관없었겠지만, 둘째 아들이었기 때문에 이 문제가 두드러진 거지. 둘째 아들이지만 왕이 되었다는 사실만으로 맏아

《효종 국장 도감 의궤》 효종의 장례 과정을 기록한 거야. 조선 시대에는 왕이나 왕비가 죽으면 온 나라가 함께 장례(국장)를 치렀어. 5일 동안 장이 서지 않고, 결혼이나 도살도 금지되었지.

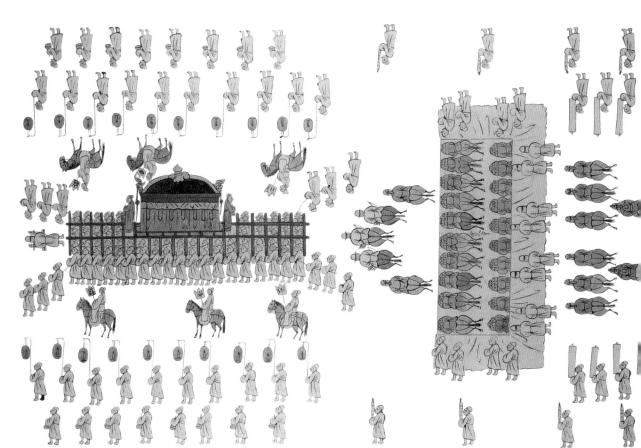

들처럼 대우할 것인가, 아니면 여전히 둘째 아들로 대우할 것인가? 이건 다시 말하면 왕의 특별한 권위와 힘을 어디까지 인정할 것인지와 연결된 문제였어. 남인들은 왕이 나라에서 가장 높고 특별한 사람이니 예법도 달라야 한다고 본 거고, 서인들은 왕의 예법이라고 사대부와 다를 것이 없다고 본 거야.

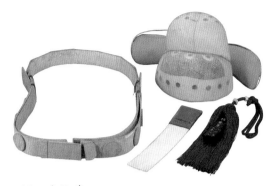

사모, 각대, 홀 사모는 관리가 쓰는 모자이고, 각대는 허리띠야. 홀은 중요한 의식을 치를 때 관리가 예를 갖추기 위해 두 손에 모아 쥐던 패를 말해. 그런데 하나같이 색깔이 하얗지? 왕이나 왕비 등 나라의 높은 분이 돌아가셨을 때 관리들은 이런 하얀 상복을 입고 예를 갖췄어.

이렇게 왕이 어떤 존재인가에 대한 생각이 달랐다면, 당연히 정치는 어떻게 운영해야 하는가에 대한 생각도 달랐겠지? 남인들과 같이 왕이 아주 특별한 존재라면 왕을 중심으로 나라의 정치가 운영되어야 하는 거고, 서인들과 같이 왕도 사대부의 대표일 뿐이라면 사대부들의 뜻에 따라 정치가 운영되어야 한다고 생각할 테고."

"그렇게 보니 상복 입는 걸로 싸우는 것 같지만, 실제로는 정치적인 문제였군요!"

왕수재가 뭔가 깨달았다는 듯이 얘기하자, 용선생도 "그렇지!" 하며 맞장구를 쳤다.

"조선 시대의 붕당 정치는 전 세계적으로 아주 특이한 정치 형태일 거야. 이 당시 유명한 정치가들은 정치가이면서 동시에 뛰어난 학자들이었어. 상복을 몇 년간 입을 것이냐를 두고 싸웠던 송시열은 당대를 대표하는 학자이기도 했던 거야. 이런 대학자들과 함께

논쟁하기 위해서는 임금들도 엄청 열심히 공부해야 했고."

"아, 나는 조선 시대에 태어났으면 피곤했겠다."

장하다의 말에 허영심이 자기도 피곤했을 거라며 함께 푸념했다.

"음, 그런데 현종은 왜 처음에는 서인 편을 들었다가 두 번째는 남인 편을 들었어요?"

"인조반정 이후에 효종 때까지도 서인들이 권력을 쥐고 있었지. 효종이 죽었을 때는 현종이 20살도 되지 않았을 때고. 그래서 서인들의 손을 들어줬어. 그런데 두 번째 논쟁 때는 현종의 나이도 30살이 넘었고, 왕권도 안정되어 있었지. 현종은 첫 번째 논쟁 때의 글들을 찾아서 살펴봤어. 현종으로서는 첫 논쟁에서부터 아버지 효종을 깎아내리는 듯한 서인들의 태도가 마음에 들지 않았을 거야. 효종이 왕위를 이은 게 정상적인 게 아니라면 그 아들인 자신의 자리도 정당한 것이 아닐 수 있다고 생각이 들었겠지. 남인들은 서인들의 주장이 왕에게 도전하는 거나 마찬가지다 이렇게 주장했고. 일부 서인들 중에서도 현종의 생각에 동조하는 이들이 생기자 현종은 남인들의 손을 들어준 거지."

 ## 환국의 소용돌이에 휘말린 여인들

"하지만 현종의 뒤를 이은 숙종 때부터는 붕당 정치가 전혀 다른 방향으로 접어들었어. 어려서부터 붕당 간의 다툼을 보고 자란 뒤 열네 살에 왕위에 오른 숙종은 붕당의 힘이 너무 커져서 왕이 정치에서 밀려났다고 생각했었던 것 같아. 상복을 입는 문제로 논쟁한 후에는 남인들의 세력이 점점 커졌지. 더 이상은 안 되겠다 생각한 숙종은 남인들을 대거 몰아내고, 그 자리에 서인들을 불러들였어. 이렇게 갑작스레 조정을 이끌 붕당을 바꿔 버린 일을 환국(換局)

이라고 불러. 정치의 판도가 바뀐다는 뜻이지. '왕은 한번에 정권을 바꿔 버릴 정도로 강력한 존재이다, 그러니 너희들은 나에게 충성을 바쳐라' 이런 생각이었을 거야. 실제로 환국이 일어나는 동안 숙종은 강력한 왕권을 누렸어."

"나는 골치 아픈 논쟁보다 왕이 확 밀고 나가는 게 좋던데."

"그렇지만 하다야, 왕이 항상 옳은 판단을 할 수 있는 거 아니잖니? 이 환국만 해도 숙종의 의도와는 전혀 다른 결과를 낳게 되었지. 어떻게든 상대편의 흠을 잡아서 완전히 몰아내 버리려는 분위기가 심해지게 되었어. 그 이전에는 서인과 남인이 함께 정치를 했는데, 이제는 모든 걸 얻거나 모든 걸 잃게 되는 상황이 된 거지. 그러니 이제는 권력을 차지하는 데 모든 걸 걸게 된 거야. 쉽게 말해 '너 죽고 나 살자'는 식이지. 이렇게 남인과 서인이 싸워 대는 과정에서 여러 신하들이 유배를 떠나거나 죽임을 당하고, 억울하게 반역자라는 누명을 쓰게 되었단다."

"어휴, 이제 보니 붕당, 그거 나쁜 거네!"

장하다의 말에 용선생이 고민스러운 표정을 지었다.

"글쎄다……. 붕당에 대해서는 워낙 다양한 평가가 많으니까 쉽게 결론지을 수 있는 문제는 아니야. 다만 환국으로 인해 붕당 사이의 대립이 극단적으로 치닫게 된 것은 분명해. 숙종에게는 나름의 이유가 있었지만, 결과적으로는 아슬아

슬하게 균형을 잡고 있던 붕당 정치를 엉망으로 헝클어 버린 셈이었지. 근데 이렇게 서인과 남인 사이에 권력이 왔다 갔다 할 때 그 소용돌이 한가운데에는 두 왕실 여인이 있었어."

용선생이 말을 하다 말고 허영심을 바라보았다.

"영심아! 드디어 인현 왕후와 장 희빈 이야기를 할 차례가 됐다!"

"어? 그럼 장 희빈이 꼬드긴 그 임금이 숙종이었나 보죠?"

"그래. 아까 왜 인현 왕후와 장 희빈이 대립할 수밖에 없었는지를 알려 준다고 했지? 궁녀였다가 숙종의 눈에 띄어 후궁이 된 장 희빈은 남인과 관련 있는 집안 출신이었단다. 장 희빈이 숙종의 사랑을 받으며 아들까지 낳자 남인들은 기세가 등등했고, 반대로 서인들은 장 희빈을 잔뜩 경계하면서 그녀가 힘을 가지지 못하도록 막았지. 반면에 인현 왕후는 서인 집안 출신이었어. 서인들이 권력을 잡고 있을 때 숙종의 첫 왕비가 세상을 떠나자 부랴부랴 서인 집안에서 왕비로 앉힌 여인이었지. 당연히 남인들은 인현 왕후의 모자란 점만 들추면서 장 희빈 편을 들었어. 그 바람에 인현 왕후는 왕비 자리에서 쫓겨나고 장 희빈이 왕비가 되기도 했어. 당연히 이때는 남인들이 다시 정권을 잡게 되었지. 하지만 몇 년 뒤, 남인들이 아예 서인 세력의 씨를 말려 버리려 하자, 마침 인현 왕후를 쫓아낸 것을 후회하고 있던 숙종은 오히려 남인들을 내쫓고 장 희빈도 다시 후궁으로 내려앉혔어. 인현 왕후는 왕비의 자리를 되찾게 되었고. 그러니 두 여인은 숙종의 마음을 얻거나 왕비 자리를 차지하려고 대립한 것만이 아니었어. 각각 등 뒤에 남인과 서인 세력을 짊어지고서 보이지 않는 줄다리기를 하고 있던 거지."

아이들은 "아하" 하며 고개를 끄덕거리고, 장하다는 허영심이 했던 이야기를 생각해 냈다.

"장 희빈이 왕비 인형을 바늘로 찌르고 태우다가 사약을 받고 죽었다던데요? 진짜예요?"

"응, 그건 사실이지."

"그럼 어쨌거나 나쁜 여잔 건 맞네요?"

역시 단순하기 짝이 없는 장하다의 질문에 용선생은 머리를 긁적였다.

"끙…… 그렇게 말해도 되려나? 확실히 착하고 마음 약한 사람은 아니었겠지. 하지만 가끔 후궁들과 왕비들이 비슷한 갈등을 겪는 경우가 있었는데, 세자의 어머니를 사약까지 내리는 경우는 별로 없거든. 거기에다 역사 기록 속에서도 악독한 여인으로 그려지는 건 역시 붕당 싸움에서 서인이 승리했기 때문 아닐까? 장 희빈 역시 붕당 싸움의 희생자 가운데 한 명으로 볼 수 있지 않을까?"

"음, 서인과 남인이라는 고래 싸움에 새우 등 터진 격이네요."

"그러면 숙종은 나쁜 임금이에요?"

허영심의 허를 찌르는 질문에 용선생이 땀을 흘리며 대답했다.

"하하, 글쎄다. 역사적인 평가가 그렇게 쉬운 게 아니라서. 음, 환국 정치를 보면 붕당 싸움이 심해지는 데 숙종의 책임이 어느 정도 있다고 할 수 있겠지. 그렇지만 숙종도 강력해진 왕권을 바탕으

숙종과 인현 왕후의 능   숙종은 원칙대로라면 가장 나중에 맞아들인 왕비 옆에 묻혀야 했어. 그러나 숙종은 굳이 인현 왕후 옆에 묻히기를 고집했지. 아마도 인현 왕후에게 모진 고생을 시킨 것이 미안해 죽은 후에는 함께하기를 원했던 것 같아. 경기도 고양시 덕양구 서오릉 안에 있어. 사적.

로 그 이전까지 시행하기 어려웠던 일들을 처리하기도 했어. 대동
법이 전국적으로 시행된 것도 바로 숙종 때이고. 또 숙종 때는 영
토에 대한 인식도 달라지고 있었어. 예전에는 지금과 같은 뚜렷한
국경선이 없었어. 보통 산이나 강 등을 경계로 해서 지내도 다른
나라와 크게 문제가 없었거든. 인구가 많지 않으니 사람이 살지 않
는 지역도 많고. 사람이 살지 않는데, 굳이 어느 나라 땅이냐를 두
고 다툴 필요도 없었던 거지. 하지만 시간이 지나면서 다른 나라와
우리나라를 뚜렷하게 구분하기 시작했어. 그래서 청나라와 조선은
백두산 부근을 답사하고 국경을 확정해서 정계비를 세웠어. 또 울
릉도와 독도에 일본 어민들이 자주 나타나서 조선 사람들과 종종

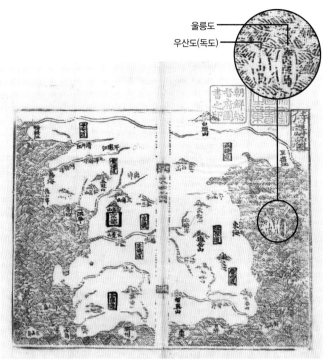

울릉도

우산도(독도)

〈팔도총도〉 제작 연대는 16세기로 추정돼. 현재 남아 있는 우리나라 지도 중에서 독도가 그려진 가장 오래된 거야. 우산도(독도)를 실제와 달리 울릉도의 왼쪽에 그리긴 했지만, 당시 사람들이 독도를 인식하고 있었음을 알 수 있어.

충돌이 일어나자, 어민이었던 안 용복이 일본으로 건너가 울릉도 와 독도가 조선의 영토라는 것을 확인하고 돌아오기도 했지.

숙종은 40여 년간 나라를 다스 렸고, 그동안 좋게 평가할 부분 과 그렇지 못한 부분이 모두 있어. 역사를 평가할 때는 어느 한쪽만 봐서는 안 되겠지?"

나선애가 "가만!" 하며 고개를 들었다.

"그래서 붕당 정치는 어떻게 된 거죠? 북인은 물 러났고, 남인과 서인 중에서 서인이 계속 권력을 잡 고 있었던 건가요?"

"서인들은 다시 두 갈래로 나뉘었어. 예전 동인 들이 서인에 대한 처벌 문제를 두고 강경한 입장의 북인과 온건한 입장의 남인으로 나뉘었듯이, 서인 들도 남인에 대한 처벌 문제를 두고 강경한 입장의

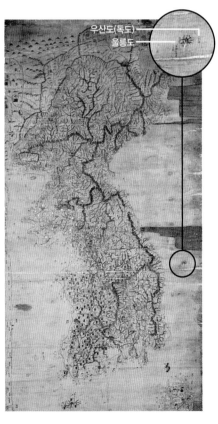

우산도(독도)

울릉도

〈동국대지도〉 조선 후기 대표적인 지도야. 정상기가 그린 〈동국지도〉의 원형에 가장 가까운 지도로 평가받고 있어. 18세기 제작된 지도로, 울릉도와 우산도(독도) 가 그려져 있어. 세로 272.9cm, 국립중앙박물관 소장. 보물.

나선애의 개념 사전

노론과 소론

강경파에는 주로
나이가 많은
학자들이 있어서
'노론(老論)'이라고
부르고, 온건파에는
주로 젊은 학자들이
있었기 때문에
'소론(少論)'이라고
불렀지.

노론과 온건한 입장의 소론으로 나뉘었지. 숙종대 후반부터는 왕위 계승을 두고 노론과 소론이 격렬하게 싸우게 되었단다."

"이제 좀 그만 싸웠으면 좋겠어요."

"그래 아마 당시 사람들도 그런 생각을 한 것 같구나. 숙종의 아들인 영조가 임금이 되면서부터 붕당 정치는

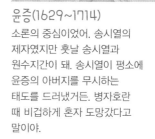

윤증(1629~1714)
소론의 중심이었어. 송시열의 제자였지만 훗날 송시열과 원수지간이 돼. 송시열이 평소에 윤증의 아버지를 무시하는 태도를 드러냈거든. 병자호란 때 비겁하게 혼자 도망갔다고 말이야.

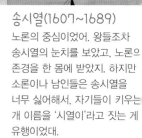

송시열(1607~1689)
노론의 중심이었어. 왕들조차 송시열의 눈치를 보았고, 노론은 존경을 한 몸에 받았지. 하지만 소론이나 남인들은 송시열을 너무 싫어해서, 자기들이 키우는 개 이름을 '시열이'라고 짓는 게 유행이었대.

또 다른 방향으로 진행되거든. 그 얘기는 다음 시간에. 얘기가 나와서 말인데, 숙종 때 얘기는 사극에서 가장 많이 나오는 소재거든. 우리도 숙종 때 얘기로 연극이나 한번 꾸며볼까?"

"음, 그럼 저는 맘에 안 드는 부분이 있지만 그래도 예쁘니까 장희빈이요."

"저는 신하들한테 휘둘리지 않는 숙종을 맡을 게요."

"역시 나 같이 공부 잘하는 사람은 공부를 열심히 한 송시열이 어울리겠는데."

용선생은 아이들이 저마다 한 마디씩 하는 모습을 흐뭇하게 바라보고 있었다.

나선애의 정리노트

1. 붕당이란?

✲ 정치와 학문의 방향이 같은 사람들끼리의 모임

- 장점: 붕당 초기 - 정치를 잘하기 위해 서로 견제함

- 단점: 붕당 후기 - 상대를 완전히 몰아내기 위한 싸움에 몰두

2. 붕당의 계보도

3. 대동법의 시행

- 공납을 쌀이나 옷감으로 내게 함

- 가지고 있는 땅의 넓이에 따라 액수를 매김

- 양반들이 반대해서 전국적으로 시행하는 데 100년 걸림

4. 붕당 간의 논쟁

- 효종과 효종 비가 죽은 뒤 상복을 입는 문제로 논쟁함

- 왕의 특권을 어디까지 인정하는가 하는 문제

- 숙종 때 환국(정국이 바뀜)으로 붕당 간의 균형이 무너짐

용선생의 역사 카페

역사계의 슈퍼스타,
용선생의 역사 카페에
오신 걸 환영합니다

Log in

게시판 ✔

▤ 역사가 제일 쉬웠어용!

▤ 이제는 더~ 말할 수 있다!

▤ 필독! 용선생의 매력 탐구

▤ 전교 1등 나선애의 비밀 노트

'조선 시대 외교 사절단' 연행사와 통신사

임진왜란과 병자호란이 끝나고, 조선과 청나라, 일본 사이에는 평화가 찾아왔어. 이번 시간에는 청나라와 일본을 오가며 활약했던 조선의 외교 사절단에 대해 이야기해 줄게. 바로 연행사와 통신사야.

연행사(燕行使)는 청나라의 수도인 연경(燕京, 베이징)으로 가는(行) 사신(使臣)을 말해. 연행사는 한양을 떠나 평양과 의주를 거쳐 압록강을 넘고, 산해관을 지나 연경에 도착하기까지 장장 두 달이 넘는 길을 가야 했대. 연경에 도착한 사신들은 공식적인 외교 업무를 수행했지. 조선 사신들은 청나라의 새로운 학문과 기술을 접하고, 또 청나라에 들어와 있던 천주교와 서양 학문에 관한 서적과 도구들을 구입해 조선으로 가지고 가기도 했어.

통신사(通信使)는 조선이 일본에 보낸 정식 사절단이야. 사절단은 300~500명에 달하는 큰 규모였는데, 쓰시마섬을 거쳐 일본 무사 정권의 우두머리 '장군'이 있는 에도로 향했지. 통신사는 들리는 지역마다 그곳을 다스리는 영주들의 대대적인 환영도 받았대. 조선 사절단의 글을 받아 가기 위해 많은 일본인들이 사절단이 머무는 객관으로 몰려들기도 했다는구나. 통신사로 일본을 다녀온 조선의 관리는 그곳에서 보고 들은 일본의 학문과 문화, 기술들을 조선에 소개하기도 했어. 이렇게 연행사와 통신사는 조선 후기에 중국과 일본을 오가며 더 넓은 세계에 대한 소식을 조선에 전해 주기도 하고, 동아시아의 평화를 유지하고 문화를 교류하는 역할도 했단다.

〈연행도〉
연행사가 연경 조양문에 들어가기 전 모습.

〈조선인래조도〉
통신사를 맞이하는 일본 사람들.

→ 연행사의 이동로
→ 통신사의 이동로

COMMENTS

🧑 왕수재 : 에헴! 저도 세계의 여러 나라를 돌아다니는 외교관이 될 거예요!

　↳ 🐯 용선생 : 그래그래. 그런데 외국 사람들에게 우리나라를 잘 소개하기 위해서라도 한국사 공부를 열심히 해야겠지?

한국사 퀴즈 달인을 찾아라!

달인을 찾아라!

 출발!

01 ★★★☆☆

각 정치 세력의 이름 알아맞히기! 밑의 그림을 보고, 빈칸에 알맞은 이름을 써 넣는 거야. 쉽지?

사림

이거 내꺼! ① ② 누구 맘대로?

이조전랑

③ 정철을 죽여야! (④) (②) 우린 조용히 있자.

무 그렇게까지...

① (   ) ② (   )
③ (   ) ④ (   )

02 ★★★☆☆

 형아들, 누나들은 붕당에 대해 어떻게 생각해?

 ① 난 긍정적으로 생각해. 사람마다 다른 생각을 할 수 있고, 토론을 통해 정책 대결을 하는 거잖아.

 ② 그건 붕당이 처음 생겼을 때 얘기고, 나중엔 진흙탕 싸움으로 변하잖아.

 ③ 그런데도 왕들은 붕당끼리의 싸움을 수수방관하기만 했어.

 ④ 하지만 왕족들도 붕당 싸움의 피해자야. 사도 세자가 그 대표적인 인물이지.

 너희 중 딴소리를 하는 사람이 있어. 그 사람의 번호는 (   )!

03 ★★★★☆

조선 후기에 시행된 새로운 조세 제도야. 이 법의 이름은 뭘까? (   )

조세 가운데 조선 시대 농민들에게 가장 큰 부담이 된 것은 공납이었어. 향리나 상인들이 공납을 바치면서 가운데서 이득을 취하자 농민들은 더욱 힘들어 했지. 그래서 가지고 있는 땅의 넓이에 따라 곡식이나 옷감을 세금으로 내게 했어. 땅을 많이 가진 양반들이 반대해서 전국적으로 시행하는 데, 100여 년이 걸렸지.

① 균역법   ② 과전법
③ 대동법   ④ 방납

04 ★★★★★

아이들이 한 사건에 대해 이야기하고 있네? 빈칸에 들어갈 왕이 한 일로 옳은 것은 무엇일까? (   )

허영심: 장 희빈은 궁녀였지만,  의 눈에 띄어 후궁이 되었어.
장하다: 그녀는 남인과 관련 있는 집안 출신이었어. 장 희빈이 왕비가 되자 남인들도 정권을 잡게 되었지.

① 처음으로 대동법을 시행했다.
② 청나라에 맞서 북벌을 추진했다.
③ 호패법으로 사회 질서를 바로 잡았다.
④ 환국을 일으켜 왕권을 강력하게 만들었다.

• 정답은 311쪽에서 확인하세요!

율곡 이이가 살던
강릉에 가다

떠나 볼까?

율선생 현장 강의

대관령을 넘어 동쪽 끝으로 가다보면 강원도 강릉이 나와. 조선의 대표적인 성리학자 이이가 태어난 곳이지. 드넓게 펼쳐진 호수와 동해 바다까지 볼 수 있는 강릉으로 떠나 보자!

강릉 오죽헌

신사임당과 이이가 살았던 집인 오죽헌(보물)에 왔어. 오죽헌(烏竹軒)은 집 뒤편에 까마귀[烏]처럼 까만 대나무[竹] 숲이 자라 붙여진 이름이야. 오죽헌의 앞마당에 섰더니 따스한 햇살과 함께 검은 대나무가 바람에 흔들리는 소리를 느낄 수 있었어.

오죽헌 뒤뜰의 오죽(까만 대나무)
오죽은 처음엔 녹색이지만 자랄수록 더욱 검게 변해.

오천 원권(위)과 오죽헌(아래) 오천 원권의 앞면에는 오죽헌(보물)의 전경이 그려져 있어. 오천 원권에서 오죽헌을 찾아봐!

정동진의 해돋이 정동진은 새해마다 일 년의 소원을 기원하려는 사람들로 가득한 해돋이 명소야.

정동진

정동진은 조선 시대 한양 광화문의 정동(正東)쪽으로 나루터가 있는 마을이라고 해서
이름 붙여진 곳이야. 이곳 해변은 세계에서 바다와 가장 가까운 간이역이 있는 해변이래.
정동진역에서 내리면 동해 바다를 바로 볼 수 있지. 신라 시대에는 임금이 용왕에게 제사를 지내던
곳이었다고 해. 지금도 1년에 두 번씩 물고기가 많이 잡히길 기원하는 제사를 지낸대.

정동진 레일 바이크 정동진 해변에서는 드넓은
바다를 보며 레일 바이크를 탈 수 있어. 발을 구르며
시원한 바닷바람을 맞으니 기분이 정말 짜릿했어!

강릉 경포대 여러 선비들이 경포대에서 느낀 감상을 글로 남겼어. 이이가 10살 때 경포대의 풍경을 보고 적은 글도 남아 있지. 보물.

강릉 경포대

경포대는 경포호 북쪽 언덕에 있는 누각으로 고려 시대에 지어졌어. 누각에 오르면 동해와 호수, 그리고 오래된 소나무 숲이 어우러진 시원하고 아름다운 경치를 한눈에 담을 수 있지. 조선 시대 태조와 세조도 이 멋진 경치를 보기 위해 직접 경포대에 올랐다고 해. 우리도 경포대에 올라 경포호 주변을 한 바퀴 돌며 경치를 마음껏 감상했어.

경포호 해안가에 모랫둑이 쌓이면서 만들어진 호수야. 물이 거울 같이 맑다는 뜻에서 경포호라는 이름이 붙었어. 조선 시대 문인 정철은 경포호에 비친 달의 아름다운 모습을 시조로 표현하기도 했지.

강릉 커피 거리

강릉은 우리나라 최초로 커피 축제를 개최한 곳이야. 한국 커피의 중심지라 할 수 있지. 커피 명인들이 하나둘씩 강릉에 자리를 잡고 카페를 내면서 유명해졌어. 안목 해변을 따라 여러 카페들이 늘어서 있는 커피 거리에는 바다와 커피를 즐기려는 사람들로 가득했어.

강릉 커피 거리　커피 거리에 있는 어느 카페에 들어가도 푸르른 안목 해변을 감상할 수 있어. 카페에 앉아 동해 바다를 바라보니 느긋함과 시원함이 동시에 느껴졌어.

오징어회　강릉 인근 동해에서 잡은 오징어야. 신선한 오징어를 잘게 썰어 회로 먹으니 씹을 때마다 향긋한 바다향과 달달한 맛을 느낄 수 있었어.

동해안에는 크고 작은 항구가 많아. 수많은 어선들이 항구를 드나들며 오징어, 명태, 양미리 등을 잡아들인대. 우리도 근처 수산 시장에서 갓 잡은 오징어로 만든 회와 고소한 생선 구이를 먹었지. 정말 신선하고 맛있었어.

영조와 그 뒤를 이은 정조는 18세기의 조선을 다스리면서 많은 업적들을 남겼어.
신하들 간의 다툼을 줄이기 위해 붕당에 상관없이 인재를 등용하려고 했고,
여러 책들을 펴냈으며, 백성들의 소리를 들으려 노력했지.
이런 영조와 정조의 시대를 합쳐 '영정조 시대'라고도 많이 불러.
오늘은 정조 때 만들어진 수원의 화성을 여행하면서 18세기 조선이 어떻게 변화해갔는지 알아보자.

1701

장희빈이
사약을
받다

영조가
탕평책을
실시하다

정조가
즉위하다

금난전권을
없애다

수원 화성을 완
공하다

순조가
왕위에
오르다

1725   1776   1791   1796   1800

수원 화성 팔달문

영조와 정조, 변화의 시대를 이끌다

✔ 알고 있는 용어에 체크해 보자!

- [ ] 영조
- [ ] 탕평책
- [ ] 균역법
- [ ] 정조
- [ ] 규장각
- [ ] 화성

용선생이 브레이크를 밟고 시동을 끄자, 아이들의 귀를 울리던 시끄러운 미니버스의 소음이 그쳤다.

"자 다 왔다! 수원 화성이다."

"예? 수원시면 수원시고 화성시면 화성시지 수원 화성은 어디예요?"

왕수재의 말에 용선생이 빙그레 웃음을 지었다.

"아~ 경기도 화성시를 말하는 거구나? 그게 아니라 창밖에 저 성을 보렴. 저 성 이름이 화성이란다."

수원 화성 행궁
수원 화성은 경기도 수원시 장안구 연무동에 있어. 정조는 아버지의 묘를 수원 화산으로 옮긴 후 수원 팔달산 아래에 화성을 쌓았어. 사적.

용선생의 말에 나선애가 "정조 임금이 세운 화성 몰라?" 하고 덧붙였다. 왕수재가 선뜻 대답을 못하자, 이번엔 장하다가 "괜찮아, 모를 수도 있지. 난 별나라 화성밖에 몰라!" 하며 수재의 어깨에 손을 턱, 얹었다. 아이들은 킥킥거리며 웃었다.

"자 오늘은 화성과 18세기 조선의 변화에 대해 알아볼까?"

치우침 없이 '탕탕평평'한 정치를 꿈꾼 영조

"화성은 조선 22대 임금인 정조가 아버지 사도 세자의 묘를 수원 화산으로 옮긴 후 쌓은 성이야. 정조는 영조의 손자이지. 영조와 정조는 함께 18세기 조선을 다스렸는데, 조선의 중흥기라고 불릴 정도로 문화가 발달하고 사회가 변화한 시기라서 이 시기를 흔히 '영정조 시대'라고 묶어서 불러."

"근데 할아버지 영조 다음에 손자인 정조가 바로 왕이 된 거예요? 정조 아버지는 왜 조, 종이 아니라 '사도 세자'예요?"

"그건 영조 시대의 정치를 먼저 얘기해줘야 알 수 있겠구나. 영조는 1724년 왕위에 올랐어. 조선의 21대 임금이었지. 영조 즉위 초까지도 붕당 간의 싸움이 치열했어. 특히 노론과 소론이 격렬하게 싸우고 있었어. 그래서 영조가 제일 먼저 한 일은 탕평책을 내세운 거였어. 탕평(蕩平)이란 어느 한쪽에 치우치지 않고 공평히 한다는 뜻으로, 유교 경전인 《서경》에서 비롯된 말이야."

어흠, 헛기침을 한 용선생이 목소리를 점잖게 깔았다.

"들거라! 조정 대신들이 붕당을 지어 서로 헐뜯고 다투는 데서 생겨나는 해로움이 지금처럼 심각한 때가 없었노라. 우리 조선은 땅이 좁아 인재가 그리 많지 않은데 대신들이 자기편 사람만을 쓰려 하고 서로 상대편을 공격하는 데만 힘을 쏟으니 나라의 정책이 올바로 설 수가 없다. 앞으로는 탕평의 뜻을 세워 인재를 공평히 쓰겠노라!"

곽두기가 반가운 표정으로 짝짝 손뼉을 쳤다. 용선생의 입이 흐뭇하게 벌어졌다.

"영조는 탕평책을 내세우며 성균관 안에 비석을 세우기도 했어. 붕당 정치의 잘못된 점을 바로잡겠다는 영조의 의지가 담겨 있지. 아! 영조가 탕평책을 내세우며 신하

탕평비
1742년 영조가 성균관 안에 세운 비석이야. 붕당 간의 싸움을 끝내고 국왕을 중심으로 태평성대를 이루겠다는 영조의 의지가 담겨 있어.

영조(1694~1776)
궁에서 허드렛일을 하는 무수리 출신인 숙빈 최씨의 아들이야. 조선의 역대 왕 중 가장 오래 살았고, 왕위에 있었던 기간도 52년으로 가장 길어.

들과 함께 먹었다고 전해지는 음식도 있어. 탕평채라는 건데, 하얀 청포묵에 각 붕당을 상징하는 여러 가지 색의 채소와 고기, 김을 한데 버무려서 먹는 거야."

음식 이야기가 나오자 배가 출출한 장하다가 입맛을 다셨다.

탕평채 영조가 신하들과 함께 탕평을 논하는 자리에 청포묵 무침 요리가 올라오자 탕평채란 이름을 붙였다고 해.

"하지만…… 영조도 붕당 정치의 거센 파도를 완전히 잠재우지는 못했어. 자신이 왕위에 오르는 데 반대했던 소론 세력들과 화해하는 데 실패했거든. 영조는 처음에는 노론과 소론에서 두루 신하들을 뽑아 썼지만 지방의 소론 세력이 자신에게 반기를 들자 소론 신하들 대부분을 내쫓고 큰 벌을 주었어. 그뿐 아니라 붕당 싸움에 휘말려 아들 사도 세자를 죽음으로 몰아넣고 말았지."

"네? 그게 무슨 얘기예요? 자기 아들을 죽였다는 뜻이에요?"

"들어 봐. 사도 세자는 열다섯 살이 되자 영조가 지켜보는 가운데 임금의 업무를 대신 맡아 하기 시작했어. 그런데 사도 세자의 정치는 노론 신하들의 뜻과 어긋나는 면이 많았어. 소론 신하들에게 큰 벌을 내리라는 청을 올려도 사도 세자가 거부해 노론 세력이 뜻을 이루지 못하는 일도 종종 생겼지. 그러니 노론 신하들이 가만히 있었겠니? 그들은 사도 세자에 대한 나쁜 소문을 퍼뜨리는가 하면 영조와 사도 세자 사이를 이간질하기도 했어. 마음이 약하고 예민한 성격이었던 세자는 어려서부터 엄하고 성격이 급한 아버지에게 주눅이 들어 있었대. 게다가 내시나 궁녀를 죽게 하는 등 아버지 눈 밖에 날 만한 행동도 실제로 많이 했다 하고, 어느 기록에는 정신병 증세를 보였다고도 하지……. 그러던 어느 날 세자가 또 큰 실수를 저질렀고, 신하들은 그가 반역을 꾀했다고 고자질을 했어. 영조는 불같이 화를 내며 세자에게 자결을 하라는 명을 내렸지. 세자가 그 명을 따르지 않자 영조는 쌀을 보관하는 커다란 상자인 뒤주 속에 사도 세자를 가둬 버렸어. 결국 8일 만에 사도 세자는 뒤주 속에서 죽고 말았단다."

세자가 뒤주에 갇혀 죽었다는 말에 아이들은 놀란 표정을 지으며 아무 말도 하지 못했다.

"나중에 영조는 그 일을 진심으로 후회했대. 하지만 이미 어쩔 수 없는 일이지 뭐냐. '사도 세자(思悼世子)'라는 이름도 나중에 영조가 아들의 죽음을 애도한다는 뜻으로 직접 지은 이름이었어."

용선생은 안타깝다는 듯 눈을 감았다. 아이들도 너무나 비극적인 이야기에 잠시 멍해졌다.

 ## 백성들의 소리를 들으며 개혁을 펼치다

눈을 뜬 용선생은 다시 말을 이었다.

"비록 이렇게 후회할 일을 저지르기도 했지만 영조는 여러 업적을 쌓으며 조선 후기 모범적인 왕으로 평가받고 있지. 특히 백성들의 입장에서 생각하려 했던 왕으로 기억되고 있어. 백성들의 어려운 살림살이를 걱정해서 여러 번 양반들의 사치스러운 생활을 금지했고 스스로도 아주 검소하게 지내며 모범을 보였기 때문이야. 또 먹을 양식도 모자란 상황에서 곡식으로 술을 빚어 마시는 사람이 있어서는 안 된다며 온 나라에 금주령, 즉 술을 빚지도 말고 마시지도 말라는 명령을 내리기도 했어. 죄를 지은 사람을 가려내고 벌을 주는 형벌 제도도 합리적으로 바꾸었어. 재판 없이 사람을 죽이지 못하도록 하고, 큰 죄를 지어서 사형을 받게 된 사람이라도 반드시 세 번의 재판을 받도록 해서 억울한 누명을 쓰고 죽는 일이 없도록 했지. 그때까지 이어지고 있던 끔찍한 여러 형벌들도 없앴고. 그리고 태종 때 만들어졌다가 연산군이 없애 버렸던 신문고를 다시 설치해서 백성들이 억울한 일을 당하지 않도록 해야 한다는 뜻을 세우기도 했지."

"신문고? 들어 본 거 같긴 한데…… 신문에 광고를 내는 건가?"

장하다가 갸웃거리자 나선애가 "억울한 사정이 있는 사람들이 울리는 북이잖아" 하고 알려 주었다.

"그리고 또 한 가지, 영조는 백성들이 내야 할 군포를 두 필에서 한 필로 줄여 주었어. 군포란 군역의 의무를 가진 16세 이상 60세 이하 남자가 군대에 가는 대신 내도록 되어 있는 옷감을 가리키는 말이야."

용선생의 말에 장하다가 고개를 갸웃거렸다.

"그냥 군대에 가면 되잖아요? 조선 사람들도 그 뭐냐, 병역 기피를 했단 말이에요?"

"군대에 가도 먹고살 걱정이 없으면 괜찮지. 하지만 팔팔한 남자들이 다 군대에 가면 농사는 누가 짓게? 나라에서도 그 사정을 뻔히 아니까 군포를 대신 내도록 한 거야. 그런데 가난한 백성들에게는 군포 두 필이 무척 큰 부담이었거든. 그래서 영조는 군포를 1년에 두 필에서 한 필로 줄이도록 했어. 그리고 그만큼 줄어드는 재정에 대해서는 한편으로 나라의 예산을 줄이고, 또 한편으로는 다양한 방법으로 세금을 확보했어. 주로 지방의 관청에서 거두어 쓰던 세금을 중앙으로 끌어오거나 토지에 세금을 추가로 매기기도 하고, 군역을 피하기 위해서 뇌물을 들여 양반 행세를 하던 부유한 농민층으로부터 세금을 걷는 식이었지. 이 제도를 균역법(均役法)이라고 해."

"잠깐, 양반이 되면 군역을 피할 수 있다고요? 흠, 전에는 다르게 배운 것 같은데요."

왕수재가 다시 신분 체험 때를 떠올리며 눈을 게슴츠레 떴다.

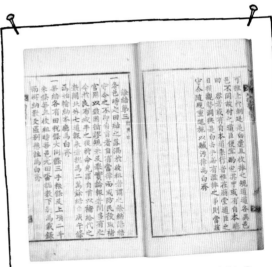

《균역청 사목》 균역법의 주요 내용을 설명해 놓은 책이야. 이 책을 지방에 보내서, 지방의 관리들이 균역법을 이해하게 하고 그대로 시행하도록 했지.

"그 말이 맞아. 원래는 노비를 뺀 모든 사람이 군역의 의무를 지도록 되어 있었지. 그런데 시간이 지날수록 양반들은 이리저리 빠져나가 결국에는 군역을 면제받게 된 거야. 이 점은 바로 균역법의 한계이기도 했어. 균역법이란 군역을 고르게 한다는 뜻이지만 실제로는 여전히 양반층이 빠져 있었던 거지. 이미 오래전부터 양반에게서도 군포를 거두어야 한다는 주장이 심심찮게 나오고 있었고 영조도 그쪽에 마음을 두고 있었지만 양반층의 뜻을 거스르지는 못했어. 이 문제를 해결하지 못했으니 군역 문제는 얼마 못 가 다시 불거지게 됐지."

"병역 문제는 조선 시대에도 골칫거리였군요. 지금도 국회 의원이나 연예인들 병역 문제가 뉴스에 나오고 하던데."

"그래, 국민 모두 공평하게 의무와 권리를 누리게 하는 것이 쉬운 일은 아닌 것 같구나. 영조는 그 외에 여러 책도 펴냈어. 너희들 조선 시대 최고의 법전이 뭐였는지 기억나니?"

"경, 경…… 뭐였더라?"

"《경국대전》!"

왕수재가 머뭇거리고 있는 동안 나선애가 재빨리 대답했다.

"그래, 《경국대전》. 《경국대전》은 성종 때 완성해서 반포했어. 그런데 《경국대전》이 반포된 지도 300여 년이 다 되어 가니까 그동안 큰 전쟁도 있었고, 세상이 많이 바뀌었겠지? 사회가 바뀌면 법도 바뀌기 마련이고. 그래서 그동안 바뀌고 추가된 법들을 묶어 《속대전》이라는 법전을 편찬했어. 그 외에도 일종의 백과사전이라고 할 수 있는 《동국문헌비고》 같은 책도 펴냈지."

"와, 영조도 업적이 엄청 많네요."

"그래, 그리고 그 뒤를 이은 정조도 개혁적인 성격의 정책들을 계속해서 펴 나갔어."

사도 세자의 아들, 개혁 정치를 잇다

"사도 세자의 죽음과 관계 있었던 노론의 일부 세력은 당연히 그 아들이 왕이 되지 않기를 바랐지. 정조는 11살 때, 그러니까 너희만 할 때 아버지가 죽는 걸 지켜봤거든. 그러니 그런 세손이 왕이 되는 것을 막으려 들었지만, 그들의 반대에도 정조는 무사히 왕위에 올랐지."

"어떻게 막으려 했어요?"

"여러 방법을 썼는데, 심지어는 정조를 암살하려고까지 했어. 왕이 되기 전에도 그런 시도가 있었고, 왕이 되고 난 이후에도 정조를 죽이기 위해 자객들을 보낸 적도 있어. 하지만 정조 쪽도 허술하게 대

정조(1752~1800) 조선의 22대 왕이야. 11세 때 아버지의 비극적인 죽음을 목격하고, 25세에 왕위에 올랐어. 사도 세자의 아들이 왕이 되는 걸 반대하는 사람이 많아서 그 과정이 순조롭지 않았다고 해.

김홍도의 〈규장각도〉 정조는 왕실 도서관인 규장각을 창덕궁 안에
설치하고 학사들을 두어 공부에 매진하게 하는 한편, 많은 도서들을 간행하고
수집하여 이곳에 보관하도록 했어.

응하지는 않았지. 결국 이 사건과 관련해서 노론의 신하들 수십 명이 잡혀서 처형을 당했어."

"이건 뭐 임금, 신하가 아니라 원수 사이네."

왕수재가 흥미로운 듯 중얼거렸다.

"정조는 자신의 뜻을 펼쳐 나가기 위해 젊고 능력 있는 인재들을 규장각으로 불러들였어. 규장각은 궁궐 도서관이라고 할 수 있는 곳이야."

"궁궐에 도서관을? 정조도 공부를 좋아한 왕이었군요!"

공부 이야기라면 자동으로 반응하는 왕수재의 말이었다.

"응, 공부를 좋아한 대표적인 왕으로 꼽히지. 세종이나 성종 같은 왕들과 함께 말이야. 많은 글을 남기고 직접 책을 엮기도 했어. 그래서 정조 때에는 아주 많은 책들이 간행되었지. 책을 내는 데는 규장각의 신하들 역할도 컸다고 해. 규장각에도 8만 권에 달하는 국내외 책들이 갖추어져 있었대. 그중엔 물론 성리학 관련 책들이 많았지만, 그 외에도 서양 문물에 관련된 책도 꽤 있었어."

"서양 문물이요? 그럼 서양인들이 들어왔었던 거예요?"

"아니 서양인들과 직접 교류한 사례는 거의 없고. 대신 청나라에 꾸준히 연행사를 보내고 있었거든. 병자호란이 끝난 지 100년이 넘었는데도 아직까지 조선의 사대부들은 청나라를 오랑캐의 나라로 여겼어. 하지만 사신을 따라 청나라에 오가며 나날이 발전하는 그들의 모습을 눈으로 확인한 젊은 신하들의 생각은 달라지고 있었지. 그들은 청나라 수도였던 연경, 그러니까 지금의 베이징을 오가며 청나라의 학문과 청나라에 전해진 서양 문물을 조선에 들여오는 역할을 했던 거야."

"그러고 보니 병자호란 끝난 후에 청나라에 끌려갔던 소현 세자도 서양 문물을 가지고 왔었잖아요. 청나라에는 서양 사람들이 제법 많았나 봐요."

"응, 당시 서양 사람들이 보기에도 청나라는 큰 나라니까 교역을 하기 위해서 제법 사람들이 왔지. 그런 모습을 직접 접한 조선의 신하들은 세상이 어떻게 바뀌어 가는지 정조에게 보고했을 거야. 규장각에는 또 다른 변화가 있었는데, 바로 서자 출신인 박제가, 유득공 같은 신하들의 활약이었어. 정조는 그때껏 본부인의 자식이 아니라는 이유로 차별을 받던 서자들에게도 벼슬길을 열어 주었어.

나선애의 개념 사전

서자

정식 부인이 아닌 첩이 낳은 자식들을 서자라고 부르면서 재산 상속이나 벼슬살이 등에서 여러 가지 불이익을 주었어. 이러한 불이익에 서자들은 불만을 갖게 되었고 영조 대에는 자신들에 대한 처우를 개선해 달라고 주장하는 운동을 했어.

규장각에서는 정조와 뛰어난 인재들이 열띤 토론을 펼치며 조선을 이끌어갈 방안들을 고민했어."

"세종 때 집현전도 그랬다고 했는데."

"선애가 아주 잘 기억하고 있구나. 그래 각종 제도를 개혁할 때, 아무런 연구 없이 그냥 무턱대고 바꿀 수는 없겠지? 제도들을 함부로 바꾸면 백성들만 힘들어질 수도 있으니. 그래서 어떤 제도를 어떻게 바꾸겠다고 했을 때, 충분한 연구와 토론이 필요한 거야. 조선은 왕이 다스리는 국가라서 왕 혼자 독단으로 정책을 결정하는 경우도 있었지만, 세종이나 정조는 연구와 토론을 통해서 신하들의 동의를 얻은 후에 시행해서 더 나은 결과를 얻을 수가 있었단다. 그리고 이런 활동을 보장하기 위해서 규장각에는 아무리 벼슬이 높은 신하라도 함부로 들어오지 못하게 했어. 권세 있는 사람들의 입김이 미치지 못하게 한 거야."

"오, 정조 임금님 좀 멋있는데요."

장하다가 정조를 칭찬하자 왕수재가 웬일로 공부 좋아하는 사람을 칭찬하냐고 딴죽을 걸었다.

"아니야. 정조는 공부방에 틀어박혀 책만 읽었던 사람은 아니었어. 무예에도 관심을 두었지. 《무예도보통지》라는 무예 책도 펴내게 했단다. 또 장용영이라고 하는 특별 부대도 만들었어. 정조는 즉위 전후로 암살 위협도 받고 했으니, 자신을 지켜 줄 힘이 필요했겠지. 그래서 장용영을 통해서 자신을 위해 충성을 다할 군사들을 기른 거야."

"역시 저하고 좀 맞는 데가 있는 것 같아요. 나 정조 임금님 좋아하게 될 것 같은데."

팔을 이리저리 휘두르며 장하다가 말하자, 왕수재는 공부를 좋아하는 임금님이니 자기 스타일이라고 했다. 나선애는 아이들 말에 아랑곳하지 않고 그 이후에는 어떻게 됐냐고 물었다.

정조 '세상을 고루 비추는 달빛'이 되려 하다

"정조는 자기 뜻을 펼치기 위해서는 능력 있는 신하들이 필요하다고 보았어. 그래서 능력과 뜻이 있으면 붕당과 관계없이 인재를 뽑아 쓰고자 했지."

"어, 그러면 영조의 탕평책과 같은 건가요?"

"그래, 정조 역시 영조의 탕평책을 이어 받아 탕평책을 펼쳤지. 그래서 이전까지 권력에서 소외되어 있던 소론이나 남인 계열의 신하들도 등용될 수 있었어. 여기 화성을 짓는 데 큰 역할을 한 정약용도 남인 출신이지. 아까 얘기한 서자 출신들도 관직에 진출했고."

"그러면 노론들은 완전히 숨죽이고 살았겠군요. 사도 세자한테

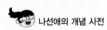 나선애의 개념 사전

화성
사도 세자의 묘인 현륭원이 있던 산의 이름이 화산이야. 정조는 이를 따서 화성이라는 이름을 지었다고 해.

한 짓도 있으니."

"아니야, 정조는 노론 역시도 중요하게 생각하고 그들의 의견도 존중했어. 정조를 이해할 때 중요한 점이 한 가지 있어. 그는 스스로를 '세상의 모든 강을 비추는 밝은 달'에 비유했어. 붕당의 갈등에 휘말려 균형을 잃는 게 아니라 신하들보다 한층 높은 곳에서 더 넓은 시각으로 나라 전체를 보살피려 했던 임금이란 뜻이지."

"그래도 사도 세자의 죽음과 관련 있는 세력을 어떻게 두고 봐요. 나 같으면 확!"

"정조가 만약 자신의 감정대로 정당한 근거 없이 자신을 반대하는 세력들을 억누르고 벌줬다면 정조는 지금과 같이 좋은 평가를 받을 수 없었을 거야. 연산군을 기억해보렴. 연산군은 자신의 어머니가 억울하게 죽임을 당했다고 생각하고 그 죽음과 관련된 사람들을 정당한 절차를 거치지 않고 처벌해 버렸잖니. 그래서 결국 연산군은 폭군이라는 평가를 받는 거고."

"음, 한 마디로 연산군과는 수준이 달랐던 왕이군요."

"정조의 정치가로서의 모습과 인간적인 모습을 확인할 수 있는 자료가 있어. 꽤 놀라운 사실인데. 정조와 정치적으로 적대 관계에 있었던 심환지라는 사람이 있어. 당시 노론을 대표하는 인물 가운데 하나지. 그런데, 정조가 심환지와 몰래 비밀 편지들을 주고 받았다고 해."

"비밀 편지요……?"

"무슨 내용이었냐 하면, 신하들 사이에서 논란이 생겼을 때 '내일 궁에서 그 문제를 논의할 때 당신이 나서서 반대를 해라, 그러면 내가 당신을 처벌하겠다. 그렇지만 잠시 후에 처벌을 풀어줄 것이니 걱정하지 마라' 라고도 했고, '요즘 노론 세력이 좀 시원찮은 것 같으니 분발해라' 라는 식의 편지도 있었어. 그리고 이 편지는 누구의 눈에도 띄어서는 안 되니 꼭 찢어 버리거나 불태워 버리라는 말도 덧붙였고."

눈이 휘둥그레진 아이들은 "말이 돼?", "정조가 노론 세력과 짜고 쇼를 했다는 말이에요?" 하며 한마디씩 했다.

"규장각과 장용영을 통해서 개혁 정치를 시행하는 과정에서 정조의 왕권은 점점 더 안정되어 갔을 거야. 이런 안정적인 왕권을 바탕으로 해서 자신에 반대하는 세력까지 조정하면서 한편으로는 협력하고, 한편으로는 힘 싸움을 벌이며 자신에게 유리한 쪽으로 정치판을 이끌어 갔다고 볼 수 있겠지."

아이들은 정치란 게 참 복잡한 것이라고 생각했다.

심환지
(1730~1802)
노론의 강경한 입장을 대표한 사람이야. 죽은 후에는 많은 사람들을 죽게 했다는 이유로 관직이 삭탈되었지만, 매우 청렴한 사람이기도 했다고 해.

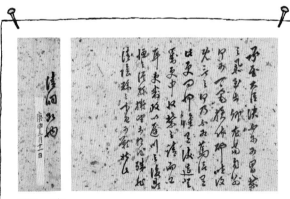

정조 어찰　정조가 심환지에게 보낸 비밀 편지야. 정조의 정치 공작에 관한 내용뿐 아니라 그의 인간적인 모습까지 확인할 수 있는 중요한 자료야. 문집인 《홍재전서》에서는 찾아볼 수 없는 거칠고 상스러운 단어들도 사용하고 있거든. 그래서 그런 것일까? 정조는 이 편지들을 다 읽고 태우거나 없앨 것을 지시했어.

"그렇게 정치적으로 안정이 되자 정조는 한양에서 자유롭게 장사를 할 수 있도록 제도를 개혁했어. 정조 이전에는 한양에서 장사할 수 있는 건 나라에서 허락받은 시전 상인들뿐이었어. 이들은 나라에서 필요한 물품을 대고, 세금을 내는 대신 한양에서 독점적으로 장사를 할 수 있었지. 사려는 사람이나 팔려는 사람이 많지 않았을 때는 큰 문제가 없었지만, 인구가 늘어나고 경제가 성장하면서 더 많은 사람들이 장사에 뛰어들었어. 하지만 이 사람들은 나라에서 허락을 받은 상인들이 아니었어. 이렇게 나라에서 허락을 받지 못한 장사치나 가게를 '난전'이라고 불렀어. 그런데 시전 상인들은 이런 '난전'들을 막을 수 있는 권리를 가지고 있었지. 이를 '금난전권' 이라고 했어. 난전

을 금하는 권리라는 말이지. 금난전권을 가진 시전 상인들은 난전 상인들의 장사를 막고, 그 물건을 빼앗아 가기까지 했단다. 그런데 정조는 이런 '금난전권'을 폐지한 거야."

"그럼 그 이후에는 아무나 장사할 수 있었겠네요? 가격도 좀 싸졌겠다."

"그렇지. 조선 후기에 들어서 발전하고 있던 상업이 이 개혁으로 한층 더 발전할 수 있게 되었어. 새로 성장한 상인들은 한 지역에만 머무는 것이 아니라 여러 지역의 장시를 돌며 물건들을 유통시켰어. 덕분에 지방의 장시도 더욱 빠르게 발달해 갔어. 이렇게 온 나라가 들썩들썩하며 활기를 띠는 가운데 상업 활동의 중심지인 한양도 한층 큰 도시로 성장했어. 인구가 많아져서 도성 밖 곳곳에 새로 마을이 들어서는가 하면, 한강에는 많은 배들이 드나들면서 포구가 늘어났지."

"그럼, 사도 세자 얘기는 그냥 묻어두기로 한 거예요? 아들 입장에서 쉽지 않았을

텐데."

"아니야. 정조는 즉위 직후에 '나는 사도 세자의 아들이다!' 하고 말했어. 그렇지만 노론 세력에 대해 복수를 하지는 않았지. 즉위한 지 얼마 되지 않았을 때는 왕권도 안정적이지 않았고, 다른 일들도 많았으니까. 하지만 규장각과 장용영 등을 비롯해서 개혁적인 정책들을 시행하고 탕평 정치를 펴면서 점점 왕권은 안정되어 갔어. 그래서 즉위한 지 10여 년이 지나고 나서는 사도 세자의 명예를 회복하는 문제를 본격적으로 언급하기 시작했지. 우선 초라하게 내팽개쳐져 있는 사도 세자의 무덤을 수원으로 옮긴 뒤, 아버지의 무덤에 인사를 올린다는 이유로 수원으로 몇 번 행차를 했대."

개혁 정치의 꿈이 깃든 화성

용선생은 수원 화성 홍보관으로 들어서면서 이야기를 이어갔다.

"1794년, 마침내 화성을 짓는 공사가 시작되었지. 정조는 이곳 화성에서 아버지의 죽음으로 얼룩진 낡은 정치의 흔적들을 훌훌 털어 버리고 새 꿈을 펼치려 했을 거야."

"선생님, 정조는 왜 여기에 화성을 지었나요?"

천천히 걸음을 옮기며 나선애가 호기심 가득한 얼굴로 물었다.

"정조는 새로운 정치를 펴기 위해서는 한양을 벗어날 필요가 있다고 여긴 것 같아. 한양은 오랫동안 권력을 쥐고 있던 노론의 손아귀에 들어 있는 거나 다름없었으니까. 그래서 선택된 곳이 바로 수원이었던 거야."

곰곰이 듣고 있던 허영심이 "그럼 화성은 정조의 꿈이 깃든 성이구나!" 하며 빙긋 웃었다.

"화성을 지을 때 제일 큰 활약을 한 사람은 규장각 출신 정약용이었어. 정약용이 서양 책들까지 연구해서 만든 거중기라는 기계는 특히 공사에 큰 도움이 되었지. 도르래의 원리를 이용해서 무거운 건축 재료들을 쉽게 운반할 수 있도록 한 기계였거든. 유형거라는 수레도 이때 만들어졌어. 무거운 짐을 싣고도 경사진 곳을 쉽게 올라갈 수 있는 수레였지. 이렇게 과학적인 기계들을 활용한 덕분에 10년은 걸릴 줄 알았던 화성 공사는 2년 반 만에 마무리되었대! 또, 이때 정조는 공사에 참여한 일꾼들과

〈준천 시사 열무도〉 1760년 하천의 바닥을 파내는 공사(준천) 장면을 그린 그림이야. 청계천의 바닥을 파내는 공사를 할 때, 영조가 청계천에 직접 나가서 일하는 사람들을 격려했는데 그때의 일화를 다루고 있어. 위쪽의 다리에는 영조가 앉아 있고, 다리 아래에서는 사람들이 소를 끌고 일을 하고 있어.

기술자들에게 일한 만큼 품삯을 주었어. 17세기 중반까지만 해도 백성들은 나라에서 벌이는 공사에 강제로 불려 와 일해야 했어. 부역의 의무 때문이었지. 이로 인해 백성들이 겪는 고통이 너무나 컸기 때문에 나라에서는 점차 품삯을 주는 방향으로 정책을 바꾸어 왔어. 이 제도가 본격적으로 시행된 것은 영조 때였어. 홍수가 나면 물이 넘치곤 하던 청계천 바닥을 깊이 파는 공사를 벌이면서 왕실의 재산을 털어 일꾼들의 품삯을 준 거였지. 그런데 이때도 여전히 전문적인 일을 하는 기술자들은 정당한 대가를 받지 못했어. 그들은 반쯤 관청에 묶인 몸이었기 때문에 일반 백성들의 부역과는 다른 취급을 받았거든. 정조는 이 문제를 해결하기 위해 기술자들에게도 가진 기술과 일한 날수에 따라 품삯을 주도록 했어. 그 덕에 기술자들의 어깨가 펴졌을 테고, 더 뛰어난 기술을 갖기 위해 노력하는 이들이 많아졌겠지?"

그때 몇 걸음 앞섰던 장하다가 "거중기 여기 있다!" 하며 손짓을 했다. 아이들은 우르르 그 앞에 몰려가 재잘거렸다.

"와, 그 시대에 이런 기계를 만들었단 말야?"

"무거운 걸 어떻게 들지?"

"도르래의 원리랬잖아. 이게 돌아가면서……."

알아서 거중기의 작동 원리까지 짚어 본 아이들은 뿌듯한 표정으로 제법 진지하게 전시물들을 훑고 다녔다.

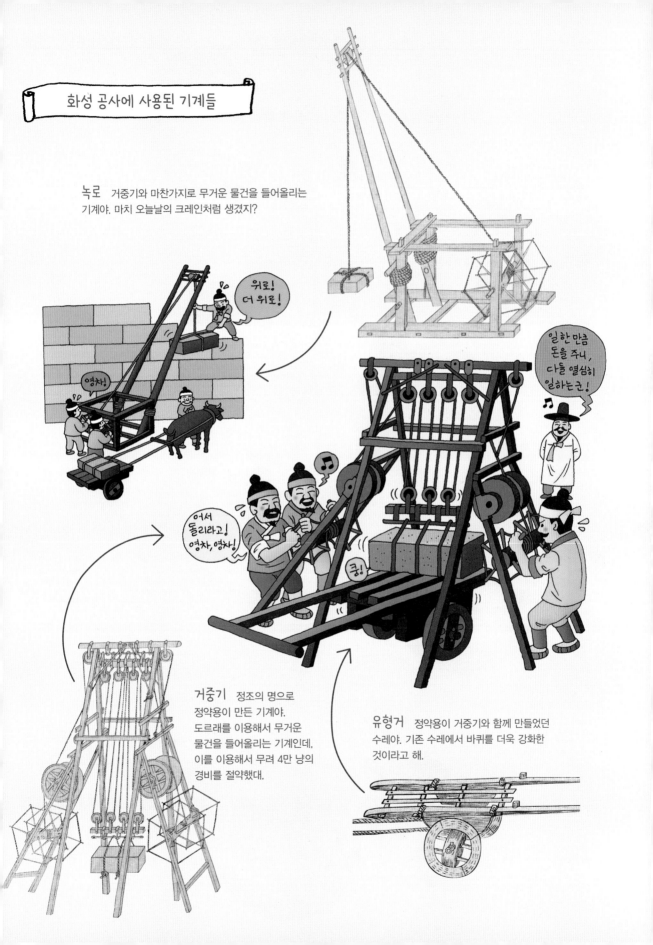

녹로 거중기와 마찬가지로 무거운 물건을 들어올리는 기계야. 마치 오늘날의 크레인처럼 생겼지?

위로! 더 위로!

영차!

일한 만큼 돈을 주니, 다들 열심히 일하는군!

어서 돌리라고! 영차, 영차!

쿵!

거중기 정조의 명으로 정약용이 만든 기계야. 도르래를 이용해서 무거운 물건을 들어올리는 기계인데, 이를 이용해서 무려 4만 냥의 경비를 절약했대.

유형거 정약용이 거중기와 함께 만들었던 수레야. 기존 수레에서 바퀴를 더욱 강화한 것이라고 해.

정조가 수원 화성에 왔을 때 머무르던 궁궐이야.

화성 행궁 행궁이란 왕이 도성 밖에 머물 때 사용하는 궁을 말해. 평소에는 관리들이 관청으로 썼어. 사적.

서장대 팔달산 정상에 있는 장대야. 장대란 장수가 군사를 지휘하는 곳을 말해. 이곳에서는 화성은 물론이고 팔달산 백 리 안쪽의 모든 상황을 파악할 수 있어.

서남 암문 화성의 서남쪽에 있는 건데, 암문은 적군이 쳐들어왔을 때 적들 모르게 성 밖으로 나가는 비밀 통로를 말해.

여기를 통해 사방팔방으로 길이 통한다고 해서 '팔달문'이라지 뭐야.

팔달문 화성의 남쪽에 나 있는 문이야. 충청도, 전라도, 경상도에서 수원 화성으로 들어올 때 이 문을 지나게 되지. 옹성을 설치해 적들을 방어할 수 있도록 했어. 보물.

봉화를 가지고 장난치면 큰 벌을 받았지.

봉돈 봉화를 피워 상황을 알리는 곳이야. 낮에는 연기를 피우고, 밤에는 횃불을 밝혀 신호를 보냈어.

수원 화성도 동서남북으로 문이 나 있대!

화서문 화성의 서쪽에 나 있는 문이야. 수원시의 마크는 이 화서문을 모델로 한 것이래. 보물.

우리나라에서 제일 큰 성문이래!

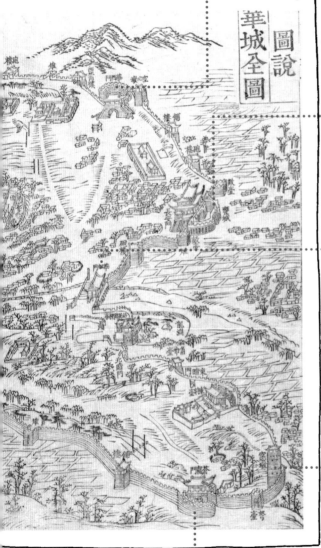

圖說 華城全圖

장안문 화성의 북쪽에 나 있는 문이야. 정조가 한양에서 화성으로 들어올 때 이 문을 통과했지. 반원 모양으로 성문을 감싼 옹성이 보이지? 이렇게 화성의 모든 대문에는 옹성이 있어.

화홍문 화성을 관통하여 흐르는 수원천의 북쪽 수문이야. 수원천이 범람하지 않도록 막아 주고, 적이 쳐들어왔을 경우 방어의 기능도 해.

이야~ 밑으로 물이 흐르잖아? 폭포 같아! 너무 예쁘다!

창룡문 화성의 동쪽에 나 있는 문이야. 다른 문에 비해 수원 화성의 중심에서는 좀 멀리 떨어져 있어.

동북 공심돈 화성의 동북쪽에 있는 공심돈이야. 공심돈은 속이 비어 있어서 군사들이 들어가 밖을 살피거나 쳐들어온 적을 공격할 수 있었어. 벽에는 총이나 화살을 쏠 수 있도록 구멍이 나 있지.

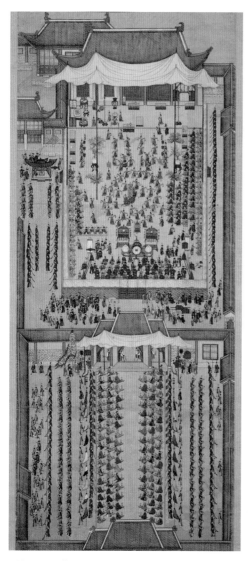

〈봉수당 진찬도〉 1795년 화성 행궁 봉수당에서
치러진 혜경궁 홍씨의 회갑(만 60세 생일) 잔치를 기념해
그린 그림이야. 맨 위쪽에 있는 건물이 봉수당이고,
봉수당 앞 왼쪽에 정조의 자리가 마련돼 있어.
세로 156.2cm, 동국대학교박물관 소장. 보물.

그 중 아이들의 눈을 사로잡은 것은 벽면을
꽉 채운 커다란 걸개그림이었다.

"정조가 어머니인, 그러니까 사도 세자의 부
인이지. 혜경궁 홍씨의 회갑 때 화성에서 잔치
를 열었거든. 그때 모습을 그린 거래. 어떠냐,
멋지지?"

"사도 세자의 부인은 궁에 계속 살았던 거예
요? 사도 세자가 죽고 난 후에도?"

"응 그래, 참 힘들게 지냈겠지? 아마 아들
하나만 바라보며 그렇게 살았을 거야. 혜경궁
홍씨는 《한중록》이라고 하는 자신의 회고록도
썼단다."

"어? 이 그림 좀 봐!"

이번엔 허영심이 병풍 그림 앞에서 아이들을
불러 모았다.

"이건 주교(舟橋), 그러니까 배다리 그림이야.
정조가 화성으로 행차를 할 때는 신하들과 군
사들, 시중드는 하인들, 음악을 연주하는 악대
까지 이천여 명의 사람들과 팔백여 필의 말이
한꺼번에 움직이기도 했대. 이 대단한 행차는

창덕궁으로부터 시작해서 숭례문을 지나 용산으로 이어졌어. 그리고 그곳에서 그림에 나오는 것처럼 배를 엮어서 만든 거대한 다리를 지나 한강을 건너갔지. 어때, 대단하지 않니? 다리를 만드는데 동원된 배가 수십 척에, 공사 기간도 열흘이 넘게 걸렸다고 해. 그렇게 지나가는 임금님의 행차가 얼마나 성대했는지, 길가에는 행차를 구경하기 위해 많은 백성들이 모여들었대."

허영심이 황홀한 표정으로 "최고다……. 진짜로 보면 얼마나 멋질까?" 하고 중얼거렸다.

"한강을 건넌 정조의 행차는 노량진에서 시흥으로, 안양을 거쳐 수원까지 이어졌어. 바로 아까 우리가 달려온 그 길이지."

용선생의 말에 허영심이 "자동차도 없었는데 그런 도로를 왜 만들었대요?" 라고 물었다.

"그게 아니라 그때 처음 길이 닦인 것을 나중에 차도로 만든 거지. 처음엔 행차 길이 시흥, 안양 쪽이 아니라 사당과 과천을 지나는 길이었대. 그런데 과천에는 사도 세자를 죽이는 데 앞장섰던 신하의 무덤이 있었기 때문에 정조는 그 앞을 지

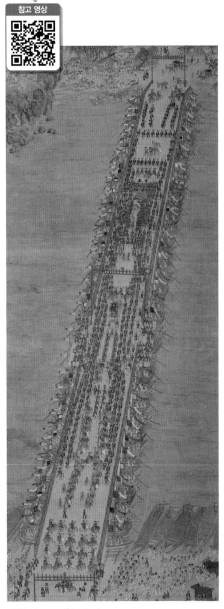

배다리를 건너 보자!

참고 영상

〈한강 주교 환어도〉 노량진에 설치된 배다리를 통해 창덕궁으로 돌아가는 정조의 행차를 묘사한 그림이야. 화성행행도 병풍 중 일부야. 세로 156.5cm, 삼성미술관 리움 소장. 보물.

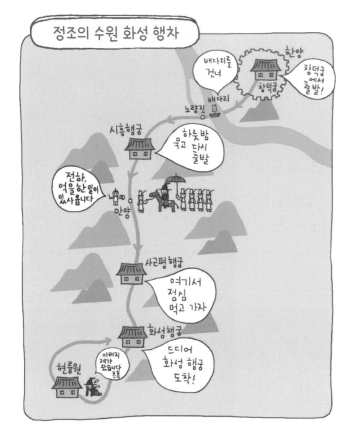

정조의 수원 화성 행차

날 때마다 반대편으로 고개를 돌리고 지났다지. 그러다가 나중엔 아예 과천을 거치지 않고 수원으로 갈 수 있는 길을 뚫은 거야."

"정조도 마음속으로는 사도 세자를 그리워하는 마음이 컸던 거군요."

"그래, 그렇지만 사도 세자 문제로 인해 당파들 간의 싸움이 격해지는 것은 막고 싶었던 거야. 대신 그런 그리운 마음을 백성을 위하는 방향으로 승화시켰어. 정조는 화성 행차 길을 백성들의 목소리를 직접 듣는 기회로 이용했대. 백성들은 왕이 지나는 길에서 기다리고 있다가 꽹과리를 치거나 글을 올려서 억울한 사정을 전했고, 그러면 왕이 해결해 주었다는 거야. 꼭 화성에 갈 때가 아니더라도 정조는 궁궐 밖 행차를 할 때마다 백성들의 하소연을 듣기 위해 노력했고, 억울한 백성의 일은 사흘 안에 해결해 주도록 특별히 명령을 내렸대."

용선생과 아이들은 자리를 옮겨 《화성 성역 의궤》 모사본 앞으로 갔다.

"너희들, 화성이 유네스코 세계 문화유산이라는 건 알고 있지?"

용선생이 슬쩍 한마디 하자, 아이들이 다시 와글와글 들끓었다.

"진짜요? 우아, 끝내준다!"

"근데 너, 유네스코가 뭐의 약자인 줄은 아냐?"

"지금 그게 문제냐?"

수재와 하다가 투닥거리자 용선생이 얼른 말을 이었다.

"화성의 놀라운 점 가운데 하나는 《화성 성역 의궤》라는 기록을 남겼다는 거야. 의궤라는 건 나라에 큰 행사가 있을 때 그와 관련된 기록을 담은 책을 말하는 거야. 그럼 《화성 성역 의궤》가 뭐냐? 화성을 지을 때 들어간 경비며 공사의 세세한 과정, 건축 재료들, 공사에 참여한 사람들, 사용된 기계, 그렇게 해서 완성된 건축물에 대해 자세하게 기록하고 그림을 그려 엮은 책이야. 자그마치 10권이나 된다고."

"그런 것까지 다 기록해야 하는 거예요? 성 쌓기도 바쁜데 그런 책까지 만들어야 하나?"

"이런 책이 있으면 그 이후에 성이 조금 부서지거나 해도 수월하게 복원할 수 있지 않겠니? 1997년에 화성이 유네스코 세계 문화유산으로 지정될 때 결정적인 역할을 한 것도 바로 이 의궤였어. 선정 위원들이 의궤를 보고는 깜짝 놀라 혀를 내둘렀다는 거야. '어쩜

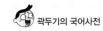

곽두기의 국어사전

의궤

'의식의 규범이 되는 책'이란 뜻이야. 후대 사람들이 참고해서 의식이나 행사를 잘 치를 수 있도록 한 거야.

이렇게 자세하고도 멋진 기록을 남길 수가 있었단 말인가? 세계적으로 이런 사례는 없었는데!' 하고 말야. 건물을 짓는 데 쓰인 못의 크기와 수, 못 하나가 얼마짜리인지까지 적혀 있을 정도니까. 일제 강점기와 6·25 전쟁을 겪으면서 여기저기 부서진 화성을 다시 복원할 때도 이 의궤가 있었기 때문에 처음과 거의 똑같은 모습으로 복원할 수 있었대."

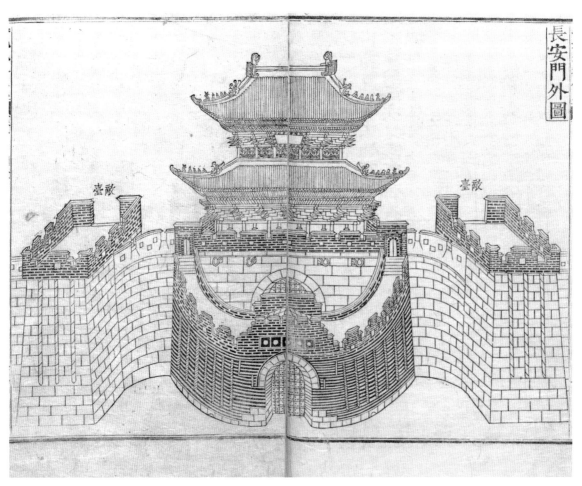

《화성 성역 의궤》 1794년 1월부터 1796년 8월까지 진행된 수원 화성 공사에 대해 빠짐없이 정리한 책으로, 우리나라의 뛰어난 건축 문화와 높은 기록 정신이 어우러져 탄생한 걸작이라고 할 수 있지! 이 그림은 장안문을 묘사한 부분이야.

못다 이룬 개혁의 꿈

홍보관을 나서며 나선애가 영조와 정조를 비교했다.

"좀 스타일이 다른 것 같아도, 책도 많이 펴내고, 탕평 정치를 시행하고, 백성들의 소리도 직접 들으려하고. 영조와 정조는 비슷한 면이 많았던 것 같네요."

"그래 잘 정리했구나. 그래서 두 임금의 시대를 '영정조 시대'라고 부른다고 했잖니. 덧붙이면 영조는 노비 제도를 고쳐서 아버지가 노비여도 어머니가 양인이면 자식도 양인 신분을 갖도록 했어. 그런데 정조는 더 나아가 관청에 소속된 공노비를 해방시켜 양인으로 만들고자 했어. 정조가 죽은 직후에 관청의 공노비들이 해방됐지. 그런데

〈환어 행렬도〉 어가 행렬이 시흥 행궁에 다다른 모습을 기록한 그림이야. 윗부분에는 푸른 휘장으로 가려진 혜경궁의 가마가 있어. 화성행행도 병풍 중 일부야. 세로 156.5cm, 삼성미술관 리움 소장. 보물.

이렇게 정조가 영조의 정책을 이어받아 한 걸음 더 나아가려 한 것이 꼭 두 임금의 성향이 비슷해서만은 아닐 거야.”

곽두기가 눈을 깜박거리며 “그게 무슨 뜻이에요?” 하고 물었다.

“이 시기는 커다란 변화의 시대였어. 서양 문물이 소개됐다는 얘기는 했었지? 서학이라고 불리는 천주교도 들어왔고. 백성들의 생각도 조금씩 달라지고 있었어. 무엇보다 조선의 경제가 크게 바뀌고 있었지. 영조나 정조는 이런 변화들을 모른 척할 수만은 없다는 것을 알고 있었던 거야. 조선의 경제와 사회가 어떻게 변화해 갔는지는 다음 시간에 살펴볼 수 있을 거야.”

허영심은 정조의 꿈의 성인 화성에서 정조의 꿈이 이뤄졌는지 궁금해졌다.

“정조의 꿈은 이뤄졌나요? 사도 세자의 억울함도 풀어 주고, 조선 사회도 개혁하는…….”

“글쎄 어땠을까? 정조가 이 화성에서 자신의 꿈을 마음껏 펼쳤다

《홍재전서》 무려 100책에 달하는 정조의 시문집이야. 정조가 죽은 후 1814년에 출간되었어. 정조는 조선 왕 가운데 유일하게 문집을 남긴 사람이야.

《어정 오경 백편》 중요한 경전인 《시경》, 《서경》, 《주역》, 《춘추》, 《예기》를 5경이라고 부르는데, 이 책들에서 정조가 직접 중요한 대목을 뽑아 엮은 책이야.

면 조선이 어떤 모습으로 변화해 갔을지 모르지……. 하지만 안타깝게도 정조는 화성을 남겨 두고 갑작스레 세상을 떠나고 말았어."

"어머나, 왜요!"

"평소 앓던 종기가 도져서 그랬다는구나. 화성이 완성된 지 4년 만인 1800년의 일이야."

들떠 있던 아이들은 정조가 세상을 떠났다는 말에 스르르 풀이 죽었다. 용선생은 "그래도 우리에겐 화성이 남아 있지! 그럼 화성 행궁을 보러 가 볼까?" 하며 아이들을 이끌었다.

홍보관 바깥의 널따란 광장에는 바닥 곳곳에 의궤 속 그림들이 그려져 있었다. 용선생은 군사들의 훈련 장면, 혜경궁 홍씨의 회갑 잔치 장면, 정조와 신하들이 화성의

〈서장대 성조도〉 군사 훈련 장면을 묘사한 그림이야. 횃불을 밝힌 것으로 보아 야간 훈련임을 알 수 있어. 화성행행도 병풍 중 일부야. 세로 156.5cm, 삼성미술관 리움 소장. 보물.

백성들에게 쌀을 나누어 주는 장면을 옮겨 그린 것이라고 설명해 주었다.

이야기를 듣던 허영심이 갑자기 사진을 찍자고 했다.

"너무 예쁘다! 선생님, 우리 여기서 사진 한번 찍어요!"

"어, 그거 좋지!"

용선생은 지나가는 청년에게 사진을 찍어 달라고 부탁했다. 아이들이 저마다 재미난 자세를 취하고 있는데 갑자기 용선생의 호주머니에서 음침한 소리가 울려 나왔다.

'앗! 이 벨 소리는……!' 용선생은 황급히 휴대 전화를 꺼냈다.

"교장 선생님? 예, 곧 손님들이 도착하신다고요? 헉! 저희가 공개 수업을 하기로 했죠! 압니다! 저희는 지금 수원…… 아니, 수원 집이라는 식당에…… 죄송합니다! 곧 가겠습니다!"

용선생이 "애들아, 그만 철수! 행궁은 다음에 와서 보자!" 하며 헐레벌떡 튀어나가는 순간 찰칵 하는 경쾌한 기계 음이 울려 퍼졌다. 얼굴이 허옇게 질린 용선생이 두 팔을 허우적거리고, 그 뒤로 엉거주춤한 아이들이 멍한 표정을 짓고 있는 이 사진은 그 뒤 오랫동안 역사반의 이야깃거리가 되어 주었다.

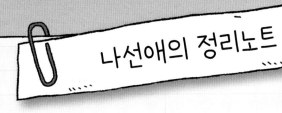

나선애의 정리노트

1. 탕평책

- 누가? 영조, 정조가

- 왜? 붕당끼리의 싸움을 잠재우기 위해

- 어떻게? 인재를 고르게 등용하려 함

2. 영조는 무슨 일을 했을까?

① 금주령을 내리고 검소한 생활 강조

② 균역법을 통해 군포를 줄임(2필→1필)

③ 《속대전》을 비롯한 여러 책을 펴냄

3. 정조는 무슨 일을 했을까?

① 규장각을 세워 붕당에 상관없이

능력 있는 사람들을 모아 연구하게 함

② 장용영을 세워 자신을 위해 충성을 다할 군사를 기름

③ 누구나 자유롭게 장사를 할 수 있게 함

④ 수원 화성을 건설함

4. 화성의 놀라운 점

- 거중기, 유형거 등의 기계 사용(정약용)

- 일한 사람들에게 품삯을 줌

- 《화성 성역 의궤》(화성과 관련된 상세한 기록)

용선생의 역사 카페

역사계의 슈퍼스타,
용선생의 역사 카페에
오신 걸 환영합니다

Log in

게시판 ⌄

📄 역사가 제일 쉬웠어용!
📄 이제는 더~ 말할 수 있다!
📄 필독! 용선생의 매력 탐구
📄 전교 1등 나선애의 비밀 노트

정조의 죽음에 대한
오해와 진실

정조는 오늘날 가장 인기 있는 조선의 임금 가운데 한 명
이야. 24년의 재위 기간 동안 정말 많은 일을 하다 보니,
소설이나 드라마, 영화의 주인공으로도 많이 등장하고 있
지. 사람들은 정조가 40대의 이른 나이에 사망했다는 사실
을 아쉬워하기도 해. 그래서일까? 정조가 비밀스런 음모에
의해 희생되었다고 믿는 사람들이 있어. 정조가 병으로 죽
은 것이 아니라, 독살당했다는 것이지!

정조가 독살되었을 거라고 믿는 사람들은 정조와 사이가
나빴던 노론의 일부 세력을 의심하고 있어. 정조는 사망하
기 한 달여 전에 신하들에게 앞으로 나라를 어떻게 이끌어
갈 것인지에 대한 계획을 밝혔다고 해. 그런데 그때 정조
의 이야기를 듣고 위기감을 느낀 이들이 정조를 독살했다
는 거야. 그 근거로 《조선왕조실록》에 기록을 살펴보면 정
조의 건강이 악화되어 간다는 기록이 사망하기 한 달여 전
부터 갑자기 나타나기 시작한다는 점을 들어.

하지만, 정조가 독살되었다고 주장하는 사람들의 이야기
를 잘 들어 보면 결국 '정황상 그럴 가능성이 크다'는 정도
의 이야기일 뿐, 결정적인 증거를 제시하고 있지는 못한
것 같아. 많은 학자들은 정조의 죽음에 어떤 음모나 모략
이 개입되었다고 생각하지 않아. 신하들에게 밝혔다는 정

국 구상의 내용이 정조의 정적들에게 위기감을 느끼게 할 만한 내용이 아니었다고 해. 건강 상태가 나빠진 것도 훨씬 이전의 일이지만, 철저하게 비밀로 했기 때문에 사람들이 알지 못했을 것이라고도 하고.

무엇보다도, 앞서 얘기했듯이 심환지 등과 주고받은 편지들을 보면 정조와 노론 세력이 적대적이었던 것만은 아니었던 것 같아. 그러니 노론의 일부가 정치적으로 위기를 느껴 정조를 독살했다는 얘기는 설득력이 부족하지.

물론 새로운 증거가 나온다면 또 다르게 생각할 여지도 있을 거야. 그렇지만 지금으로서는 정조가 독살되었다고 보기는 어렵지 않을까? 그런데도 정조가 독살되었다고 생각하는 사람들은 그만큼 정조의 죽음을 아쉬워하는 마음이 크다는 의미일 거야.

《한중록》
사도 세자의 부인이자, 정조의 어머니인 혜경궁 홍씨가 쓴 회고록이야. 이 책은 사도 세자의 죽음을 비롯한 여러 사건들에 대해서 《조선왕조실록》 등의 책과 다른 시각을 보여 주기 때문에 역사적 가치가 매우 크다고 할 수 있어.

COMMENTS

왕수재 : 예전에 TV에서 본 사극에서는 정조가 독살을 당한 것으로 나오던걸요?

ㄴ 용선생 : 드라마나 영화, 소설에서는 이야기를 풀어 가기 위해서 극적인 요소들을 더한단다. 그러니 사극을 볼 때는 그 이야기가 역사적 사실이 아닐 수도 있다는 점을 항상 생각해야겠지?

한국사 퀴즈 달인을 찾아라!

01 ★★☆☆☆

왕수재는 오늘 배운 것을 복습하기 위해 수원 화성에 관련된 여러 가지 그림을 검색해 봤어. 어, 그런데 이 그림은 뭘 그린 거더라?

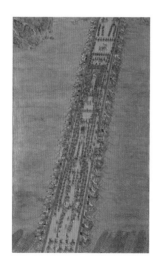

어, 나 알 것 같아! 정조가 강을 건널 때 만들었던 (   ) 아냐?

02 ★★★★☆

수재가 탕평책에 대해 설명하고 있네. 한번 들이 보지.

탕평책의 탕평은 ① 어느 한쪽에 치우치지 않고 공평히 한다는 뜻으로, ② 붕당끼리 서로 헐뜯고 다투느라 바빠서 나라가 발전이 없으므로 ③ 붕당의 나쁜 점을 없애기 위해 인재를 고루 등용하자는 게 핵심이야. ④ 이를 위해 영조는 음식에 탕평채란 이름을 붙이고, 탕평비라는 비석까지 세웠지. ⑤ 하지만 노론 세력이 반기를 들자 대부분 내쫓고 큰 벌을 내렸어.

수재야, 다 맞는데 딱 한 문장이 틀렸어. 틀린 문장은 바로 (   )번!

03 ★★★☆☆

수원 화성을 쌓는 데는 여러 가지 과학적인 기계들이 동원되었다는 것 다들 알고 있지? 영심이가 기계들을 만든 정약용과의 가상 인터뷰를 꾸며 보았어.

 정약용 선생님, 거중기나 유형거 같은 기계들은 왜 만드셨나요?

 ① 알다시피 나라에서 공사를 할 때 근처에 사는 사람들이 강제로 끌려와 일을 해야만 했거든요.

수원 화성을 지을 때도 마찬가지였고요. ② 그런데 이 기계들은 사람이 옮기기 힘든 것들을 손쉽게 옮길 수 있게 해 줘요. ③ 그러니 사람을 덜 쓰고도 공사를 할 수 있을 뿐만 아니라, ④ 시간도 엄청나게 절약해 줘요. 실제로 이 기계들 덕분에, 10년 걸릴 공사를 2년 반 만에 해치웠거든요.

 영심아, 이런 말을 하면 싫어하겠지만 (   )번은 좀 아닌 것 같아.

04 ★★★★★

역사책에서 '장용영'에 대한 내용을 찾아보았어. 밑줄 그은 '이 왕'에 대한 설명으로 옳지 않은 것은 무엇일까? (   )

> 장용영은 <u>이 왕</u>이 자신을 위해 충성을 다할 군사를 기르던 곳이다.

① 장용영이라는 특별 부대를 만들었다.
② 차별을 받던 서자들에게도 벼슬길을 열어 주었다.
③ 균역법을 실시해 백성들이 내야 할 군포를 줄여 주었다.
④ 궁궐 도서관인 규장각을 세워 젊고 능력 있는 인재를 불러들였다.

꾸트꾸트 커 가는
조선의 경제

17세기 이후 조선 사람들은 부지런히 전쟁의 상처를 지우기 위해 애썼어.

황폐해진 땅에서 좀 더 많은 생산물을 얻기 위해 기술 발전에 두 팔을 걷었지.

그 결과 농업 생산량이 늘고, 장시도 우후죽순 생겨났단다.

수공업자도 스스로 물건을 만들어 시장에 팔았고,

그 재료를 구하는 광산 개발도 활발해졌어.

이렇게 조선 후기에는 농업과 수공업, 상업이 두루 성장하고 있었지.

무럭무럭 자라나는 경제의 중심에 장터가 있어.

우리 함께 그곳으로 가 볼까.

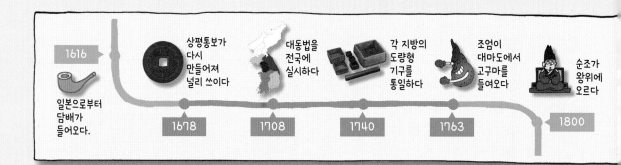

1616

일본으로부터
담배가
들어오다.

상평통보가
다시
만들어져
널리 쓰이다

대동법을
전국에
실시하다

각 지방의
도량형
기구를
통일하다

조엄이
대마도에서
고구마를
들여오다

순조가
왕위에
오르다

1678   1708   1740   1763   1800

김홍도의 〈주막〉

✔ 알고 있는 용어에 체크해 보자!

☐ 모내기법   ☐ 장시   ☐ 공인
☐ 보부상   ☐ 상평통보

유리에 코를 뭉개 가며 차창 밖을 내다보던 아이들이 미니버스 문이 열리자 바빠졌다.

"우아~ 온통 꽃밭이네. 아름다워요!"

허영심이 다양한 감탄사를 쏟아 내는 사이, 장하다와 곽두기는 신이 나 꽃밭으로 뛰어 들어갔고, 나선애와 왕수재는 말을 잃은 채 입을 벌리고 서 있었다.

"아, 오길 잘했네."

미니버스에서 마지막으로 내린 용선생이 입을

여기가
소설 '메밀꽃
필 무렵'의
배경이란다.

신난다~
형아 같이 가!

뗐다.

"얘들아, 여기가 바로 소설 《메밀꽃 필 무렵》에서 주인공 허생원이 거닐던 메밀밭이란다. 좀 더 걸어가면 봉평장이 보이고, 더 가면 대화장이 나오지. 가만있자. 하다야, 두기야! 이제 그만 이리 오렴!"

용선생이 흐드러지게 핀 메밀꽃을 배경 삼아 돗자리를 넓게 펼쳤다. 장하다와 곽두기까지 아이들이 옹기종기 모여 앉자 용선생이 "흠흠" 목소리를 가다듬고는 주머니에서 꺼낸 종이를 펼쳐 읽어 내려갔다.

대화까지는 칠십 리의 밤길, 고개를 둘이나 넘고 개울을 하나 건너고, 벌판과 산길을 걸어야 된다. 길은 지금 긴 산허리에 걸려 있다. ……(중략)…… 산허리는 온통 메밀밭이어서 피기 시작한 꽃이 소금을 뿌린 듯이 흐붓한 달빛에 숨이 막힐 지경이다.

평창 봉평면 메밀꽃밭

"《메밀꽃 필 무렵》의 한 대목이야."

"선생님, 주인공이 밤새 어디를 멀리 가야 하나 봐요?"

가만히 듣고 있던 허영심이 물었다.

"그래, 맞아. 주인공의 직업은 장돌뱅이인데, 오늘은 이 장, 내일은 저 장, 이렇게 '장을 돌아다니면서 물건을 파는 장사꾼'이야."

"된장, 고추장도 아니고……. 선생님 '장'이 뭐예요?"

장하다가 입맛을 다시면서 말하자 왕수재가 "하다, 너 또 배고프구나?" 하며 놀리듯 말했다.

"하하하. 좋은 질문이다, 하다야. 옛날부터 시장을 '모이는 장소'라고 해서 장(場), 장시(場市) 혹은 장터라고 불렀단다. 장돌뱅이인 소설 속 주인공은 지역 곳곳에 있는 시장을 드나들면서 장사를 하는 거야. 오늘은 봉평장, 내일은 대화장 이렇게. 근데 '고개 두 개를 넘고, 개울도 넘어 벌판과 산길도 지나야 한다'고 했네. 물건을 지고 밤새 걸어야 했으니까 힘들었을 거야. 장시가 어떤 곳이기에 주인공은 그 힘든 길도 마다하지 않고 가는 걸까? 궁금하지?"

수확량은 껑충, 노동력은 절반

"장시는 조선 후기에 들어 급격하게 늘어났어. 왜 그랬을까?"

"그야 사람들이 장시에서 할 일이 많아졌나 보죠?"

장하다가 대수롭지 않은 듯 말했다.

"와, 우리 하다가 제법인걸. 농사짓는 기술이 발전하면서 보다 많은 곡식을 거두게 되자 사람들은 먹고 남은 것들을 들고 너도나도 시장으로 나왔거든. 그럼 왜 수확량이 늘어났는지부터 차근히 알아볼까?"

용선생이 본격적으로 수업을 시작하려 하자, 더욱 배고파진 장하다가 입을 쭉 내밀며 말했다.

"선생님, 체험 학습 나온 김에 맛집 체험 하죠! 벌써 구수한 냄새가 납니다!"

"걱정 마라, 하다야. 지금부터 절로 배가 불러지는 '맛있는 수업'이 될 테니까 기대해도 좋아!"

용선생의 말에 나선애도 빙긋 웃고는 자세를 고쳐 앉았다.

"17세기 이후 조선 사람들은 전쟁으로 인해 못쓰게 된 땅을 부지런히 일궜어. 논에 물을 댈 수 있는 보나 저수지도 많이 만들고, 땅에 거름을 주는 방법이며 씨 뿌리는 방법 등 농사법을 발전시켜 수확량을 늘려 나갔지. 가장 결정적인 변화는 모내기법이 전국으로 퍼지게 된 거였어."

"논에다 모 심는 거 말이죠? 시골 가서 본 적 있어요."

장하다는 금세 쭉 내민 입을 집어넣고는 모 심는 흉내를 내며 말했다.

"그래. 벼의 싹을 '모'라고 불러. 모내기란 벼의 씨앗을 길러서 어린 싹이 나면 논에 옮겨 심는 걸 말해. 논에 바로 씨앗을 뿌리면 싹 트지 못하고 그냥 죽어 버리는 씨앗도 많고, 모가 잡초와 섞여 아무렇게나 자라기 때문에 잡초를 솎아 내는 것이 큰일이었어. 하지만 미리 길러 둔 모를 논에다 줄 맞추어 심으면 대부분 잘 자라서 많은 곡식을 얻을 수 있는 데다, 잡초를 솎아 내기도 훨씬 쉬워지지."

"우아, 기발한 방법이네요!"

아이들이 감탄하자 용선생이 "놀라기에는 아직 일러"라며 목소리를 낮추었다.

"5월 중 논에 모를 옮겨 심기 전까지는 논이 비어 있으니 그 사이 겨울 동안 보리농사를 지을 수 있게 됐단다. 같은 땅에서 1년에 두 번 곡식을 번갈아 심고 수확할 수 있는 이모작이 가능해진 거야. 벼농사도 하고 보리농사도 지으니 전보다 수확량이 늘었겠지?"

"이야, 이렇게 좋을 수가! 진작 모내기법으로 농사를 지었으면 얼마나 좋아요! 굶는 사람도 줄어들고요!"

허영심이 안타까운 듯 코를 찡긋하며 말했다.

"모내기 방법이 알려진 것은 오래전부터였지만 나라에서 금지해 왔던 거였어. 모내기법은 논에 어느 정도 물을 채운 후 모를 옮겨 심어야 하는데, 이때 행여 가뭄이 들면 땅이 굳어 모의 뿌리가 자리 잡기 힘들기 때문에 1년 농사를 통째로 망칠 수도 있었어. 그렇게 되면 나라에서는 세금을 걷지 못할 위험이 있었던 거지. 그래서 나라에서는 논에 직접 볍씨를 뿌리는 예전의 방법을 권장했어. 하지만 농민들은 많은 수확량을 거둘 수 있는 모내기를 하려고 적극적으로 저수지를 만들어 가뭄을 극복하려고 애썼지. 조선 후기에는 저수지가 많아져서 가뭄에도 논에 물을 댈 수 있게 되었기 때문에 모내기법이 전국으로 퍼진 거야. 이런 모내기법으로 한 사람이 농사지을 수 있는 땅의 면적이 6배나 늘었대. 넓은 토지를 농사짓게 된 일부 농민은 더 많은 토지를 사들여 벼농사를 크게 늘려 나갔지."

"모내기법으로 부자가 된 농민도 생겼겠어요!"

나선애가 가만히 듣고 있다가 말했다.

"논농사뿐만 아니라 밭농사에서도 기술 발달이 이뤄졌지. 바로 골뿌림법이야."

"골뿌림법이요? 그게 뭔가요?"

생소한 말에 아이들이 어리둥절해 했다.

"말 그대로 골에 씨를 뿌린다는 거야."

용선생이 종이에 위아래로 구불구불한 선을 그려 놓고는 올라온 부분을 이랑, 내려간 부분을 고랑이라고 적었다. 선 위로 바람결도 스윽스윽 그려 넣었다.

"이랑과 고랑! 들어 본 적 있어요. 밭을 갈았을 때 두툼하게 올라온 부분이 이랑이고, 움푹 파인 부분이 고랑이에요!"

곽두기가 할아버지 댁의 텃밭을 떠올리며 말했다.

"맞아. 평평한 밭에 씨를 심는 게 아니라 땅에 높낮이를 주고, 이랑과 이랑 사이에 씨를 뿌렸지. 그러면 이랑이 찬 겨울바람을 막아주고, 햇빛이 쨍쨍한 날에는 땅속 수분이 많이 날아가지 않게 막아줬어. 그래서 보리나 밀, 귀리 등 겨울 작물은 주로 고랑에 씨를 뿌

렸대. 또 씨를 한 줄로 심기 때문에 솎아 줘야 할 잡초와의 구분도 쉬웠다지.”

“고랑을 만드는 이유가 있었구나!”

곽두기가 고개를 끄덕거렸다.

“밭농사를 잘 짓기 위해 땅에 영양분을 공급해 주는 작업도 중요했겠지? 너희들 혹시 시골에 갔다가 물씬 풍겨 오는 구수한 냄새를 맡은 적 있니?”

“똥~ 냄새요? 엄마는 그게 시골 냄새라고 좋으시대요!”

장하다가 콧구멍을 두 손가락으로 틀어막자 허영심이 “엄마야! 너 손 안 빼?”하며 소리 질렀다.

“하하하 하다야, 여기는 똥 냄새 안 나니까 그만하고.”

하다가 귀여워 용선생도 웃으며 말했다.

“그래. 우리가 비타민과 같은 영양제를 먹고 힘을 보충하듯, 토지에는 비료를 주어 농작물을 길러 낼 수 있는 땅의 힘을 키우는 거야. 16세기 중반 이후부터 대소변을 주재료로 한 거름을 비료로 주었지. 냄새는 그 거름에서 나는 거란다. 그래서 쓸모가 생긴 대소변을 귀하게 여기는 사회 분위기도 생겼대. 또 고구마, 감자, 고추, 토마토와 같은 외국에서 들어온 농작물도 밭에서 재배하기 시작했단다. 특히 고구마는 일본에 통신사로 갔던 조엄에 의해 조선에 들어왔는데, 구황 작물로서 백성들의 배고픔을 해결해 주는 데

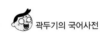
곽두기의 국어사전

구황 작물
(救荒作物)
구할 구(救),
거칠 황(荒)으로
흉년이 들어
곡식이 부족할 때,
주곡 대신 먹을 수
있는 작물을 말해.
백성들의 굶주린
배를 채워 주었지.

큰 도움을 줬어."

"선생님, 감자도 그렇지요? 저 으깬 감자 정말 좋아하거든요! 감자에 대해 잘 알아요."

곽두기가 대뜸 말하자, 장하다가 침을 꿀꺽 삼켰다.

"그렇지. 감자는 고구마보다 늦게 들어왔지만 농사짓기 척박한 땅이나 추운 곳에서도 잘 자라서 금세 인기를 얻었어. 또 밭에서는 점차 시장에 내다 팔기 위한 농작물을 기르는 일도 많아졌어. 목화, 모시처럼 옷감의 재료가 되는 작물이나 담배나 약재, 인삼처럼 특별한 용도로 쓰이는 작물을 주로 재배했지. 농민들이 이런 작물을 팔아서 얻는 수입은 꽤 쏠쏠했던 것 같아. 당시 기록에는 '서도의 담배밭, 북도의 삼밭, 한산의 모시밭, 전주의 생강밭, 강진의 고구마밭, 황주의 지황밭은 모두 가장 좋은 논과 비교해도 그 이익이 10배나 된다'고 나와 있을 정도니까. 이외에도 평양의 능라도, 양각도는 수박 재배로 유명했고, 개성도 인삼과 다양한 과일 산지로 유명했대. 또 수많은 농작물 중에서도 우리 생활에 커다란 영향을

난 춥고 척박한 땅에서도 잘 자라지!

감자

고구마

나는 18세기 조엄 님이 모시고 온 귀한 몸이라고!

나보다 늦게 들어온 주제에…

북쪽에선 내가 스타!

미친 농작물에 대해 좀 더 알아볼까?"

용선생이 주머니에서 빨간 고추를 꺼내자 허영심이 옆에서 "어머나!" 소리치며 "어쩐지 아까부터 매운 냄새가 나더라니! 터져서 고추씨까지 나왔네요!" 했다. 용선생이 겸연쩍게 웃으며 설명을 이어 갔다.

"고추는 당시 음식 조리법에 엄청난 영향을 미쳤어. 우리 음식 문화의 혁명을 가져왔다고 말하는 사람도 있을 정도야. 예전에는 매운맛을 내기 위해 후추를 사용했어. 고깃국에 후추를 넣는가 하면, 김치에도 후추를 넣어 양념했지. 17세기 초 고추가 일본을 통해 들어오자 조선에서는 가루로 만들어 김치에 넣어 먹거나, 고추장을 만들어 찍어 먹고, 각종 양념으로 사용했지. 채소와 곁들여 만

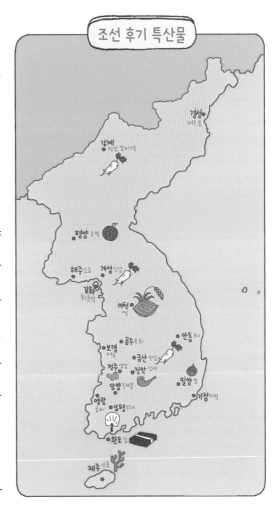

드는 배추김치는 이때부터 우리의 전통 음식으로 자리 잡게 된 거야. 사실 고추가 후추보다 기르기 쉽고 수확량도 많았대. 식생활의 변화에는 이러한 작물의 특성도 한몫한 거지."

"선생님, 예전부터 우리나라 사람들은 매운 걸 좋아했나 봐요. 고추도 매운데 그걸 고추장에 찍어 먹고 반찬 만들 때에도 넣어 먹잖

아요."

"아, 그러네!" 용선생이 웃으며 말을 이어 갔다.

"고추 말고도 조선 사회에 선풍적인 인기를 끈 기호품도 있어. 바로 담배야. 담배가 전래된 시기는 임진왜란 전후로 짐작하고 있어. 일본이 조선을 침략하면서 일본군이 자기 나라에 전래된 담배를 가지고 온 것이지. 17세기 중엽 제주도에 표류한 하멜이 고국 네덜란드로 돌아가 쓴 《하멜 표류기》에는 당시 조선 농촌에 퍼진 흡연 풍속을 알 수 있는 부분이 나와. 들어 볼래?"

용선생은 목소리를 가다듬고 책을 읽어 내려갔다.

지금의 조선 사람들 사이에 담배가 크게 성행해 어린아이들은 네댓 살 때부터 피우기 시작한다. 남자와 여자를 막론하고 담배를 피우지 않는 사람이 매우 드물다.

"헉, 어린이도 피웠단 말이에요?"

"그렇다는구나. 초기에는 담배가 약초로 인식돼 '몸이 허약한 사람이 피우면 좋다'라든지 '소화 불량에 효과가 좋다'는 소문이 돌았대. 이후에는 기호품으로 남녀노소, 신분도

김홍도의 〈담배 썰기〉 일부　말린 담배 잎을 작두로 써는 모습을 담은 그림이야. 이렇게 농사를 짓지 않고 물품을 만들어 팔아 생계를 꾸려 나가는 사람을 수공업자라고 해. 《단원풍속도첩》 중 하나. 국립중앙박물관 소장. 보물.

초월해 즐겨 찾았다고 해. 담배를 좋아하는 사람들이 많아지자 점차 밭에 담배를 재배하는 사람도 늘어났어. 이를 보고 영조는 주식인 쌀농사가 뒷전으로 밀리는 것을 우려해 땅이 기름진 충청·전라·경상 등 삼남 지방에 담배 재배를 못하도록 명한 적도 있었대."

가난한 농민, 도시·광산·포구 속으로

"와~ 선생님, 모내기법으로 논농사에서도 많은 수확량을 거두고, 밭농사에서도 상품 작물을 재배해 큰 이익을 볼 수 있게 된 거네요! 농민들 다 부자가 되지 않았을까요?"

나선애의 말에 용선생이 머리를 좌우로 흔들었다.

"부자가 된 농민들도 꽤 있었어. 하지만 그보다 많은 농민들은 오히려 더 가난해졌어. 농사일에 필요한 일손이 줄어들면서 남의 땅에서 농사짓고 살던 농민들이 하루아침에 밀려나는 일이 허다했거든. 그리고 이 무렵에는 땅을 사고파는 일이 비교적 빈번하게 일어났지. 그전까지만 해도 대부분의 사람들이 땅은 그저 농사를 짓는 터전이지 쉽게 사고팔 재산으로 여기지는 않았거든. 하지만 땅에서 많은 이득을 올리는 일이 가능해지자 양반들, 부자 농민이나 상인들이 앞다투어 땅을 사들인 거야. 가난한 농민들은 돈을 마련하기 위해서 자기 땅을 싼값에 그들에게 넘기곤 했지. 이렇게 해서 넓은 토지를 갖게 된 부자들은 점점 더 부자가 되었고, 땅을 잃은 이들은 아예 일거리를 찾아 농촌을 떠났어. 그들이 찾아간 곳은 시

장이나 수공업장, 광산이나 포구 등과 같은 곳이었지."

곽두기가 "수공업장이 뭔데요?" 하고 물었다.

"지난 시간에 대동법이 실시된 뒤에 수공업과 상업이 더욱 발달했다고 했지? 대동법 실시 후에 수공업자들은 자기가 만든 물건을 자유롭게 내다 팔 수 있었지. 부자들과 도시 사람들은 더 좋은 물건, 더 다양한 물건을 원했고 농민들 중에도 직접 만들어 쓰던 물건들을 사서 쓰는 사람들도 늘어났어. 그러니 수공업은 점점 더 활기를 띠어 아예 작업장을 차려서 여러 사람을 두고 많은 물건을 만들어 내는 이들이 생겨났지. 농촌을 떠난 사람들 중 일부는 이런 작업장에 취직을 한 거야."

이번엔 장하다가 "광산에는 왜요? 광부로 취직하려고요?" 했다.

"응, 수공업이 발달할수록 그 원료가 되는 금속도 더 많

김홍도의 〈주막〉 지방의 시장들을 돌아다니며 물건을 사고팔던 상인들은, 주막에서 끼니를 때우고 잠을 자면서 서로 필요한 정보를 주고받았어. 《단원풍속도첩》 중 하나. 세로 28cm, 국립중앙박물관 소장. 보물.

김홍도의 〈나룻배와 강 건너기〉 사람들이 배를 타고 어디론가 향하고 있어. 땔감을 짊어진 소, 운반 도구를 짊어진 말의 모습으로 보아 시장으로 향하고 있다는 걸 알 수 있어. 《단원풍속도첩》 중 하나. 세로 28cm, 국립중앙박물관 소장. 보물.

이 필요해졌거든. 그리고 17세기에는 청나라, 일본과 무역이 활발해졌는데 이때 은이 화폐로 사용되었어. 그래서 이 무렵엔 여기저기서 금과 은, 구리 등을 캐는 광산이 개발되었지. 광산은 아주 험한 일터였지만, 땅을 잃은 농민뿐 아니라 도망친 노비들에게도 새로운 일자리를 주었지."

"포구에 가서는 뱃사공으로 취직한 건가요?" 다시 곽두기가 묻자, 용선생이 귀엽다는 듯 씩 웃으며 대답했다.

"그건 아니고, 포구에도 잡다한 일거리들이 생겨났거든. 이 무렵은 보통 5일마다 열리는 5일장에서 농작물이며 수공업 물품들이 거래되었지. 18세기 중반에는 이런 장시가 전국에 1,000여 곳이나 있었다는구나. 그런데 장시보다 훨씬 더 큰 규모의 물건 거래가 이루어지던 곳이 있었어. 바로 포구였지. 전에는 주로 나라에 내는 세금을 운반하는 통로였던 포구는 이제 상업의 중심지로 거듭나게 되었어. 대규모 상인이 각 지역의 물품들을 사들인 뒤 큰 포구에서 그 지방 부자들이나 상인들에게 물건을 풀어 놓는 거였지. 자연히 많은 사람들이 모여들지 않았겠니? 그들의 물건 거래를 중간에서 이어 주는 사람, 물건을 실어 나르고 보관해 주는 사람, 잠 잘 곳이며 먹을 것을 제공하는 사람도 생겨났겠지. 그러니 일꾼이 많이 필요했을 거야."

시장을 어지럽힌 자, 경제 발전의 주역

"그런데 얘들아, 조선 후기에는 어떤 돈이 쓰였을까?"

"동전이요! 사극에서 돈 꾸러미 나오는 걸 봤거든요!" 장하다가 기억을 더듬어 말하자 왕수재가 피식 웃으며 "동전도 쓰였겠지만, 쌀이나 옷감도 주고받았지!" 라며 덧붙였다.

"흐흐, 너희들 사극에서 돈 꾸러미도 보고, 쌀이나 옷감으로 물건값을 쳐 주는 것도 봤구나. 다 맞아. 하지만 조선 후기로 갈수록 동전이 널리 사용되었지. 물론 조선에서는 태종 때부터 종이돈을 찍어냈어. 세종 때 이후로는 금속으로 만든 동전도 만들었지만 이런 화폐는 백성들 사이에서 잘 쓰이지 않았지. 기본적으로 자기가 먹을 양식을 스스로 생산해 내는 사회였기

도량형 도구 길이, 부피, 무게 등을 측정하는 도구를 말해. 자나 계량기 같은 거지. 옛날에는 교통이 원활하지 않아서 지역에 따라 같은 단위라도 실제 길이나 크기는 다른 경우가 많았어. 현재의 단위로 하면 강원도와 경기도의 1cm가 서로 달랐던 것이지. 따라서 상업 발전을 위해서는 이 도량형을 전국적으로 통일하는 것이 중요한 과제였어.

때문에 사람들끼리 물건을 사고팔 일이 그다지 많지 않았던 거야. 또 백성들은 별 쓸모가 없어 보이는 종이나 금속 조각으로 된 화폐가 물건의 가치를 대신한다는 사실을 잘 받아들이지 못했어. 간혹 물건을 사야 할 때는 그 대가로 누구에게나 꼭 필요한 쌀이나 옷감을 준 거지. 그러던 조선에서 화폐가 널리 쓰이기 시작한 것은 18세기에 들어서였어. 물건을 사고파는 일이 늘어났기 때문이야."

용선생이 또 다른 주머니를 뒤적거리기 시작했다.

"휴~ 빠진 줄 알았네. 짠! 이게 뭘까?"

상평통보 '언제나 똑같은 가치로 널리 쓰이는 보배'란 뜻이야. 전국적으로 유통된 최초의 화폐야. 상평통보 1냥을 요즘 돈으로 계산해 보면 약 3만 원 정도라고 해.

용선생은 아이들에게 가운데 구멍 뚫린 동전 한 개를 보여주었다.

"이게 바로 조선의 돈, 상평통보야! 숙종 때부터 널리 사용되기 시작해 조선 말기까지 쓰인, 조선 시대를 통틀어 가장 오랫동안 사용된 화폐지. 18세기 후반에는 시장에서 물건의 거래는 물론 품삯을 주거나 세금, 벌금을 내는 데도 이 동전을 사용했어. 백성들도 번거로운 물물 교환 대신 동전 사용에 적극적이었지. 나라에서도 세금을 거둘 때 현물보다는 동전으로 걷는 것을 더 선호했을 거야. 운반비도 적게 들고 보관도 편리했거든."

"선생님, 그럼 동전이 없는 사람들은 어떻게 해요?"

허영심이 머리를 갸우뚱 기울였다.

"좋은 질문이야. 농사를 짓지 않는 사람은 열심히 일한 대가로 동전을 받았겠지. 또 자신이 수확한 농산물을 시장에 내다 팔아 동전을

얻을 수도 있었어. 시장에서 사람들은 동전으로 물건들을 사 갔으니까. 시장은 이렇게 물건을 팔 사람과 살 사람이 한데 모여 언제나 시끌벅적했단다. 시장이 열리는 곳이면 줄타기, 탈춤, 씨름 등 놀이가 한바탕 벌어지는 데다, 짧은 시간에 먹을 수 있는 길거리 음식도 등장했거든. 예나 지금이나 시장은 새로운 사람과 물건을 동시에 만날 수 있는 설렘 가득한 만남의 장소였어."

"선생님, 이 장, 저 장을 돌아다니며 물건을 파는 장사꾼을 장돌뱅이라고 하셨잖아요. 그럼 상인들은 다 장돌뱅이였던 거예요?"

허영심이 질문하자 왕수재가 팔짱을 끼며 대답했다.

"대동법이 실시되면서 공물로 들어온 쌀과 베 등을 받고 나라에 물품을 사다 주는 '공인'도 있었고, 한양의 시전에서 세금을 내고 장사하는 '시전 상인'도 있었지!"

"와, 수재 대단한데? 또 보부상도 있어!"

용선생이 말하자 나선애가 고개를 갸웃하며 물었다.

"선생님, 장돌뱅이가 보부상 아닌가요? 보부상은 지방의 장시를 돌아다니면서 물건을 파는 상인이잖아요?"

"그렇지. 하지만 모든 장돌뱅이가 보부상은 아니란다. 보부상은 보부상단이란 엄격한 규율을 갖춘 집단에 속한 상인을 말해. 나라에서는 비상시에 보부상단이 가진 정보나 조직망을 이용해 통신과 물자 운반 등에 도움을 받곤 했대."

허영심이 제법 진지한 표정으로 고개를 끄덕였다.

"얘들아, 공인이나 시전 상인 외에도 자연적으로 생겨난 상인들도 있었어. 바로 '난전'이지. 너희들 정조 때 난전 이야기했던 것 기억나니?"

"나라에서 허락을 받지 못한 상인이나 가게를 '난전'이라 불렀잖아요. 어지러울 난(亂), 가게 전(廛) 자를 쓰는 거 맞죠?"

곽두기가 묻자 용선생이 "옳거니!" 했다.

"역시 두기네! 나라에서는 이들을 '시장을 어지럽히는' 존재로 보았던 거야. 하지만 이들이야말로 조선 후기 경제를 이끌어 나간 주역이지. 17세기 중반 이후 난전들은 시전 상인이 모여 있는 곳 말고도 남대문 밖의 칠패나 동대문 근처 이현 등 새로운 시장을 만들어서 장사를 하는가 하면, 시전 상인이 독점적으로 팔던 '비단, 면포, 명주, 종이, 모시, 어물' 등 육의전의 상품도 몰래 팔았대. 더욱이 정조 때 육의전 이외 시전 상인의 금난전권이 폐기되자, 이들은 좀 더 자유롭게 상업 활동을 꾸려 나갔어. 장을 떠도는 행상이 있는가 하면, 특정 지역을 중심으로 활동하면서 대외 무역에도 참여하는 대상인도 있었지. 또 많은 배를 사들여 여러 지역에 많은 상품을 유통하는 강상, 이들에게 묵을 숙소와 물건을 보관할 창고를 제공하고, 물건을 날라 주는 일까지 담당하는 객주란 상인도 있었어. 당시 대표적인 강상은 한강에서 활동하는 상인으로 '경강상인'이라고 불렀지."

"선생님, 한강이요. 지금은 다리로 연결돼 있는데, 옛날에는 배를 통해서만 이동한 건가요?"

왕수재가 안경을 올리며 말했다.

"그렇지! 배를 통해서만 건널 수 있었단다. 한강에 '나루'가 많았던 이유지. '나르는 곳'이라고 해서 나루라고 하는데, 보통 '도(渡)', '진(津)'이라고도 불렀어. 지금도 한강에는 그 흔적이 남아 있단다. 양화 나루에는 지금 양화 대교와 성산 대교가 놓여 있고, 마포 나루에는 마포 대교가, 서강 나루에는 서강 대교, 한강 나루에는 한

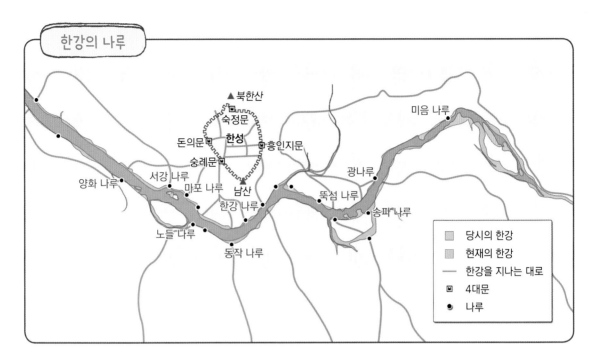

한강의 나루

▲북한산
숙정문
한성
돈의문
흥인지문
숭례문
남산
미음 나루
광나루
양화 나루
서강 나루
마포 나루
한강 나루
뚝섬 나루
송파 나루
노들 나루
동작 나루

당시의 한강
현재의 한강
한강을 지나는 대로
4대문
나루

남 대교, 뚝섬 나루에는 영동 대교 등 옛 나루가 있던 자리에 오늘
날 다리를 건설했지. 옛 나루터였던 곳에서 지금도 사람들과 물건
이 오고 가고 있는 거야."

"선생님, 그럼 대상인은 뭔가요?"

나선애가 궁금한 듯 재촉했다.

"응, 대상인이란 말 그대로 큰 규모의 조직을 갖춘 상인 집단을
말해. 자유롭게 장사를 하던 사람 중에 일부는 점차 대상인으로 성
장했어. 유명했던 것은 의주를 활동 무대로 삼았던 만상, 개성의 송
상, 평양의 유상, 동래의 내상 등이 있었어. 특히 개성상인인 송상
은 충청도, 전라도까지 지점을 두고 있었어. 지점을 통해 그 지역
의 물건을 사들인 다음 다른 곳으로 가져가 팔아 큰돈을 벌었지."

# 국경 넘는 역관과 상인, 누가 막으리오

"얘들아, 돗자리를 걷고 봉평장 안으로 들어가 보자. 어서 미니버스에 올라타렴."

용선생이 버스를 천천히 몰아 봉평장이 가까이 보이는 곳에 세웠다. 용선생은 아이들과 함께 차에서 내려 장터 이곳저곳을 살폈다. 그새 장하다가 용선생을 지나 코를 "쿵~ 쿵~" 대며 고소한 냄새가 나는 쪽으로 앞질러 갔다.

"하다야, 이리 와보렴. 여기 조선 후기에 국제적으로 인기를 끌었던 빅 스타 '인삼'이 있네!"

용선생이 장하다의 옷을 슬며시 끌어당겨 간신히 아이들과 보폭을 맞추었다.

"조선 팔도 장시를 주름잡고 있던 대상인의 활약은 국경 밖으로도 뻗쳤어. 위로는 청나라, 아래로 일본과 장사를 해 많은 돈을 벌었단다."

용선생이 잠시 가던 길을 멈추고 흙바닥에 나무 막대로 조선 전도를 그리더니 북쪽으로 청나라를, 남쪽으로 일본을 그렸다. 그리곤 위에서부터 의주, 개성, 동래 등의 지역을 동그라미로 표시했다. 용선생이 그림을 그리자 아이들이 동그랗게 모여들었다.

"북쪽 의주의 만상은 중국과 교역을 하고, 저 남쪽 동래의 내상은 일본과 주로 교역했지. 중국과의 교역은 임진왜란 와중에도 있었는데, 곡식을 구하고 군대에 말을 조달하기 위해서였어. 그런데 이 무역에서 큰 이익을 남길 수 있었나봐. 한 예로 면포 1필을 팔 경우, 조선 안에서는 쌀 1말을 겨우 구하는 반면, 중강에서는 쌀 20말과 바꿀 수 있었대. 국가에서 허용한 무역을 '개시 무역'이라고 하는데, 명나라에 이어 청나라가 들어선 이후에는 중강 지역 외에도 회령, 경원, 책문 등지에서 개시 무역이 이뤄졌어."

조선 후기 상업 활동과 대외 무역

- 무역 도시
- 주요 장시
- 대표적 상인
- 국경 무역
- 해상 교역로
- 육상 교역로

개시 : 나라 간 공식 무역
후시 : 상인들 간의 거래

"와, 많은 상인들이 이곳에 와 장사하려고 했겠는걸요?"

"응, 이윤을 많이 남길 수 있었으니까. 개시 무역이 이뤄지는 곳 이외에 상인들끼리도 무역을 벌였어. 이를 '뒤 후(後)' 자를 써서 '후시 무역'이라고 해. 나라에서는 이들을 단속했지만, 점차 참여하는 상인이 많아지자 이들에게 세금을 걷는 조건으로 무역을 허용해 주었대."

"그럼 일본과는요?"

이야기가 재미있는지 나선애가 호기심 가득한 얼굴로 물었다.

"일본과는 주로 왜관을 통해 무역을 했어. 임진왜란으로 조선은 일본과 국교를 단절했지만, 1609년 일본이 임진왜란 당시 잡아갔던 포로를 조선으로 돌려보내자 그 대가로 국교를 다시 맺고, 부산포를 중심으로 무역을 허락해 줬다는구나. 조선은 인삼과 은을 팔아 중국으로부터 비단과 약재 등을 사들이고, 이를 왜관을 통해 일본에 수출했대. 그리고 일본으로부터는 은을 받았지. 상인들뿐만 아니라 역관도 무역에 참여했단다. 얘들아, 실학자 박지원이 쓴 〈허생전〉이라고 들어 봤니? 이 소설에서는 주인공 허생에게 큰돈을 선뜻 빌려주는 '한양에서 제일로 부자인 사람' 변씨가 등장해. 바로 그 변씨가 당시 실존했던 '변승업'이라고 말하는 사람도 있어."

"얼마나 부자였으면 소설에도 등장해요?"

"변승업은 아버지도 역관, 또 아홉 형제 중 여섯 명이 역관이었대. 얼마나 부자였냐면 변승업의 부인이 사망했을 때 관에 옻칠을 했었나 봐. 그런데 이는 왕가에서나 할 수 있는 거였대."

"히익…… 변승업은 겁도 없었나 봐요!"

허영심이 혀를 내두르며 말했다.

"겁은 났던지 되도록 소문이 퍼지지 않게 수십 만금을 조정의 주

나선애의 개념 사전

왜관
조선에 들어온 일본인들은 여기에 머물면서 외교적인 업무나 무역을 진행했어. 일종의 일본인들이 모여 사는 마을이야.

요 관리들에게 뿌렸다는 거야. 또 나이가 들어 가만 보니, 사람들에게 터무니없이 높은 이자로 빌려준 돈만 은 수십만 냥이었대. 이 때문에 자식들이 변을 당하지 않을까 해서 받을 돈을 탕감해 줬다는 일화도 있어. 하지만 역관이 참여한 무역도 18세기 들어서면서 활기를 잃어 갔어. 이전에는 청나라와 일본이 국교를 맺지 않아 조선이 중간에서 양국의 물건을 사고팔며 이익을 남긴 것인데, 17세기 말에는 청나라와 일본이 국교를 맺고 직접 교역에 나섰어. 즉 청나라와 일본을 잇는 조선의 역할이 줄어든 거야."

"그럼 조선은 더 이상 외국과 무역을 할 수 없게 된 건가요?" 허영심이 아쉬운 듯 물었다.

"그럴 리 있겠니? 국경을 넘나들면서 장사를 하는 상인들이 있잖니! 이들의 활약은 계속됐단다."

용선생과 아이들이 함께 봉평장을 천천히 거닐고 있을 때, 나선애가 미간에 집게손가락을 얹고는 말했다.

"선생님, 농사 기술이 발달하고 나서요, 조선 사회가 엄청나게 변화하고 있는 것 같아요! 톱니바퀴 있죠? 하나가 움직이니까 다른 바퀴들도 함께 움직이는 느낌이요!"

"와! 선애가 잘 보았구나. 톱니바퀴라…… 근사한 표현이네!"

"선생님, 보세요. 농업 기술이 발전하면서 곡식의 수확량이 늘어났죠? 백성들은 먹고 남은 곡식을 시장으로 갖고 나왔어요. 그러다 보니 전국에 시장 수도 늘어났고요. 여기서 활동하는 상인도 다양해졌어요. 장돌뱅이 보부상도 있고요, 큰 지역을 중심으로 활동하면서, 대외 무역에도 참여하는 대상인도 있었어요. 선생님 또 있어요! 농사 기술이 발달하면서 농부 한 명이 농사지을 수 있는 땅도 넓어진 거잖아요? 반대로 자기 땅을 잃고 도시로 나온 가난한 농부도 많아졌어요. 이들은 상업에 도전하기도 하고, 포구, 광산에 일꾼으로 취업해야만 했어요. 점차 이들의 노력으로 생산된 물건이 시장으로 나오게 될 거고요. 서로 영향을 받고 돌고 도네요. 톱니바퀴처럼요!" 나선애가 뿌듯한 듯 어깨를 한껏 들어 올렸다.

"와, 오늘 경치가 좋아서 그런가, 고소한 음식 냄새가 나서 그런가? 이 선생님 설명이 귀에 쏙쏙 들어왔나 보구나! 으하하!" 그러자 장하다가 배를 어루만지며 "선생님, 배 안 고프세요?" 했다.

"얘들아, 중요한 것은 이러한 경제 발달이 조선의 사회·문화에도 영향을 주었다는 거야. 어떤 영향을 불러왔는지는 다음 시간에 알아보자."

"쿵~ 쿵~ 쿵~" 장하다가 시장을 두리번거리더니 '메밀전, 메밀전병, 메밀국수'라는 간판이 보일 듯 말 듯 내걸린 음식점 안으로 쏘옥 들

어갔다. 용선생이 수업 내내 고소한 냄새에 코를 킁킁거렸던 장하다가 귀여워 못 이기듯 말했다.

"봉평에 왔으니 메밀국수를 먹어 봐야지! 과연 '배부른 수업'이로구나!"

용선생과 아이들은 상인과 손님이 만나 북적이는 장터를 휘저으며 발걸음을 옮겼다.

나선애의 정리노트

1. 조선 후기의 경제 발전 모습

농업의 발달	① 모내기가 전국적으로 보급됨. 수확량이 많아지고 일손도 줄어듦 ② 목화, 모시나 담배, 인삼, 고구마 등 시장에 내다 팔 상품 작물 재배가 늘어남
수공업의 발달	① 수공업자들은 자기가 만든 물건을 자유롭게 시장에 내다 팔게 됨 ② 더 좋은 물건, 더 다양한 물건을 사는 사람들이 늘어나면서 수공업이 더 발달함
상업의 발달	① 물건을 사고파는 장시가 1,000여 곳이나 생겨남 ② 포구가 상업의 중심지로 거듭나고, 새로운 일자리가 생겨남

2. 대표적 상인들 누가 있나?

- 시전 상인: 국가가 관리하는 시전에서 '비단, 면포, 명주, 종이, 모시, 어물' 등

  육의전을 독점해 장사함, 정조 때 금난전권 폐지

- 공인: 대동법 시행 이후 공물로 들어온 쌀과 베 등을 받고 국가가

  필요한 물품을 사다 줌

- 보부상: 지방의 시장을 돌아다니면서 물건을 파는 행상, 보부상단에 소속된

  상인을 말함

- 대상인: 의주에서 활동하는 만상, 평양에서 활동하는 유상,

  개성에서 활동하는 송상, 동래에서 활동하는 내상 등

- 경강상인: 한강을 중심으로 포구에서 활동

3. 조선의 대외무역

- 개시 무역: 사신이나 역관이 하는 무역, 나라 간 약속된 무역

- 후시 무역: 세금을 내지 않고 상인들끼리 하는 거래

용선생의 역사 카페

역사계의 슈퍼스타,
용선생의 역사 카페에
오신 걸 환영합니다

Log in

게시판 ⌄

🗐 역사가 제일 쉬웠어용!
🗐 이제는 더~ 말할 수 있다!
🗐 필독! 용선생의 매력 탐구
🗐 전교 1등 나선애의 비밀 노트

고구마 재배 대작전!

따끈따끈 군고구마, 아삭아삭 고구마 튀김을 다들 좋아하지? 그런데 고구마가 원래 우리 땅에서 자라는 작물이 아니라, 조선 중기 이후에 수입된 작물이었다는 사실을 혹시 알고 있었어?

고구마의 원산지는 아메리카 대륙이야. 아메리카 원주민들은 고구마와 옥수수를 주식으로 먹었대. 그러다가 아메리카 대륙에 도착한 콜럼버스가 이 고구마를 유럽에 전했고, 점차 중국에서도 고구마를 재배하기 시작했어. 조선 사람들도 중국 책들을 읽다가 고구마의 존재를 알았고, 고구마를 들여와 백성들의 굶주림을 해결하고 싶어 했어.

왜냐고? 고구마는 달고 맛있는 데다가 영양가도 많거든. 또 가뭄과 벌레에 강하고, 땅이 비옥하지 않아도 잘 자라지. 조금만 심어도 많은 양을 거둘 수 있었고, 다른 농사에 지장을 주지도 않았어. 그래서 고구마는 전 세계에서 굶주림을 해결할 수 있는 좋은 작물로 인기가 많았어.

최초로 고구마를 가져오기 위해 노력한 사람은 이광려였어. 그는 중국에 가는 사신에게 고구마를 구해 달라 부탁하기도 하고, 일본으로 가는 사신(통신사)인 조엄에게 부탁하기도 했어. 다행히 조엄은 쓰시마섬에 들러 고구마를 구해 왔어.

그러나 이광려는 고구마를 재배하는 데 실패하고 말았어. 고구마는 열대 작물이라서 기온이 높은 곳에서만 잘 자라거든.

이광려는 이번에는 동래부사 강필리에게 고구마를 가져다 달라고 부탁했어. 강필리는 통신사를 통해 고구마를 얻어 왔어. 그러나 또 재배에 실패하고 말았지.

한편 이광려의 노력에 감동받은 강필리는 자신도 고구마를 기르는 데 동참했어. 강필리는 조엄에게 부탁해 고구마를 얻었고, 마침내 고구마를 재배하는 데 성공했어!

강필리는 고구마에 대한 책을 쓰기도 하고, 고구마를 나눠 주기도 하면서 고구마를 널리 알렸어. 그러자 따뜻한 남부 지방을 중심으로 고구마가 재배되기 시작했어. 또 고구마가 추운 지방에서도 잘 자랄 수 있게끔 하는 연구가 계속됐지. 그리하여 19세기 말에는 전국에서 고구마를 기를 수 있게 됐어.

COMMENTS

🧁 용선생 : 17~19세기에는 새로운 작물이 많이 도입되었어. 고구마 외에 고추, 감자, 옥수수, 호박 등이 도입되어 음식 문화를 발달시켰지.

　↳ 🙂 장하다 : 헐! 내가 좋아하는 고구마, 옥수수가 외국에서 온 거였어요? 파인애플이 땅에서 자란다는 사실만큼 충격적인 얘기네요.

한국사 퀴즈 달인을 찾아라!

달인을 찾아라!

달인 트로피

출발!

01 ★★☆☆☆

등짐 지고 이 장 저 장 돌아다니면서 일상에서 쓰는 잡다한 물건들을 소비자에게 파는 저 상인은 누구일까? (   )

정부가 이들 상단 조직에 도움을 청하기도 했대.

02 ★☆☆☆☆

장하다가 배가 부른가 봐. 배를 두들기면서 말하는데, 무엇을 말하고 있는지 맞혀 볼래?
(   )

"고구마와 감자는 지금까지도 다양한 요리로 식탁에 오르고 있어. 이 고마운 작물은 18, 19세기 조선에 들어왔는데, 흉년이 들어 굶주린 백성들의 배를 채워 주었다지. 기름진 땅이 아니어도, 가뭄이 들었어도 어느 정도 땅속에서 잘 자라 주었대.

"이러한 작물을 (○○ 작물)이라고 해. 나는 감자보다 고구마가 더 맛있어."

★★☆☆☆

우아, 아이들이 조그맣게 변해 밭에 들어가 있구나!
밭의 흙이 울룩불룩 솟아나고 들어간 것이 보이지?
불룩 솟아난 부분과 움푹 들어간 부분을 각각 뭐라
고 부르는지 그 이름을 맞혀 볼래?

① (   )   ② (   )

★★★★★

아이들이 '조선 후기, 경제 발달의 주역'을 주
제로 연극을 하려고 해. 다음 빈칸에 들어갈
말로 옳지 않은 것은 무엇일까? (   )

역할 소개

허영심: 한강에서 활동하는 경강상인, 선박
을 많이 가지고 있다.

장하다: 쌀과 베 등을 받고 나라에서 필요로
하는 물품을 사다주는 공인. 대동법 시행으
로 등장하게 되었다.

곽두기: 대상인, [   ]

---

① 의주를 활동 무대로 삼았던 만상이다.

② 큰 규모의 조직을 갖춘 상인 집단이다.

③ 개성을 활동 무대로 삼은 송상으로, 충청도
와 전라도까지 지점을 두었다.

④ 동래를 활동 무대로 삼은 내상으로, 중국과
교역하였다.

★★★☆☆

 17세기 이후, 조선에 일어난 경제적인
변화를 다들 잘 기억하고 있겠지. 어
라, 그런데 한 아이가 딴소리를 하고
있네. 그 사람의 번호는? (   )

 ① 상평통보라는 화폐가 널리 쓰이기
시작했어.

 ② 모내기법이 전국적으로 퍼져 쌀
생산량이 크게 늘었어.

 ③ 내다 팔기 위한 농작물을 기르는
일도 많아졌지.

 ④ 담배, 인삼, 약재, 모시, 목화 같은
것들이었지.

 ⑤ 하지만 시장이 별로 없어서 물건
을 사고파는 데 어려움이 많았어.

• 정답은 311쪽에서 확인하세요!

백성들이 잘사는 나라를 꿈꾼 실학자들

조선 후기에는 생산력이 눈에 띄게 발전했지만
그 성과가 백성들에게 골고루 돌아가지는 못했어. 오히려 부자들은 더욱 부자가 되고,
가난한 사람들은 점점 더 가난해져 갔지. 이에 학자들 중에는 이 문제를 풀기 위해
고민하는 이들이 생겨나기 시작했어. 성리학에 뿌리를 두고는 있었지만 무엇보다
현실을 개혁하려는 의지가 강했던 이들을 실학자라고 불러.
오늘은 이들의 고민을 따라가 보자.

1725

영조가
탕평책을
실시하다

이익의
《성호사설》이
간행되다

홍대용이
청나라에
가다

박지원이
《열하일기》를
쓰다

정약용이
수원 화성을
설계하다

순조가
왕위에
오르다

1740

1765

1780

1792

1800

다산 정약용

알고 있는 용어에 체크해 보자!

- [ ] 실학
- [ ] 유형원
- [ ] 이익
- [ ] 북학파
- [ ] 박지원
- [ ] 박제가
- [ ] 정약용

'새로운 학문 – 실학(實學).'

용선생이 칠판에 쓴 글씨를 본 장하다가 중얼거렸다.

"에이, 오늘 수업은 보나마나 재미없겠네."

"하다야, 다 들리거든……?"

당황한 장하다가 주섬주섬 변명을 했다.

"아니, 선생님 수업이 재미없단 얘기는 아니고요. 학문이라니까…… 공부 얘기가 재미있을 리가 없잖아요?"

그러자 이번엔 왕수재가 정색을 하며 "너나 그렇지. 난 공부 얘기가 제일 재밌어!" 했다. 우우, 아이들이 야유를 보내는 소리에 장하다가 신기하다는 듯 진짜냐고 다그치는 소리까지 더해져 교실이 순식간에 왁자지껄해졌다.

"얘들아, 그만! 학문이라니까 하다는 고리타분하고 지루한 내용일 거라고 생각하는 모양인데, 그건 좀 더 듣고 나서 판단하는 게

좋을 걸? 학문도 생생
하게 살아 움직일 수
있거든."

용선생이 눈썹에 잔
뜩 힘을 주는 통에 장
하다는 마지못해 고개를 끄덕였다.

 ## 농민에게 땅을 나눠 줄 방법을 고민하다

"그동안 조정의 관리들은 예학이며 정치 문제를 가지고 논쟁을
벌이면서 정작 백성들의 생활에 닥친 문제에 대해서는 제대로 대
처하지 못하고 있었잖아? 그러는 동안 사회는 조금씩 변화하고,
가난한 백성들의 삶은 점점 더 어려워져 갔지. 그러자 성리학자 중
일부가 백성들의 생활을 널리 이롭게 할 수 있는 길을 연구하기 시
작했고, 이들을 후대 사람들이 실학자라고 불렀지. 실학이란 참된
학문이란 뜻으로, 이들이 연구한 학문과 주장한 사회 개혁 이론들
을 말해. 실학자들은 백성들을 더 잘살게 하고 나라를 더 발전시킬
방법은 무엇일까, 그러자면 조선을 어디서부터 어떻게 바꿔 나가
야 할까를 고민했어."

 나선애의 개념 사전

실학
성리학도 초기에는
'실학'이라고 불렸어.
그러나 성리학이
지나치게 철학적인
논쟁에 얽매이자,
이를 비판하는
학자들이 생겨났어.
이런 학자들은
성리학과 달리 실제
생활에서 쓰일
수 있는 학문을
중요시했지.

"어? 그거 찬성!"

장하다가 어느새 시큰둥한 표정을 거둔 채 소리를 높였다.

"'실학의 선구자'라고 불리는 사람이 있어. 바로 이수광과 김육이야. 이들은 임진왜란과 병자호란을 겪으면서 어려워진 백성들의 삶에 도움을 줄 수 있는 정책을 만들기 위해 노력했지. 이수광은 《지봉유설》이란 책을 지었는데, 세계 50여 개국의 지리와 풍속, 역사 등을 소개하고 있어. 조선이 다양한 분야에서 좀 더 나은 정책을 만들어 나갔으면 하는 바람이었던 거야. 김육도 마찬가지지. 그는 경기도뿐만 아니라 전국적으로 대동법이 확대 실시되어야 한다고 주장했어. 또 상평통보와 같은 동전도 널리 사용해야 조선의 사회·경제가 발전할 수 있다고 했지. 또 동양의 태음력과 서양의 태양력을 더해 만든 날짜 계산법을 받아들여야 한다고 주장했어. 그래야 농사에 필수적인 24절기를 비교적 정확하게 알 수 있다는 거지."

"실학자들은 농사짓는 일에 관심이 많았군요!"

나선애가 큰 목소리로 말했다.

"그렇지. 이들의 고민은 점차 다른 학자들에게도 영향을 미쳤단다. 유형원이 대표적이었지. 조용한 시골에서 농민들의 삶을 가까이서 지켜본 유형원은 조선의 제일 큰 문제는 농사를 짓는 농민이 자신의 땅을 갖지 못한 데 있다고 보았어. 그럼 이 문제를 어떻게 해결해야 할까?"

허영심의 인물 사전

유형원
(1622~1673)
벼슬을 하지 않고
지금의 부안 땅에서
은거했던 유형원은
전국 각지를
유람하고 다니기도
했어. 이때 목격한
조선 사회의 모습은
《반계수록》을
저술하는 데 큰
도움이 되었어.

"간단하죠! 농민이 자기 땅을 가지면 되겠네요."

장하다가 자신 있게 말하자, 왕수재는 끌끌 혀를 찼다.

"자기 땅이 없다잖아. 근데 어떻게 땅을 가지냐?"

하지만 용선생은 하다의 코앞에 손바닥을 척 내밀어 경쾌하게 하이파이브를 하며 말했다.

"하다에게 실학자의 기질이 보이는구나! 그 말이 맞아. 일단 왜 농민들이 자기 땅을 갖지 못하게 되었는지부터 짚어 보자. 이 무렵에는 높은 양반들이 이런저런 방법으로 땅을 늘려 가고 있었어. 여기에는 이유가 있었지. 조선 초기에 과전법을 실시하면서 관리들이 토지에서 세금을 걷을 수 있는 권리를 받았던 것 기억나지? 그런데 관리들이 계속 늘어나니까 그들에게 줄 땅이 점점 부족해졌어. 그래서 세조 때부터는 전직 관리를 빼고 현직 관리에게만 토지를 주었던 거고. 문제는 이렇게 되자 관리들이 관직에서 물러나기 전에 최대한 이득을 남기려고 농민들에게서 세금을 쥐어 짜내려 했다는 거야. 그러다 보니 농민들이 견디다 못해 땅을 내주어야 하는 경우도 많았지. 그 뒤 나라에서는 세금을 나라에서 직접 거두어 다시 관리들에게 지급하는 방법을 택했어."

"그럼 잘됐네요! 이제는 관리들이 농

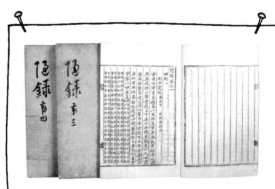

《반계수록》 '반계'는 유형원의 호이고, '수록'은 '책을 읽다가 생각이 닿는 대로 기록한다'라는 뜻이야. 이 책에는 조선 사회를 근본적으로 뜯어고치려 했던 유형원의 개혁 구상이 담겨 있어.

민을 가만 놔둘 거 아니에요?"

"그렇지가 않았어. 나라에서 더 이상 세금을 거둘 땅을 주지 않으니 관리들, 또 높은 양반들이 알아서 자기 땅을 더욱 넓혀 갔거든. 높은 신분과 권력을 이용해서 농민들의 땅을 빼앗고, 헐값에 사들이고, 빈 땅을 갈아엎기도 하면서 야금야금 땅을 넓힌 뒤 가난한 농민들에게 소작을 주어 높은 소작료를 바치도록 하는 거였지. 유형원은 당시를 이렇게 말하고 있어. '부자의 토지는 끝을 모를 정도로 이어져 있지만, 가난한 백성은 송곳 하나 꽂을 땅도 없다'고 말이야. 게다가 우리 지난 시간에 새로운 농사 기술로 모내기법을 배웠잖아. 한 사람이 농사지을 수 있는 땅이 늘어나면서 부자들은 더 넓은 땅을 사들이고, 반대로 땅을 잃는 농민들도 많아졌지. 이들은 남의 땅에서 농사를 짓거나 장사에 뛰어들었는데, 남의 땅에 농사를 지을 경우 수입의 절반 이상을 땅 주인에게 바쳐야만 하는 상황이었어. 가까이서 농민들이 겪는 고통을 지켜본 유형원은 모든 토지를 나라에서 거두어 다시 백성들에게 나누어 주고, 소작을 주는 것을 금지하자고 주장했어. 그 내용이 《반계수록》이라는 책에 적혀 있지."

"양반들이 참 좋아라 할 얘기였겠네요."

나선애가 입꼬리를 올리며 비꼬듯 말했다.

"뭐, 워낙 이상적인 이야기니까 특별히 싫어할 것도 없었을 거야.

따지고 보면 이는 양반이라면 누구나 읽어 보는 옛 유교 경전에도 나오는 이야기거든. 유형원의 생각을 이어받아 한층 발전시킨 학자는 이익이었어. 이익은 18세기, 이제는 돈이 있는 사람이면 너도나도 많은 땅을 사들이며 농민들을 땅에서 내모는 시기에 활동했지. 이익도 관리 생활을 하는 대신 시골에서 학문에만 힘을 쏟으며 많은 제자들을 길러 냈어. 그는 《성호사설》,《곽우록》 같은 책들을 썼

는데, 그중 《곽우록》에는 농민들과 토지 문제에 대한 개혁 방안이 담겨 있었어."

"이번에도 농민들에게 땅을 주자고 했나요?"

"응. 이익은 유형원보다 좀 더 현실적인 방법을 내놓았어. 먼저 한 집안에 대대로 생계를 이어 나가는 데 필요한 땅의 크기를 정하고, 이러한 땅을 누구나 갖고 있게 하자는 거야. 그 땅만은

이익(1681~1763) 성호 이익은 지금의 안산 부근에 머무르며 안정복과 같은 뛰어난 학자들을 길러 냈어. 이익의 학문은 정약용에게도 영향을 주었다고 해.

절대로 팔지 못하도록 하고 말이야. 만약 돈이 급하게 필요하다고 해서 그 땅을 팔거나, 그러한 땅을 사는 사람이 있다면 두 사람 모두 벌을 줘야 한다고도 말했어. 이익은 이렇게 하면 누구나 살아가는 데 필요한 최소한의 땅을 갖게 되기 때문에 백성들이 먹고 사는 데 괴

《성호사설》 사설은 '자잘한 이야기'라는 뜻이야. 성호 이익이 학문에 매진하며 느꼈던 점을 그때그때 써두었던 것을, 그의 나이가 80세가 되었을 때 조카들이 정리하여 책으로 만든 것이라고 해. 천문, 지리와 화폐, 기기 및 정치 제도에 이르기까지 많은 분야에 대한 생각이 담겨 있는 책이지.

로움을 겪는 일은 없어질 거라고 생각한 거야."

"아하, 그렇게 하면 적어도 땅을 잃고 농사를 못 짓는 사람은 없겠네요?"

허영심이 고개를 주억거렸다.

"유형원이나 이익처럼 농민들의 삶을 가까이서 지켜보고 그들에게 땅을 분배하는 문제를 고민한 학자들이 있는가 하면, 우리 땅과 우리 역사에 대해 집중적으로 연구한 학자들도 생겨났어. 중국에서 명나라가 사라진 뒤 한동안 조선의 성리학자들은 명나라의 전통을 이어받겠다는 생각에 사로잡혀 있었어. 점차 이런 생각이 잦아들면서 우리 것을 바로 알고 스스로 자부심을 가지려는 이들이 생긴 거야. 유득공은 그때껏 잘 다루어지지 않았던 발해의 역사만을 다룬 《발해고》를 남겼어. 유득공은 이 책을 통해 발해가 고구려의 후손이 세웠음을 분명히 하고, 발해 또한 우리 역사의 일부분이란 사실을 강조했지. 또 안정복은 《동사강목》이란 책을 지어 고조선 때부터 고려 시대까지 체계적으로 우리의 역사를 정리했어. 이중환은 우리나라의 땅에 대해 관심을 가졌단다. 조선 곳곳의 지형이며 자연환경, 지역의 특성, 사람들이 살아가는 모습까지 그의 책 《택리지》에 담아냈어. 《택리지》는 지금까지도 그 당시 우리나라의 지형과 사람들의 모습을 알 수 있게 해 주는 귀중한 자료로 쓰이고 있어. 또 유희는 《언문지》를 통해 한글의 우수성을 강조했고, 정약용의 형인 정약전은 우리 바다에 관심을 갖고 다양한 수생 생물을 관찰해 《자산어

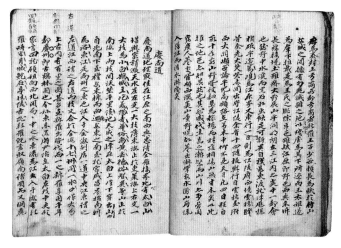

《택리지》 이중환(1690~?)이 지은 지리책이야. 이중환은 당쟁에 휩쓸려 관직에서 쫓겨난 후 30여 년 동안 전국을 돌아다니며 얻은 지식을 바탕으로 '사람이 살기 좋은 곳'을 기록했어.

보》를 지었지."

"중국 것만 공부할 게 아니라 우리 것부터 잘 알아야 한다, 이거네요."

"오냐. 그런가 하면 상공업의 중요성을 강조한 학자들도 있었어. 조선의 경제가 복잡해지면서 상업과 수공업의 역할이 훌쩍 커지자, 자연스럽게 후배 학자들은 농업보다는 상공업 쪽으로 관심을 옮기게 된 거야. 대부분 정조 시대의 개혁적인 관리였던 이들은 청나라를 오가면서 그들의 발달된 기술과 경제를 앞서 접할 수 있었어. 그런 경험에 비추어 조선의 경제를 끌어올리고 백성들을 고루 잘살 수 있게 할 방법을 고민한 거지. 자, 그럼 당시에 나온 소설 한 편을 살펴보자."

 ## 상업의 중요성을 일깨운 소설, 〈허생전〉

"너희들 〈허생전〉이라는 소설, 기억나니?"

아무 대답 없이 조용한 가운데 나선애가 뜸을 들이며 말했다.

"한양에서 제일로 부자인 '변씨'에게 주인공 허생이 돈을 빌렸다고 하셨는데……. 소설 속 변씨는 당시 실제 역관이자 부자로 이름을 날린 '변승업'일 수도 있다고 하셨어요."

나선애가 기억을 더듬으며 말하자 용선생이 반가운 듯 말했다.

"오! 선애가 잘 기억하고 있구나. 하지만 너희들 잠시 조용했던 거 보니 아직 〈허생전〉은 못 읽어 봤구나? 좋아. 이 선생님이 얘기해 주지." 용선생이 목소리를 가다듬고 말을 이었다.

"옛날에 서울 남산 밑에, 허생이라는 아주 가난한 선비가 살았어. 생활고에 시달리면서도 10년 동안은 열심히 글 읽기만 하겠다며 틀어박혀 책만 파고드는 선비였지. 그런데 7년이 지나니 참다못한 그의 아내가 잔소리를 시작하는데, 이게 보통 잔소리가 아닌 거야. 과거 시험도 치지 않으면서 밤낮 글이나 읽고 앉아 있으면 밥이 나오냐, 반찬이 나오냐, 양반 노릇 그만두고 차라리 장사라도 해서 먹고사는 게 백번 낫겠다! 이렇게 불평을 하자 허생은 무거운 탄식과 함께 책을 덮고 집을 나섰어."

"어딜 갔는데요?"

"한양에서 최고 부자라는 변씨를 찾아갔지. 허생은 변씨한테 다짜고짜 만 냥을 꾸어 달라고 했어. 돈을 꾸러 와서도 부끄러운 기색도 없이 당당한 그 모습을 본 변씨는 아무 이유도 묻지 않고 대뜸 돈을 내줬지. '이 사람은 보통 사람이 아니로구나. 어디 무슨 일을 벌이나 보자' 하고 생각한 거지. 만 냥을 손에 넣은 허생은 우선 경기와 삼남 지역의 길이 모여드는 길목인 안성으로 갔어. 그리곤 감이나 배, 대추, 밤 같은 과일들을 제값의 두 배를 주고 몽땅 사들

였어. 얼마 못 가서 나라 안의 과일이란 과일이 몽땅 사라져 버렸
어. 대체…… 어디로 갔을까?"

용선생이 장난스러운 말투로 묻자, 하다가 "네! 허생이 다 가지고
있습니다!" 하고 장단을 맞추었다.

"그 뒤 사람들은 과일을 구하지 못해서 난리가 났어. 과일이 없으
면 잔치도 못 열고 제사상도 차릴 수가 없었거든. 그러자 과일 장
수들이 허생을 찾아와서 값이 얼마라도 좋으니 제발 과일을 좀 팔
라고 사정을 하는 거야. 허생은 사들인 값의 열 배를 받고 과일을
팔았어. 당연히 큰돈을 벌었지. 그리곤 이렇게 말했어.

'겨우 만 냥 가지고 나라를 기울게 할 수가 있다니 이 나라 사정
이 알 만하구나!'

그 뒤 허생은 제주도로 가서 말총을 죄다 사들이면서 '몇 년 지나

면 온 나라 안 사람들이 머리를 싸매지 못할 것이다' 라고 말했어. 말총은 머리에 두르는 망건을 만드는 재료였거든. 물론 허생의 짐작이 딱 들어맞았지."

"돈 벌기 쉽네요~! 우리도 한번 따라해 볼까?"

장하다가 신이 나서 말하자, 용선생이 웃으며 말렸다.

"꿈 깨라 하다야. 이런 일은 상업 질서를 엉망으로 만들게 되기 때문에 법으로 금지되어 있거든."

"그래서 허생은 어떻게 됐어요? 부자가 되어서 가족들하고 잘살았나요?"

"아니, 먹고살기 힘들어 도적이 된 사람들을 모아서 무인도에 데리고 들어갔어. 도적들은 곧 선량한 섬 주민들로 바뀌었고, 도적이 없어지자 나라는 조용해졌지. 그리고 그동안 번 돈 100만 냥 중에서 50만 냥은 너무 큰돈이라 쓸 데가 없다며 바다에 빠뜨려 버렸어. 나머지 40만 냥은 가난한 사람들에게 나눠 주었고, 마지막 10만 냥은 처음 돈을 꾸었던 변씨를 찾아가 돌려주었지."

"어? 변씨는 만 냥을 꿔 줬잖아요?"

"응, 열 배로 돌려준 거지. 변씨는 깜짝 놀라서 어떻게 이런 큰돈을 벌었냐고 물었어. 허생은 '우리 조선은 외국과 무역이 없고, 수레가 나라 안을 두루 돌아다니지 못하는 까닭에, 모든 물건이 한 지역에서 생산되어 그 지역에서만 소비되지 않는가'라고 하면서 누군가 한두 가지 물건만 전부 다 사들여 독점을 하면 온 나라가 영향을 받는 허술한 경제 구조에 대해 이야기했어. 하지만 누군가 자기와 같은 방법을 써서 돈을 벌려고 들면 백성들을 도둑놈으로 만들고 나라를 병들게 할 테니, 절대 그래선 안 된다고 했지. 변씨는 나중에 나라의 높은 관리가 나랏일을 도울 만한 지혜를 가진 사람을 찾을 때 허생을 소개했지만, 관리는 허생한테 된통 혼만 나고는 쫓겨나고 말았어. 나중에 관리가 다시 허생의 집을 찾았더니 그는 이미 어디론가 떠나고 없더래."

곽두기의 국어사전

독점
독점은 혼자 가지고 있다는 뜻이야. 과자를 파는 회사가 딱 하나만 있다면 어떻게 될까? 과자 값을 마음대로 매길 수 있으니 그 회사는 돈을 많이 벌고 과자를 사먹는 우리는 손해를 보겠지?

상공업을 통해 나라를 살찌우려 하다

"어떠냐, 옛날 소설이지만 재밌지?"

"재밌네요. 근데 그냥 재미로 지어낸 소설이 아니라 할 말이 있어서 쓴 소설 같아요. 내용도 복잡하고."

나선애의 말에 용선생이 씩 웃었다.

"역시 날카로운 선애! 그렇고말고. 할 말이 아주 많아서 쓴 소설이지. 〈허생전〉을 쓴 사람은 박지원이라는 학자였어. 그가 정조의

박지원(1737~1805) 북학파의 대표적 인물로 꼽히는 박지원의 초상화야. 박지원은 청나라의 발전된 모습, 그리고 청나라에 비해 뒤떨어진 조선의 모습에 큰 충격을 받았어. 그래서 청의 문화를 본받아 조선을 개혁해야 한다고 생각했어.

밑에서 벼슬을 한 것은 꽤 나이가 든 뒤였지만, 그 전부터 후배 학자들에게 많은 영향을 끼치고 있었지. 박지원은 과거 시험이나 농업 중심으로만 돌아가는 조선 사회가 상업이나 수공업 중심으로 더욱 커 나가야 한다는 생각을 〈허생전〉에 담았어. 또 조선의 상업 구조는 너무나 허점이 많으니 다른 나라와 무역도 활발하게 하고 물건을 나르는 수레도 널리 쓰이게 해서 경제를 쑥쑥 키워 나라를 살찌워야 한다는 주장도 들어 있지. 겉치레와 체면만을 중요하게 여기는 양반 사대부들에 대해서도 '사대부란 놈들이 어떤 놈들이냐!' 하면서 호되게 비판했고."

"그러고 보니, 소설 내용이 그런 얘기였던 것 같아요."

용선생이 들려준 〈허생전〉 이야기를 곱씹으며 곽두기가 고개를 끄덕였다.

"박지원은 그 밖에도 〈양반전〉이나 〈호질〉 등 양반들의 위선과 사회의 문제들을 꼬집은 소설들도 남겼어. 그가 젊은 시절에 청나라에 다녀온 뒤

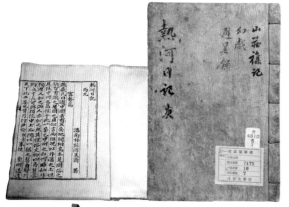

박지원의 《열하일기》 청나라 고종의 칠순 생일 축하를 위해 사신으로 참석하게 된 박지원이 중국 열하까지 가면서 쓴 기행문이야. 사행길에 여러 문인과 사귀고, 목격한 것을 여러 분야로 나눠 기록했어. 사신 일행이 열하까지 간 이유는 청나라 수도인 연경에 도착해 보니 마침 청나라 황제가 여름 별궁이 있는 열하에 가고 없었기 때문이래.

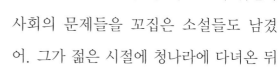

에 쓴 《열하일기》라는 기행문은 지금도 놀라운 작품으로 평가받고 있지. 박지원 말고도 상업과 공업을 통해 경제를 키우고 청나라의 앞선 문물을 더욱 적극적으로 받아들여야 한다고 주장한 학자들은 여럿 있었어. 그들을 북학파라고 불렀지. 이 이름은 박지원의 제자 뻘 되는 박제가가 청나라에 다녀온 뒤 쓴 《북학의》라는 책에서 따온 이름이었어. 너희들, 지난 시간에 정조가 서자 출신의 인재도 가리지 않고 뽑아 썼다고 했던 것 기억나니?"

"아, 그러고 보니 박제가라는 이름이 나왔던 것 같군요!"

왕수재가 지난 수업 때 적은 필기 내용을 뒤적이며 말했다.

"그래, 박제가가 바로 그렇게 등용된 경우였지. 규장각 학자였던 박제가는 《북학의》에 청나라의 앞선 기술에 대해 자세히 적고, 그와 비교한 조선의 문제점과 대책도 정리해 두었어. 특히 그가 '재물은 우물과 같다. 퍼내면 채워지고, 이용하지 않으면 말라 버린다'라고 한 말은 경제가 돌아가는 기본 원리를 잘 보여 주고 있어."

"재물이 우물이라고요? 그게 무슨 소리죠?"

장하다가 눈을 껌벅거리자, 용 선생은 교탁 위의 책을 펼쳤다.

"통 속에 담긴 물은 계속 퍼내면 바닥나겠지? 하지만 우물 속의 물

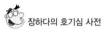
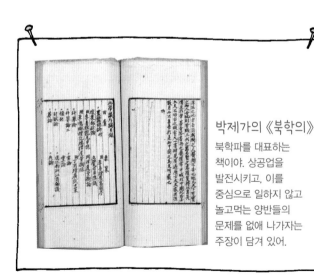
박제가의 《북학의》
북학파를 대표하는 책이야. 상공업을 발전시키고, 이를 중심으로 일하지 않고 놀고먹는 양반들의 문제를 없애 나가자는 주장이 담겨 있어.

⟨태평성시도⟩ 태평한 도시의 모습이란 뜻의 그림이야. 중국 ⟨청명상하도⟩의 영향을 받아 그려진 조선 시대 작품으로 평가되고 있지. 성으로 둘러싸인 도시에 빽빽하게 들어선 건물과 다양한 모습의 인물들이 활기차고 풍요로운 인상을 주고 있어.

은 그 반대라서 오랫동안 사용하지 않으면 말라 버리고, 계속해서 물을 퍼내면 다시 새 물이 차오르거든. 경제도 마찬가지라는 거야. 박제가의 말을 더 들려줄게.

'사람들이 비단옷을 입지 않아서 나라에 비단 짜는 사람이 없어지면 아녀자들의 길쌈질도 사라지고, 찌그러진 그릇을 싫어하지 않고 그릇 짓는 기교를 중요시하지 않아서 나라에 질그릇 굽는 공장과 대장간이 없어지면 기예가 망하게 된다.'

무조건 아낀다고 다들 물건을 사지도 않고 쓰지도 않는다면 경제는 멈춰 버리고 말 거야. 소비와 유통이 활발해야 경제가 제대로 발전할 수 있다는 이야기지. 요즘이야 상식 같은 말이지만 그저 아끼며 검소하게 생활하는 것이 큰 미덕으로 여겨졌던 당시로서는 무척 새로운 주장이었을 거야."

"음, 박제가는 시대를 앞서갔던 인물이군요."

왕수재가 용선생의 설명을 열심히 받아 적으며 말했다.

"시대를 앞서간 걸로 따지면 홍대용을 빼놓을 수 없지! 그 역시 규장각에서 활동하던 학자였는데, 그는 지구가 돌고 있다는 놀라운 주장을 했거든. 홍대용은 작은아버지가 연행사의 사신으로 임명되자 연행길에 따라 나섰어. 그러면서 서양인 선교사와 청나라 학자들과 교류하면서 새로운 문물을 경험했어. 특히 천문학에 큰 관심을 가지고 서양의 천문 지식을 배워 돌아왔지. 당시 사람들은 우주

홍대용(1731~1783)
중국의 엄성이 그린 홍대용 초상화야. 35세 때 작은아버지를 수행하는 자격으로 청나라에 가게 된 그는 60여 일 동안 머물면서 중국 학자들, 서양 선교사들과 교류했어.

지구는 돌고 있다!

의 중심은 우리가 살고 있는 지구라고 생각했어. 그런데 홍대용이 천문학을 공부해 보니, 그게 아닌 거야. 거꾸로 지구가 태양의 주위를 돌고 있는 거였지. 홍대용은 여기서 한 걸음 더 나아갔어. 그가 쓴 《의산문답》이라는 책에는 이런 내용이 있지.

'사람의 눈으로 만물을 보면 사람은 귀하고 만물은 천하며, 만물의 눈으로 사람을 보면 만물이 귀하고 사람은 천한 것이다. 그러나 하늘의 눈으로 바라보면 사람과 만물은 평등한 것이다.'

천문학 연구에서 시작한 홍대용의 깨달음은 평등사상으로 이어진 거야. 사람과 만물은 평등하다고 했으니, 모든 생명에는 귀하고 천한 것이 따로 없는 셈이지. 당연히 사람 사이에도 신분에 따라 차별을 두어선 안 되는 거고."

"과학만 연구한 게 아니었네요?"

"아, 그럼 신분 제도를 반대한 거군요?"

곽두기와 나선애가 차례로 말했다.

"그래. 홍대용은 일하지 않고 마냥 놀고먹는 양반들은 부끄러워해야 한다면서 조선의 신분 제도가 잘못되었다고 비판했어. 그리고 신분에 관계없이 양반과 평민의 자녀들을 똑같이 공부시켜서 그중에 우수한 사람을 뽑아 벼슬을 주어야 한다고 주장했지. 또,

북학파답게 기술을 천하게 여겨 온 풍조를 몰아내고 과학과 기술을 발전시켜야만 조선이 강해질 수 있다고도 했어."

"우아, 갈수록 재밌어지네!"

장하다의 말에 왕수재가 "재미없겠다고 초를 칠 땐 언제고?" 하며 구시렁거렸다.

 ## 유배지에서 실학을 꽃피운 정약용

"자, 이렇게 여러 학자들을 통해 다양한 갈래로 이어지던 실학은 정약용을 통해 한층 풍성해지게 돼."

정약용이라는 이름이 나오자 장하다가 수원에 가서 본 거중기를 떠올렸다.

"응? 정약용이면 화성 지을 때 나왔던 그 정약용 맞아요? 거중기 만든 사람요."

"이야, 우리 하다가 그걸 다 기억하는구나! 맞았어. 원래 정약용은 당쟁에서 밀려난 남인 집안에서 태어났는데 집안에 서학을 믿는 사람들이 많았기 때문에 자연스럽게 서양의 과학과 문물에 대해 일

정약용(1762~1836) 정약용은 서양의 과학 기술을 받아들여 거중기와 같은 기구를 만들어 낸 것으로 유명하지만, 유학의 기본 경전들을 자신의 독특한 관점으로 다시 해석한 작업으로도 매우 유명한 사람이야.

찍부터 눈을 뜰 수 있었어. 거중기 같은 기구를 만들어 낼 수 있던 것도 이런 바탕이 있었기 때문이야."

"서학이라면 천주교를 얘기하시는 거죠?"

이번엔 나선애가 물었다.

"음, 처음엔 서학이 천주교만을 뜻하는 말이 아니었어. 서학이란 말 그대로 서양의 학문이니, 서양의 과학 기술과 사상도 모두 포함되었지. 청나라나 조선에 서양의 학문을 소개한 것이 천주교 신부들이었기 때문에 종교와 과학, 사상이 한데 뒤섞여 있었던 거야. 그러다가 천주교가 퍼져 나가면서 그에 대한 거부감 때문에 서양의 기술이나 문물과 천주교를 분리해서 바라보기 시작했고, 나중엔 서학이 천주교만을 뜻하는 말로 굳어지게 된 거지. 초기에는 조선의 많은 지식인들이 서학에 관심을 갖고 그 영향을 많이 받았단다.

조선 후기에 들어온 서양 물건들

안경 거북의 등껍데기로 만든 안경이야. 귀에 거는 부분은 끈으로 되어 있고, 가운데 영지 모양의 연결 고리가 있어. 박제가, 정약용은 물론 정조도 안경을 썼어.

천리경 지금의 망원경처럼 멀리까지 내다볼 수 있는 기구야. 1천 리까지 볼 수 있다는 뜻을 가졌지만, 실제로는 1백 리 정도(약 40km)를 볼 수 있었대.

자명종 일종의 알람 시계야. 홍대용은 베이징에 갔다가 자명종 소리를 듣고 깜짝 놀랐다고 해.

18세기 중반에는 젊은 선비들의 책장에 성리학 경전들과 함께 서학과 관련된 책이 꽂혀 있는 게 흔한 모습이었다고 해. 특히 백성들의 실생활에 도움이 되는 학문을 추구했던 실학자라면 서학을 공부하는 것이 당연한 일이었지."

"그럼 실학자들 중엔 천주교 신자도 많았겠네요?"

허영심의 질문에 용선생은 고개를 가로저었다.

"꼭 그렇다고 보긴 어려워. 천주교를 공부한 이들 중에는 어느 정도 신앙으로 받아들이고 빠져들었던 사람도 있고, 전혀 그렇지 않은 사람도 있었어. 하지만 대부분 서학의 일부로서 학문적으로 접근했다고 봐야 할 거야. 아까 말했던 홍대용만 해도 청나라에서 서양 신부들과 만나 교류하면서 서학을 깊이 연구했지만 천주교에 대해서는 뚜렷하게 금을 그었지. 정약용도 천주교를 받아들이긴 했지만 전통적인 관습과 천주교 교리가 맞지 않아 갈등이 생기자

《천주실의》 1603년 마테오 리치가 지은 책으로, 천주교의 중요한 교리를 간략히 설명한 책이야. 조선에 천주교가 퍼지는 데 일조했지. 그렇지만 천주교에 대한 엄청난 박해를 가져오기도 했어.

〈곤여 만국 전도〉 1602년에 이탈리아인 선교사 마테오 리치가 베이징에서 제작한 세계 지도를 조선에서 다시 그린 거야. 당시 서양 지리학의 엄청난 성과를 보여 주는 지도로 조선에도 많은 영향을 끼쳤지. 세로 181cm, 서울대학교박물관 소장. 보물.

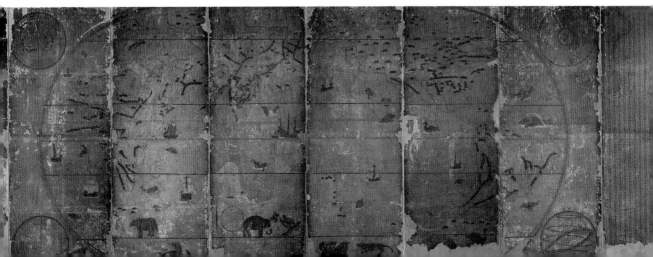

다산 초당
다산은 '차나무가 많은 산'이라는 뜻으로, 다산 초당은 다산 앞에 있는 초가집이라는 뜻이야. 정약용은 이곳에서 머물면서 자신의 학문을 집대성했어. 전라남도 강진에 있어. 사적.

결국 천주교에 등을 돌렸거든. 천주교가 조선에 본격적으로 뿌리를 내리게 된 것은 좀 더 시간이 지난 뒤 일반 백성들에게 퍼져 나가면서부터였어. 천주교는 조선 후기 사회를 이해할 때 빼놓을 수 없는 문제니까 다음에 더 자세히 알아보자."

용선생이 다시 정약용에 대해 이야기하기 시작했다.

"정약용은 어려서 이익의 학문을 접하고 많은 것을 배웠대. 과거에 합격해서 벼슬길에 오른 뒤로는 정조 밑에서 여러 관직을 맡아 정조의 개혁 정책을 뒷받침했지. 그는 늘 양반보다는 백성들의 편에 서고자 했던 관리였어. 고을 사또에게 맞선 죄로 체포령이 떨어진 백성이 나타났을 때는 관리의 잘못을 제대로 지적했다면서 그냥 풀어 준 적도 있대. 그런데 정조가 죽고 나서 다시 권력을 잡은 노론 세력은 정조가 아끼는 신하들을 조정에서 싹 다 몰아냈어. 정약용도 천주교 신자였다는 점을 꼬투리 잡아서 유배를 보내 버렸지. 하지만 정약용은 좌절하지 않았어. 18년간 이어진 유배 생활 동안 정약용은 당시 조선 사회의 문제들을 개혁할 방법들을 차근차근 정리해 나갔어."

"어떻게 개혁해야 한다고 했나요?"

"우선 그는 유형원이나 이익처럼 토지 문제에 대해 많은 고민을 하고 두 가지 구상을 내놓았어. 그가 처음에 생각한 것은 토지를 개인이 가질 수 없도록 하고, 마을 단위로 공동으로 농장을 만들어서 모두 함께 농사를 지은 뒤 곡식을 나누어 갖는 방안이었어. 나중에는 좀 더 현실적인 방안을 고민해서, 모든 땅을 나라에서 사들인 뒤 전체의 9분의 1을 백성들이 공동으로 경작하여 그 땅에서 거둔 곡식을 나라의 재정으로 사용하자고 했어. 나머지 땅에서는 농민들이 공평하게 농사를 지을 수 있도록 하자고 했지. 또 정약용은 과거 제도를 고쳐서 쓸데없이 많은 합격자를 내지 않도록 문과와 무과 모두 3년에 한 번만 시험을 볼 수 있게 하고, 기술직과 같은 실용적인 과목의 과거 시험은 늘려야 한다고 했어. 농사일을 잘 아

는 농민을 뽑아서 관리로 일하게 해야 한다고도 했지. 또 무엇보다 고을에서 수령의 역할을 강조했어. 백성들의 삶을 안정시키기 위해 지방 수령의 행동을 엄격하게 관리·감독하자고 한 거야. 수령들은 매년 자기를 정해진 항목에 따라 스스로 평가하고, 이를 중앙 관리에게 올려 재평가받아야 한다고 했어. 그리고 3년마다 중앙에서 암행어사가 내려와 수령의 실적을 전체적으로 감찰해야 한다고도 했지. 이렇게 수령에 대한 관리·감독을 강조한 이유는 수령의 행동이 곧 백성들의 생활에 영향을 미친다고 보았기 때문이야. 수령이 제

역할을 다할 수 있도록 하는 것이야말로 관리된 자로서의 책무라고
강조했단다. 농민들의 생활을 안정시킬 수 있는 방법 중 하나였던
거지."

"농민에 대한 배려가 묻어나는군요! 멋져요!"

나선애가 흐뭇한 표정으로 용선생을 바라보았다.

"그런데 개혁 방안이 꽤 자세한 것 같아요. 하긴 18년이나 유배
생활을 했으면 시간은 많았을 테니까……."

왕수재의 말에 용선생이 "이게 다가 아닌데?" 했다.

"정약용은 당장 조선을 개혁할 방법에만 매달렸던 게 아니야. 정치와 경제는 물론 과학, 지리, 역사, 문학, 철학 등 거의 모든 분야의 학문을 비판적으로 검토하고 그 틀을 다시 세우기 위해 노력했지. 이렇게 다양한 분야에 걸쳐 그가 쓴 책만도 500권에 달해."

"헤에? 500권이나요?"

장하다가 혀를 내둘렀다.

"응, 대표적으로 국가의 행정조직, 토지, 세금 제도에 대해 개혁 의지를 담은 《경세유표》를 지었어. 당장 실현될 수는 없더라도 누구든 참고할 수 있도록 말야. 그리고 수령이 고을을 잘 다스리는 방법에 대해 쓴 《목민심서》도 있는데, 요즘도 정치 지도자들의 잘못을 꼬집을 때 심심치 않게 인용되곤 하는 책이야. 정약용은 살인 사건의 조사·심리·처형 과정 등이 형식적이고 무성의하게 진행되어 백성들이 더 이상 억울한 처벌을 당하지 않도록, 사건을 조사해야 할 관리들이 참고할 만한 사건의 사례, 조사 과정의 기술 등을 소개한 《흠흠신서》도 지었지.

"크, 실학 이거, 마음에 드네!"

장하다는 싱글거렸지만, 나선애는 어딘지 찜찜한 표정이었다.

"그렇지만 결국 정약용도 유배당한 신세였잖아. 실학자들의 주장이 진짜 개혁으로 이어진 것도 아니고, 보아하니 정조가 죽으니까

《목민심서》　조선 시대에는 지방을 다스리는 수령들을 '백성을 기르는 관리'라는 뜻의 목민관이라고 부르며 매우 중요시했어. 그러나 정약용이 살던 시기에는 백성을 잘 다스리기는커녕 횡포를 일삼는 수령들이 많았기 때문에, 목민관이 가져야 할 올바른 자세에 대한 책인 《목민심서》를 쓴 것이지.

《흠흠신서》　'흠흠'은 형벌을 신중히 하라는 뜻으로, 《흠흠신서》는 곧 관리들에게 억울한 사람이 형벌을 받지 않고 죄지은 사람이 합당한 벌을 받을 수 있게 조심할 것을 당부하는 책이야.

그나마 하려던 개혁도 끝난 거 같고……."

안타까움이 묻어나는 선애의 목소리에 용선생이 잠시 생각하더니 천천히 입을 열었다.

"당장은 실학자들의 생각이 그대로 정치에 반영되지는 않았지만, 이후 많은 후배들이 그들의 고민을 이어받았어. 또 어디 학자나 관리들의 생각만으로 세상이 달라지겠니? 더 중요한 건 백성들의 생각과 의지겠지. 이 시기에는 조선 백성들의 생각도 현실에 발맞추어 변화해 갔어. 어떻게 변화했는지는 다음 시간에 알아보자고."

용선생은 선애를 향해 빙그레 웃어 준 뒤 돌연 목소리를 높였다.

"어이, 장하다! 오늘 수업 재미있었나, 없었나?"

깜짝 놀란 장하다가 목을 쑥 빼며 소리쳤다.

"네! 재미, 엄청나게 있었는데요!"

기대했던 대답이 돌아오자 흡족한 용선생이 으허허, 크게 웃어젖히며 손을 흔들었다.

"암, 그럴 줄 알았지! 오늘 수업은 이만 끝! 얘들아, 다음에 만나자! 으허허!"

나선애의 정리노트

1. 실학이란?

<u>참된 학문, 현실에 도움이 되는 학문</u>

2. '농업'에 집중한 사람들

① 유형원: 땅을 골고루 나눠 줘야 한다고 주장, 《반계수록》을 지음

② 이익: 농민이 가져야 할 최소한의 땅을 정해서 줘야 한다고 주장,

《성호사설》을 지음

3. 북학파에는?

① 박지원: 상업을 발달시키고 수레를 써야 한다고 주장,

〈양반전〉, 〈허생전〉, 《열하일기》 등을 지음

② 박제가: 소비를 중요시함, 《북학의》를 지음

③ 홍대용: 천문학에 관심이 많았음

(지구는 태양을 중심으로 돈다고 주장함)

4. 정약용은 누구?

- 서학에 관심이 많았음 → 천주교를 믿었다는 죄목으로 유배를 갔음

- 유배지에서 18년 동안 책 500여 권을 씀(대표적인 책은 《목민심서》)

용선생의 역사 카페

역사계의 슈퍼스타,
용선생의 역사 카페에
오신 걸 환영합니다

Log in

게시판 ∨

- 역사가 제일 쉬웠어용!
- 이제는 더~ 말할 수 있다!
- 필독! 용선생의 매력 탐구
- 전교 1등 나선애의 비밀 노트

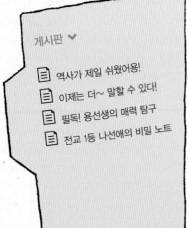

《대동여지도》를 만든 김정호

《대동여지도》는 조선 후기 지도 문화의 절정을 보여 주는 대단한 지도야. 일본이 조선을 침략하면서 조선 지도를 몰래 만든 적이 있었는데, 수많은 인원을 동원해서 만든 자신들의 지도와 《대동여지도》가 정확도에서 별반 차이가 나지 않는 걸 보고 매우 놀랐다고 해. 그만큼 뛰어난 정확도를 자랑하는 지도인 것이지.

《대동여지도》를 만든 김정호의 생애에 대해서는 별로 알려진 것이 없어. 신분이 낮은 데다가 자기 자신에 대한 기록을 거의 남기지 않았기 때문이지. 그래서인지 김정호와 《대동여지도》에 대한 여러 가지 오해가 있어 왔어.

그 대표적인 예가 바로 김정호가 감옥에서 죽었다는 설이야. 흥선 대원군이 김정호의 《대동여지도》가 너무 정확한 것을 보고 "나라의 비밀이 적에게 누설되면 큰일"이라며 옥에 가두고 죽였다는 거지. 그러나 이는 사실이 아니야. 오히려 이때 훈련대장을 지낸 신헌이 남긴 기록에 따르면 "완벽한 지도를 만드는 작업을 김정호에게 맡겨 완성했다"고 해.

또한 김정호가 전국 방방곡곡을 세 번씩이나 돌아다니며 지도를 만들었다는 이야기도 사실과는 달라. 조선은 초기부터 지리지와 지도 등이 발전해 왔는데, 후기에 와서는 더욱 정확한 지도들이 만들어지기 시작했지. 이 지도들을 비교하고 검토하고 또 바로잡은 결과 만들어진 것이 바로 《대동여지도》야. 그러니까 김정호가 만든 《대동여지도》는 매우 뛰어난 지도임에 틀림없지만, 조선의 발달한 지도, 지리지 문화가 있었기에 만들 수 있었다는 거야.

어떤 사람이 정말 대단한 성과물을 만들어 냈더라도, 그 성과물이 갑자기 툭 튀어나온 것은 아니야. 그 사람이 속한 사회의 문화, 그리고 다른 사람들이 노력해 온 결과들이 뒷받침되어야만 가능한 것이지.

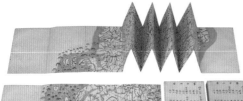
《대동여지도》
지도책

어떤 기호들이 숨어 있을까?

참고 영상

COMMENTS

곽두기 : 허걱, 선생님답지 않게 진지하게 마무리하셨네요?

└ 용선생 : 나 원래 이런 사람이거든. ^^ 참, 《대동여지도》는 목판본이야. 나무판에 우리의 산과 강, 길, 마을 등등을 하나하나 새긴 거지. 또 가지고 다니기 쉽고, 보기도 쉽게 하기 위해 책처럼 접히게 만들었어. 22개의 첩을 펼치면 높이가 7m에 달하는 커다란 우리나라 지도가 되는 거지.

《대동여지도》 목판

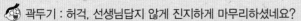

한국사 퀴즈 달인을 찾아라!

달인을 찾아라!

달인 트로피

 출발!

01 ★☆☆☆☆

실학자들이 뭘 중요시했는지에 따라 분류해 보았어. 그런데 딱 한 사람을 어디로 보내야 할지 모르겠어. 누가 좀 도와줘!

이익		박제가
유형원	'홍대용'은 어디로?	박지원

02 ★★☆☆☆

장하다는 실학자들이 등장하는 가상 토론회를 꾸며 봤어. 제일 중요한 건 대본 짜기! 그런데 대본 짜다가 깜빡 졸기라도 했나 봐. 딱 한 군데가 틀렸네? 그게 몇 번인지 골라 보자. (   )

① 이익: 조선의 제일 큰 문제는 농사짓는 농민이 자기 땅을 갖지 못한 데 있습니다.
② 박제가: 옳은 말씀입니다. 그리고 조선은 청나라의 앞선 문물을 더욱 적극적으로 받아들여야 합니다. 상업과 공업을 통해 경제를 키워야 합니다.
③ 유형원: 놀고먹는 양반들도 큰 사회적 문제가 되고 있습니다. 우리도 청나라처럼 신분 제도를 없애야 합니다.
④ 박지원: 저 또한 청나라의 발전된 모습을 보고 충격을 받았습니다. 이제 조선도 경제를 쑥쑥 키워 나라를 살찌게 해야 합니다.

04 ★★★☆☆

박지원이 지은 소설 속 주인공 허생. 그가 돈을 어떻게 벌었는지 그 비결(?)을 대충 적어 봤어. 이야기가 진행된 순서대로 빈칸에 번호를 적어 보자.

일단 돈부터 꾸는 거야. 넉넉히 만 냥 정도?
① 계속 사. 물건의 씨가 마를 때까지.
② 그 다음 원래 사들인 값의 열 배를 받고 물건을 파는 거야.
③ 어이쿠야, 온 나라가 그 물건을 못 구해서 난리가 났네?
④ 제값의 두 배, 세 배를 주고서라도 물건을 일단 사들이고 보는 거지.
⑤ 물건을 하나 정하자. 과일이면 과일, 망건이면 망건!

(　　)→(　　)→(　　)→(　　)→(　　)

우아! 이걸 몇 번 반복하다 보니 어느새 부자가 되었네?

05 ★★★☆☆

얘들아, 나는 박지원이야. 4번 문제를 보고 기겁해서 달려왔어. 저건 절대로 따라해서는 안 되는 행동이야. 잡혀 간다구! 암튼 내가 저런 이야기를 쓴 진짜 이유는 따로 있어.
첫째, 양반들의 위선을 꼬집기 위해. 둘째는 (　　　　) 그런 거라고.

① 물건을 독점하면 상업이 발달한다는 걸 보여 주기 위해
② 정조 임금님이 쓰라고 시켜서
③ 조선의 상업이 발달하지 않아 가난하다는 걸 알리기 위해
④ 소설 속 등장인물인 변씨를 비꼬기 위해
⑤ 내 실제 경험담을 들려주기 위해

03 ★★★★★

다음과 같은 토지 제도를 주장한 사람과 그 사람이 쓴 책이 옳게 연결된 것을 골라 볼래? (　　　　)

> 토지를 개인이 가질 수 없고, 마을 단위로 공동 농장을 만들어 함께 농사를 지은 뒤 곡식을 나누어 갖는다.

① 이익 –《성호사설》
② 유형원 –《반계수록》
③ 정약용 –《목민심서》
④ 조광조 –《경세유표》

• 정답은 311쪽에서 확인하세요!

양반을 비웃은 말뚝이,
신분을 뛰어넘은 춘향이

조선의 18·19세기는 무척 역동적인 시대였어.

그 모습은 오랫동안 조선을 지탱해 온 신분제가 흔들리는 데서부터 드러났지.

백성들을 호령했던 양반의 권위는 땅에 떨어지고,

그동안 숨죽여 지냈던 백성들의 의식은 하루가 다르게 깨어 갔어.

이렇게 변화하는 사회상 속에서 조선에는 다채로운 문화가 피어났단다.

과연 어떤 모습인지 들여다볼까?

1725

영조가
탕평책을
실시하다

정선이
〈인왕제색도〉를
그리다

1751

서자들에게도
벼슬길이
열리다

1777

박지원이
《열하일기》를
쓰다

1780

공명첩을
단속하지
않은 관리를
파직하다

1793

공노비가
해방되다

1801

신윤복의 〈월하정인도〉

✔ 알고 있는 용어에 체크해 보자!
☐ 공명첩   ☐ 김홍도   ☐ 신윤복

"형, 여기가 연극반이야?"

"응, 강당에서 연습한다고 했어."

먼저 강당 문을 열고 안으로 들어서던 곽두기가 기겁을 하며 도로 뛰어나왔다.

"흐엉~ 형아! 괴물이야!"

"왜 그래? 뭔데?"

그때 정말 괴물처럼 생긴 얼굴이 안에서 불쑥 튀어나왔다. 누군가 우락부락하기 짝이 없는 탈을 쓰고 얼굴을 내민 것이었다. 울상이 된 채 장하다의 옷자락에 매달린 곽두기를 본 그가 말했다.

"놀랐니? 하하. 난 말뚝이라고 해. 너희도 역사반이지? 반갑다, 어서 들어와."

강당에는 벌써 다들 와서 자리를 잡고 앉아 있었다.

"선생님! 왜 오늘은 연극반으로 오라고 하신 거예요?"

"우리 학교 연극반 실력 좋은 거 너희도 잘 알지? 얼마 뒤 탈춤 대회에 나갈 거라서 준비가 대단하거든! 재미난 탈춤 공연을 공짜로 구경할 수 있는 기회 아니겠어? 흐흐!"

그때 '덩기덕!' 하는 장구 소리가 울려 퍼지기 시작했다. 두기를 놀라게 했던 노비 말뚝이가 먼저 앞으로 나서고, 제각기 우스꽝스런 탈을 쓴 양반 3형제가 어슬렁거리며 따라 나왔다. 말뚝이가 "쉬이~" 하고 길게 끄는 소리를 하자 장구 소리가 조용히 멎었다.

 ## 말뚝이, 양반을 실컷 놀려 먹다

 말뚝이 : 쉬이~ 양반 나오신다아! 양반이라고 하니까 노론, 소론, 호조, 병조, 옥당을 다 지내고 3정승, 6판서를 다 지낸 퇴로 재상으로 계신 양반인 줄 아지 마시오. 개잘량이라는 '양' 자에 개다리소반이라는 '반' 자 쓰는 양반이 나오신단 말이오.

양반들 : 야아, 이놈, 뭐야아!

말뚝이 : 아, 이 양반들, 어찌 듣는지 모르갔소. 노론, 소론, 호조, 병조, 옥당을 다 지내고 3정승, 6판서 다 지내고 퇴로 재상으

 **나선애의 개념 사전**

옥당
옥당은 홍문관을 가리켜. 가장 깨끗한 사람들이 임명된다 해서 옥당이라 불러. 그러니까 '노론, 소론, 호조, 병조, 옥당'은 조선의 중앙에서 활동하던 정치 세력과 관리들을 가리켜.

로 계신 이 생원네 3형제분이 나오신다고 그리하였소.

 양반들 : 이 생원이라네～～.

다시 장구 소리가 울려 퍼지고 말뚝이와 양반들이 덩실덩실 춤을 추기 시작했다.

"너희들 좀 전에 양반을 뭐라고 설명했는지 잘 들었니?"

"개다리 춤 어쩌고 하던데요?"

"아이쿠 하다야, 개다리 춤이라니! '개잘량이라는 양 자에 개다리소반이라는 반 자의 양반'이라고 했지. 개잘량은 개가죽으로 만든 방석이고, 개다리소반은 개의 뒷다리처럼 구부러진 다리 모양을 가진 작은 밥상을 말하는 거야."

"양반한테 자꾸 개~ 개~ 거려도 되는 거예요?"

허영심이 말뚝이의 말투를 흉내 내며 웃는데, 말뚝이가 다시 "쉬이~" 했다. 말뚝이가 풀어 놓는 사설마다 양반들은 "야아 이놈 뭐야!" 하고 큰소리를 쳤지만, 이내 말뚝이가 둘러대는 소리를 곧이곧대로 믿고 좋아했다. 두어 번의 춤과 대사가 번갈아 이어진 뒤, 이번엔 양반이 먼저 앞으로 나섰다.

 양반 : 쉬이~ 이놈, 말뚝아.

 말뚝이 : 예에. 아, 이 양반이 허리 꺾어 절반인지, 개다리소반인지, 꾸레미전에 백반인지, 말뚝아 꼴뚝아, 밭 가운데 최뚝아, 오뉴월에 말뚝아, 잣대뚝에 메뚝아, 부러진 다리 절뚝아, 호도엿 장수 오는데 할애비 찾듯 왜 이리 찾소?

 양반 : 네 이놈, 양반을 모시고 나왔으면 숙소를 정하는 것이 아니고 어디로 이리 돌아다니느냐?

 말뚝이 : (채찍을 가지고 원을 그으며 한 바퀴 돌면서) 예에, 이마만큼 터를 잡고 참나무 울장을 드문드문 꽂고, 깃을 푸근푸근히 두고, 문을 하늘로 낸 외양간 같은 숙소를 잡아 놨습니다.

이번에도 화를 내는 양반에게 말뚝이는 외양간이 으리으리한 집이라도 되는 듯 너스레를 떨었다. 그리고 이어지는 능청스런 마지막 대사.

"삼털 같은 칼담배를 저 평양 동푸루 선창에 돼지 똥물에다 축축 축여 놨습니다아~!"

"우하하하!"

아이들이 웃어 젖히는 소리에 신이 난 말뚝이는 어깨를 덩실거리며 손끝으로 경례를 해 보였다. 그 모습에 영심은 "꺅!"하며 소리까지 질러 댔다. 얼마 뒤, 한바탕 춤판을 마지막으로 탈춤 연습이 모두 끝났다.

"어때, 정말 재밌지 않니?"

다양한 모양의 탈

얼굴에 탈(가면)을 쓰고 춤을 추며 연극을 하는 것을 탈춤 혹은 탈놀이라고 해. 각 지역별로 다양한 탈과 탈춤이 조선 시대부터 전해 내려오고 있어. 봉산 탈춤은 황해도 봉화군에서 전해 내려온 탈놀이야. 하회 탈춤은 안동 하회 마을에서 시작되었는데, 10년에 한 번 정월 대보름날 마을의 수호신에게 제사를 드리면서 이 탈놀이를 했다고 해. 여럿이 모인 장소에 춤과 음악이 있으니 절로 흥겨운 기분을 느끼게 했어.

양반탈 하회 탈춤에서 양반 역할을 맡은 사람이 쓰는 가면이야. 초승달 모양으로 실눈을 뜨고 여유롭게 웃고 있어. 세로 23cm, 국립중앙박물관 소장, 국보.

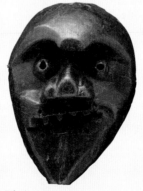

초랭이 하회 탈춤에서 양반의 하인 역할을 맡은 사람이 쓰는 가면이야. 입꼬리 한쪽이 올라가 있고 불만스러운 표정을 짓고 있어. 세로 20cm, 국립중앙박물관 소장, 국보.

말뚝이 봉산 탈춤에서 주인 양반의 무능함을 비꼬는 역할이야. 검은 얼굴에 조그만 옴들이 나 있어.

"최고예요!"

"말은 어려워도 재밌는데요?"

"조선 후기의 대표적 탈춤인 봉산 탈춤의 일부야. 말뚝이가 겉으로는 양반에게 굽실거리는 척하면서 양반들을 웃음거리로 만들어 버렸지? 지금 우리가 봐도 재밌으니까 그 당시 사람들은 정말 좋아했을 거야. 특히 양반들에게 억눌린 사람들, 서러운 일을 당한 사람들은 탈춤을 보면서 속이 다 시원해졌겠지."

"그런데 양반이 너무 바보처럼만 나오니까 이상해요. 말뚝이가 막 놀려 먹어도 눈치도 못 채고."

곽두기의 얼굴에 궁금증이 가득했다.

"그래, 좀 이상하지? 조선 중기까지만 해도 양반 하면 학식도 있

맏양반 봉산 탈춤의 양반 삼형제 중 맏이로, 샌님이라고도 해. 양반의 상징인 정자관을 쓰고 엄격한 표정을 짓고 있어.

둘째 양반 봉산 탈춤의 양반 삼형제 중 둘째로, 서방님이라고도 해. 망건을 쓰고 멍한 표정을 짓고 있어.

셋째 양반 봉산 탈춤의 양반 삼형제 중 막내로, 도련님이라고도 해. 입이 왼쪽으로 비뚤어져 있는 게 특징이야.

김홍도의 〈자리 짜기〉 조선 후기에 생계를 위해 집 안에서 노동을 하는 양반 부부의 모습을 보여 주는 그림이야. 남편은 양반의 상징인 망건을 쓰고 자리를 짜고 있어. 아내는 물레를 돌려 실을 뽑아내고 있고, 뒤쪽에서는 아들이 글공부를 하고 있지. 《단원풍속도첩》 중 하나. 세로 28cm, 국립중앙박물관 소장. 보물.

고 품위도 있고, 일반 백성들과는 핏줄부터가 다른 사람들처럼 보였어. 하지만 후기로 올수록 그렇지가 않았거든. 실컷 놀고먹으며 백성들의 땅을 빼앗을 궁리나 하는 양반이 많아지는가 하면, 당장 끼니 걱정을 해야 할 만큼 가난해도 도와줄 사람 하나 없는 궁색한 양반들도 생겨났으니까. 또 가짜 양반들도 많아져서, 양반입네 하고 억지로 체면을 차리려 해도 글 한 줄 읽을 줄 모르는 이들도 적지 않았어. 전체적으로 양반의 질이 확 떨어졌다고 할까? 일반 백성들이 그 사실을 모를 리 없었지. 그러니 양반의 권위는 하루가 다르게 무너져 내리고, 양반을 비웃고 흉보는 목소리는 점점 커지게 된 거야. 박지원이 쓴 〈양반전〉을 봐도 이런 분위기를 잘 알 수 있어."

"그건 무슨 내용인데요? 이야기해 주세요!"

아이들이 조르자 용선생이 고개를 끄덕였다.

 서서히 무너지는 양반들

"어떤 가난한 양반이 있었는데, 집이 가난해서 계속 나라에서 곡식을 꾸어다 먹기만 했어. 그 양이 너무 많아지자 나라에서는 당장 갚지 않으면 잡아 가두겠다고 했지. 양반은 곡식을 갚을 길이 없으니 걱정이 태산이었어. 그런데 이 소식을 듣고 귀가 번쩍 뜨인 사람이 있었어. 같은 고을에 사는 상민이었는데, 이 사람은 돈이 많았거든. 부자 상민은 양반을 찾아가서 자기가 빚을 갚아 줄 테니 대신 양반 신분을 자기한테 팔라고 했어. 당장 잡혀가게 생긴 양반은 반갑게 응했고, 그날로 둘의 신분이 바뀌었단다. 나중에서야 그 사정을 알게 된 고을 사또는 새로 양반이 된 부자한테 양반 증서를 만들어 주었어. 거기에는 양반이 꼭 해야 할 일, 해서는 안 될 일들이 적혀 있었지. 부자가 신나서 증서를 펴 봤더니만! 글쎄 더워도 버선을 벗으면 안 된다, 밥 먹을 땐 맨 상투로 밥상 앞에 앉지 말고 마실 것을 후루룩 소리 내서 마셔도 안 된다, 아무리 바빠도 느릿느릿 신발을 땅에 끌면서 걸어라, 새벽에 동트기 전에 일어나 무릎

을 꿇고 앉아서 책을 읽어라, 추워도 화롯불에 손을 얹어 쬐어서는
안 된다……. 이런 얘기가 끝도 없는 거야."

"으, 그럴 거면 뭣하러 양반 신분을 사요? 양반 안 하고 말지."

장하다가 이마를 찡그리며 말했다.

"그 부자도 그렇게 생각했어. 그래서 사또한테 그런 것 말고 양반
이 되면 좋은 점을 써 달라고 했지. 그러자 사또가 다시 증서를 적
어 줬어. 내용인즉, 양반은 귀하고 높은 신분이니 농사를 짓거나
장사를 하지 않더라도 약간의 글공부만 해서 과거에 붙으면 배불리
먹고 살 수 있다, 벼슬하지 않는 가난한 양반이 시골에 살더라도
남의 집 소를 끌어다 먼저 자기 땅을 갈아도 되고, 마을 일꾼을 잡
아다 자기 논의 김을 매도록 시켜도 된다, 상민을 붙잡아 코에 잿
물을 들이붓고 머리채를 돌리고 수염을 낚아채도 감히 누가 뭐라고
못한다, 순 이런 내용이었어. 그걸 본 부자는 '나를 도둑놈으로 만
들 작정이오?' 하며 머리를 흔들고는 가 버렸대. 그 뒤론 평생 양반
이라는 말을 입에 다시 담지 않았다는 거야."

맨 상투로
밥상에
앉기

후루루
마시기

후루루

따다뜻—

춥다고 화로에
손 쬐기

"근데, 진짜로 양반 신분을 사고팔았어요?"

나선애가 고개를 갸웃거리며 물었다.

"소설에서처럼 양반과 상민이 내놓고 신분을 바꾸거나 할 순 없었어. 하지만 돈만 있으면 양반 신분을 사는 게 그리 어렵지 않았지. 백성들이 양반이 되고 싶어 했던 가장 큰 이유는 군역 때문이었어."

왕수재가 "군대에 갈 의무 말이군요!" 했다.

"그래. 군대에 가는 대신 군포를 내는 게 보통이었지. 그런데 언젠가부터 양반들은 군역을 지지 않게 되었다고 했잖아? 영조 때 군포의 양을 줄여 주긴 했지만, 여전히 백성들의 부담은 너무나 컸어. 그러니 군역을 지지 않기 위해서 어떻게든 호적을 양반으로 고쳐 속여 보려는 사람들이 많았지. 방법은 여러 가지였어. 가난한 양반집에서 벼슬을 했던 조상의 문서

양반은 절대 저러면 안됨!

←6 수령

으이그~ 왜 저러고들 살아?

부자 상민

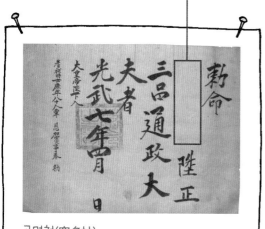

공명첩(空名帖) 이름(名)이 없는(空) 임명장이야. 돈이나 곡식을 나라에 바치는 대신 이 공명첩을 받아 천민 신분에서 벗어나거나 이름뿐인 관직을 얻기도 했지. 몇몇 사람들은 이 공명첩을 양반 행세를 하는 도구로 사용하기도 했어.

를 사 와 자기 집안 것인 양 꾸미거나, 아예 거짓 양반 족보를 만들어 내는 거야. 나라에서 이름뿐인 관직을 팔던 공명첩을 사는 일도 흔했지. 이 경우에는 호적에 돈을 주고 산 관직이라는 표시가 남기 때문에 그것만으로 군역을 면제받을 순 없었어. 하지만 호적을 관리하는 구실아치에게 돈만 조금 쥐어 주면 그 표시를 지울 수 있었거든."

"히야, 양반 되기 쉽네! 그럼 양반이 엄청 많아졌겠네요?"

"정확히 말하면 가짜 양반이 많아진 거지. 어림잡아 5% 남짓하던 양반 인구가 조선 후기에 가면 40%가 넘었다고도 하고, 절반을 훌쩍 넘었다고도 해. 물론 이런 사람들이 모두 진짜 양반 대접을 받을 수 있던 건 아니야. 대대로 같은 마을에서 살아온 사람들끼리 벼슬을 해 온 양반 집안과 농사를 짓던 농민 집안을 구별 못할 리가 없지. 하지만 중요한 건 진짜 양반이라고 해서 모두 전처럼 위엄 있는 모습이 아니었다는 거야. 이미 세상은 변해서 아무리 뼈대 있는 양반집이라도 절로 떵떵거리며 살 수 있는 게 아니었으니까. 한양이나 그 근처에 살면서 벼슬을 이어 오던 일부 양반층은 발 빠

르게 시대의 변화를 따라잡아 여전히 권세를 누릴 수 있었지만 지방의 양반들은 그렇지 못했어. 그저 동네에서 양반 행세를 한다뿐, 한양의 관리들에 비하면 경제적으로도, 또 학문적으로나 문화적으로도 한참 뒤처졌지. 그쯤만 되어도 다행인 것이, 양반이라고 내세우기도 민망한 양반층도 생겨났어. 당장 먹고살 길이 막막해서 직접 밭을 갈고 베를 짜야 하는 양반들이었지. 생산력이 쑥쑥 발전하고 돈의 중요성이 이전과는 비할 수 없이 커진 상황에서 경제력이 신분 못지않게 중요해진 거야. 그러니 손에 흙 한 톨 묻히지 않

은 채 뒷짐 지고 헛기침이나 하는 양반들의 모습은 무능하고 한심해 보이기 십상이었어."

"조선은 양반 중심이라더니, 어째 많이 달라졌네요."

장하다의 말에, 용선생 대신 왕수재가 무게를 잡으며 대꾸했다.

"한마디로 신분 제도가 흔들리기 시작했다는 거네."

 ## 춘향, 신분을 뛰어넘어 꿈을 이루다

"그래, 요약하면 바로 그 얘기지. 신분 제도가 조금씩 흔들리면서 백성들의 신분 상승에 대한 바람도 커져 갔어. '양반이 뭐 별 건가? 우리라고 양반이 되지 말란 법 있나?' 하고 말이야. 조선 후기에 널리 퍼졌던 이야기인 《춘향전》을 보면 당시 사람들의 생각을 엿볼 수 있지."

"《춘향전》이라면, 성춘향하고 이몽룡 얘기요? 저 잘 알아요!"

허영심이 반가워하며 말했다.

"그래? 그럼 영심이가 《춘향전》 줄거리를 한번 말해 볼래?"

허영심은 자신 있다는 표정으로 이야기를 시작했다.

"남원 고을에 성춘향이라는 예쁜 처녀가 있었어요. 어느 날 춘향이가 그네를 타는데 사또의 아들 이몽룡이 그 모습을 보고 한눈에

반하게 됐죠. 둘은 곧 서로 사랑하는 사이가 되었어요. 춘향이는
기생의 딸이었지만 이몽룡은 상관하지 않았어요. 그러다 이몽룡의
아버지가 한양으로 올라가게 되자, 그만 두 사람도 헤어지게 돼요.
그런데 새로 온 못된 사또 변학도가 춘향이한테 수청을 들라고 해
요. 춘향이가 자긴 임자 있는 몸이라고 그럴 수 없다고 하니까 옥
에 가둬 버렸죠. 춘향이가 옥에서 고생을 하고 있는데, 얼마 뒤 드
디어 이몽룡이 나타났어요. 거지꼴로 돌아오긴 했지만, 실은 과거
에 급제해서 암행어사가 되어 돌아온 거였어요. 결국
변학도는 벌을 받고, 성춘향과 이몽룡은 행복하
게 잘 살게 되었어요.”

“야, 진짜 줄거리 정리 잘했다!”

용선생은 허영심에게 짝짝,
박수를 보낸 뒤, 아이들을
둘러보았다.

“금방 영심이가 춘향이
더러 기생의 딸이라고 했
지? 천민인 기생의 딸 춘향
이는 조선에서 제일 낮은 신분이나
다름없었어. 사실, 이몽룡 같은 높은 양
반집 아들과 어깨를 나란히 하고 사귀거나,

난 기생 딸,
넌 양반!
우린 안 될
거야!

몽룡

너 좋아해.
니가 기생이건,
외계인이건
상관 안 해!

춘향

향단

흥!

아싸,
걸려
들었어!

흑흑…

우리 아씨
또 쇼한다
쇼해!

방자

하라는
공부는
안 하고~
쯧쯧..

잠자리 수청을 들라는 고을 사또의 요구를 거부할 처지가 아니었을 거야. 그리고 춘향이가 사랑을 이룬다고 해도 이몽룡의 정식 부인이 되기는 어려웠겠지."

"그럼《춘향전》은 좀 부풀려진 얘기네요?"

"응, 그렇다고 볼 수 있지. 하지만 이야기 속에서나마 신분 제도의 틀을 뛰어넘은 사랑이 이루어졌다는 것은 분명 중요한 변화였어. 당시 사람들이 이런 춘향이 이야기를 마치 자기 이야기라도 되는 것처럼 안타까워하고 기뻐하면서 듣고 또 들었다는 건, 그만큼 신분 제도를 뛰어넘고 싶어 하는 이들이 많았다는 걸 뜻하지. 이야기를 통해서라도 그런 생각을 서로 꺼내 놓고 나누는 분위기가 공공연하게 퍼져 가고 있었다는 뜻도 되고."

"신기하네.《춘향전》에 그런 속뜻이 숨어 있는 줄은 몰랐어요."

허영심이 고개를 끄덕였다. 그때, 강당 한쪽에서 춤사위를 연습하던 말뚝이 형이 멋쩍은 표정으로 다가왔다.

얼쑤! 판소리
가락 좋~다!

참고 영상

〈평양도〉 중
판소리 장면
평양성 밖에서 판소리를
하는 모습이 보이니?
판소리란 글자 그대로
'판에서 하는 소리'를
말해. 아무 데나 돗자리
하나만 깔면 그곳이 '판'
이 되는 거야. 거기에서
노래 부르는 소리꾼과
북 치는 사람이 함께
'소리'를 만드는 거지.

"저, 선생님! 금방 춘향이 이야기를 하시던데……. 제가 실은 판소리도 배우고 있거든요? 얼마 전에 춘향가에 나오는 사랑가를 배웠는데, 쑥스럽긴 해도 후배들 앞에서 한번 불러 볼까요?"

"그거 좋지! 얘들아, 사랑에 빠진 이몽룡이 춘향이를 앞에 놓고 부르는 노래야. 잘 들어 봐!"

말뚝이는 목청을 살짝 가다듬더니 제법 구수하게 노랫가락을 뽑아냈다.

"이리 오너라, 업고 놀자. 사랑, 사랑, 사랑, 내 사랑이야. 사랑이로구나, 내 사랑이야. 이이이이 내 사랑이로다. 아마도 내 사랑아. …… 저리 가거라 뒤태를 보자. 이리 오너라 앞태를 보자. 아장아장 걸어라 걷는 태를 보자. 빵긋 웃어라 잇속을 보자. 아마도 내 사랑아~."

장하다가 "노래 너무 간지럽지 않냐?" 하고 소곤거렸지만 허영심의 귀에는 들리지 않는 듯 "저 오빤 못하는 게 없나 봐!" 하는 감탄만 돌아올 뿐이었다. 말뚝이 형과 영심을 번갈아 바라보던 장하다는 괜스레 기분이 상해 불퉁거렸다.

"노래가 좀 이상한 것 같아요. 업고 놀자고 하질 않나."

그 말에 왕수재도 "조선은 남녀칠세부동석 아닌가요?" 하고 보탰다. 하지만 용선생은 오히려 반가운 표정을 지었다.

"너희들, 그 말 한번 잘했다! 이 무렵 조선의 문화는 사회 분위기

곽두기의 국어사전

남녀칠세부동석
남자와 여자는 일곱 살이 된 이후에 같은 자리에 있으면 안 된다는 의미야. 양반에 한정된 이야기긴 하지만, 조선 시대에는 여성과 남성의 활동 공간을 엄격히 구분했어.

와 맞물려서 크게 달라지고 있었거든! 일반 백성들 사이에서는 물론이고, 양반 사회에도 체면이나 격식에 얽매이지 않는 자유로운 문화가 움트고 있었어. 게다가 남녀 사이의 연애 이야기처럼 재밌는 이야깃거리가 또 어디 있겠니?"

허영심이 "맞아, 맞아" 하면서 고개를 끄덕거렸다.

점잖만 빼던 양반 문화도 이제 그만!

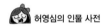
"당시 유명한 화가들의 그림을 보면 금방 알 수 있지! 우선 신윤복의 그림을 볼까?"

용선생이 미리 챙겨 온 책을 펴 들었다.

"짠! 조선의 화폭에 새바람을 일으킨 신윤복의 그림이야. 두 사람이 뭘 하는 것 같니?"

영심이 대뜸 "데이트하는 거네요!" 했다.

"맞았어. 사람들 눈을 피해 달빛 아래 만나 서로의 마음을 나누는 남녀의 모습이야. 여기 '달이 기울어 밤이 깊었는데, 두 사람 마음은 둘만이 알리라' 하고 쓴 화가의 글씨도 들어 있구나. 이 그림을 그린 신윤복은 궁궐에 소속되어 있던 실력 있는 화가였어. 그는 예쁘게 치장한 여자의 모습도 그리고, 냇가에서 목욕하는 여자들과

신윤복의 〈월하정인도〉 으슥한 밤 달빛 아래 남녀가 만나는 장면을 그렸어. 쓰개치마를 둘러쓴 여성은 볼이 빨갛게 물들었고, 어둠을 밝히는 초롱을 든 남성은 그윽한 눈길로 여성을 바라보고 있어. 《혜원풍속도첩》 중 하나. 세로 28.2cm, 간송미술관 소장. 국보.

그 광경을 몰래 훔쳐보는 스님들, 여자를 서로 차지하려고 싸움을
벌인 남자들의 모습도 그렸어. 남녀 사이의 애정 문제를 솔직하게
드러내고 그에 얽힌 욕망도 거침없이 다루는 그림들이었지. 그러다
가 결국은 점잖지 못한 그림을 그린다는 이유로 궁궐에서 쫓겨났지

만, 그 뒤 신윤복은 자신이 관심 있는 그림들을 더욱 집중적으로 그려 냈지."

"그런 그림을 그렸다고 쫓겨나요? 뭐 그리 대단한 일이라고."

나선애가 이해가 가지 않는 듯, 어깨를 으쓱했다.

"조선 시대의 다른 그림들을 보면 신윤복의 그림이 왜 문제가 되었는지 금방 이해가 될 거야."

용선생은 책을 몇 장 넘겨 다른 그림을 보여 주었다.

"조선 중기까지만 해도 그림이라고 하면 이렇게 산이나 강, 나무와 새를 그린 것들이 대부분이었어. 성리학을 공부하는 선비들이 중국 그림을 흉내 내서 그린 것들이었지. 그림에 묘사된 산이나 강의 모습도 조선의 것이 아닌 중국의 산과 강이 대부분이었어. 중인 출신의 전문 화가

이상좌의 〈송하보월도〉 둥근 달이 뜬 밤에 소나무 아래를 거니는 선비와 동자의 모습이야. 이런 구도는 중국 남송 화가들이 즐겨 사용한 구도야. 조선 중종 때 도화서 화원이었던 이상좌의 작품으로 알려져 있어.

들은 필요에 따라 좀 더 다양한 그림을 그렸지만, 그 역시 근엄한 양반의 얼굴을 담은 초상화나 궁궐의 중요한 행사를 그린 기록화 같은 것들뿐이었어. 이렇게 하나같이 점잖고 엄숙하던 그림에 변화가 생긴 것은 18세기에 들어서면서였어. 양반들 중에도 중국 그림을 흉내 내기보다는 조선의 산과 강을 그리고 더 나아가 조선 땅에 사는 사람들의 다양한 모습을 그림에 담고 싶어 하는 이들이 하나둘 생겨났지. 하지만 여전히 중국풍의 배경이 들어가는가 하면, 남몰래 그리는 등 소극적인 분위기였어. 아무래도 양반 사회의 따가운 눈총을 받을 게 두려웠던 게지."

"나 참, 그림 그리는 것도 남들 눈치를 보다니……."

장하다가 고개를 짤짤 흔들었다.

정선의 〈인왕제색도〉
인왕산에 큰 비가 내린 뒤 안개가 피어오르는 순간을 그린 그림이야. 정선(1676~1759)은 조선의 산천을 직접 보고 그림을 그린 것으로 널리 알려져 있어. 이런 그림들을 직접 보고 그렸다고 해서 '진경(실경) 산수화'라고 해. 세로 79.2cm, 국립중앙박물관 소장. 국보.

"그러다 본격적인 변화가 일어난 건 19세기 들어와서야. 변화를 앞장서 이끈 것은 바로 신윤복 같은 화가들이었지. 이때부터 보는 사람의 시선을 확 잡아끄는 그림들이 쏟아져 나오기 시작했어. 먹고 마시며 즐기고, 그러다 때로는 싸우는 사람들의 모습, 남녀 간의 호기심과 사랑에 대한 솔직한 묘사, 양반이나 스님들의 체면이 완전히 구겨진 모습들이었지. 사람들은 대번에 이런 그림들에 관심을 갖고 좋아하게 되었어."

"하지만 양반들은 싫어했겠죠?"

왕수재의 질문에 용선생이 씩 웃으며 고개를 저었다.

"드러내 놓고 좋아할 순 없었겠지. 하지만 이 무렵에는 남녀 간의 사랑을 노골적으로 묘사한 그림들을 몰래 사 보는 양반들도 많았대. 이미 양반 사회에 빠르게 퍼지고 있는 자유롭고 세속적인

신윤복의 〈미인도〉 '미인도'란 아름다운 여자를 그린 그림을 말하는데, 대개 기생들을 그렸다고 해. 양반 집안의 여자들은 가족이 아닌 다른 남자하고는 얼굴도 마주 보지 못했으니 쉽게 볼 수 있는 기생을 주로 그렸겠지? 《혜원풍속도첩》 중 하나. 세로 114cm, 간송미술관 소장. 국보.

분위기는 누가 나서서 훈계를 한다고 해서 막을 수 있는 게 아니었어. 한 예를 들면, 당시 여자들의 옷차림도 이전과는 꽤 달라져 있었어. 길었던 저고리는 점점 짧아지고 치마는 점점 풍성해졌지. 겉옷 사이로는 속옷이 조금씩 보이기도 했대. 사실 이런 차림새는 기생들의 것이었거든. 그런데 지체 높은 양반집 여자들도 이런 옷차림을 하기 시작한 거야. 그래서 여자들이 이런 옷차림을 하지 못하도록 막아야 한다고 주장하는 학자도 있었어."

"요즘으로 치면 여자들 노출 패션이 심하다고 뭐라고 하는 사람하고 똑같네요?"

"그렇겠구나. 하지만 그런 주장은 받아들여질 수 없었지. 이미 시

김홍도의 〈씨름〉 씨름을 하는 두 사람과 둥글게 둘러앉아 이를 구경하는 사람들이 그려진 그림이야. 갓을 벗어두고 저마다 다양하고 편안한 자세를 취하며 씨름을 즐기고 있지. 대부분 망건을 쓰고 있는데 당시 상민들도 갓을 쓰는 일이 많았던 것 같아. 《단원풍속도첩》 중 하나. 세로 28cm, 국립중앙박물관 소장. 보물.

김홍도의 〈빨래터〉 방망이를 들고 빨랫감을 두들기는 여자. 빨래를 짜는 여자, 머리를 손질하는 여자의 모습이 보여. 근데 몰래 숨어서 여자들을 훔쳐보는 남자도 있네. 《단원풍속도첩》 중 하나. 세로 28cm, 국립중앙박물관 소장. 보물.

김홍도의 〈서당〉 서당 훈장님에게 야단을 맞았는지 한 아이는 훌쩍거리고 있지만, 나머지 아이들은 뭐가 재미있는지 웃고만 있어. 《단원풍속도첩》 중 하나. 세로 28cm, 국립중앙박물관 소장. 보물.

대가 변했으니까."

용선생은 다른 그림들을 더 보여 주었다.

"이건 신윤복과 같은 시기에 역시 궁궐에서 활동한 화가 김홍도의 그림이야. 유명한 그림들이니 너희도 한 번쯤은 봤을 거야. 이제는 더 이상 조선 백성들의 다양한 삶의 풍경이 그려지는 게 거리낌이 없었어. 논밭에서 농사일을 하는 모습, 왁자지껄한 시장 풍경, 서당에서 공부하는 아이들, 대장간과 빨래터, 씨름판…… 백성들의 땀내 나는 일상이 고스란히 화폭에 담기게 되었지. 이런 그림들을 '풍속화'라고 해.
신윤복과 김홍도가 조선
후기 풍속화를 이끈 대표
적인 화가였단다."

용선생이 또다시 책장을
넘기자 좀 더 화려한 그림
들이 펼쳐졌다.

"와, 예쁘다! 이 그림들
은 또 다른 것 같아요."

곽두기가 눈을 반짝거리
며 말했다.

"그렇지? 이런 그림을

〈문자도〉 민화의 한 종류로 글자와
글자의 의미를 구체적으로 표현한 그림을
함께 그려놓은 것을 말해. 주로 사람이
지켜야 할 도리와 관련된 문자를 표현했어.

〈백수백복도〉 목숨 수(壽), 복 복(福)
의 두 글자만을 반복해 적은 것으로 장수와
행운을 기원하는 거야.

'민화'라고 불러. 이름난 화가들이 그림에 자신이 그렸다는 표시를
남긴 것과는 달리 민화에는 대개 아무런 흔적이 없어. 그러니 누가
그렸는지 알 수 없지. 그림을 사는 사람도 양반이 아니라 일반 백
성들이었어. 민화의 소재는 주로 까치와 호랑이, 또는 해와 달, 꽃,
물고기, 책이 쌓인 책상이나 책장의 모습 등이었어. 백성들은 이런
그림에 건강하기를 바라는 마음, 나쁜 일이 생기지 않기를 바라는
마음, 부자가 되고 싶은 마음, 자식이 공부를 잘했으면 하는 마음
을 담아서 집에 고이 걸어 두었대. 또 조상을 모시는 사당의 모습

〈까치 호랑이〉 기쁜 소식을 알리는 까치가 소나무 가지에 앉아 있고, 그 밑에서 호랑이가 웃음을 머금고 있어. 우리 민화 속의 호랑이는 무섭지 않고 따뜻하고 천진난만해.

옹기 진흙을 반죽해 구운 그릇을 말해. 흙 속의 작은 모래 알갱이가 그릇에 숨구멍을 만들어 통풍을 할 수 있게 해. 그래서 음식물이 변하는 것을 막아 오랫동안 저장할 수 있게 해 준대.

떡살 떡에 문양을 찍는 도구야. 문양마다 특별한 의미가 있지. 백일 떡에는 기쁨을 나타내는 물고기, 파초 모양을, 회갑에는 장수를 의미하는 문자나 잉어, 거북이 모양을 넣는대.

소반, 경상
소반(왼쪽)은 말 그대로 작은 밥상이란 뜻이야. 경상(오른쪽)은 책을 올려놓는 책상이야.

청화 백자 흰 바탕에 푸른색으로 산과 나무, 새와 꽃 등을 그려 넣은 도자기야. 조선 시대 내내 제작되었지만, 조선 후기가 돼서야 다양한 무늬의 청화 백자가 널리 보급됐어. 이때는 접시, 대접뿐만 아니라 연적, 필통, 꽃병, 술병, 화분처럼 다양한 용도의 그릇들이 많이 만들어졌대.

나전 칠기 소라 라(螺), 비녀 전(鈿)으로, 얇게 간 조개껍데기를 여러 가지 형태로 오려 물건에 붙이는 칠공예 방법이야. 우리나라는 삼국 시대부터 만들기 시작했고, 예로부터 '자개' 라고도 부르며 고급품으로 인식되었어.

조각보 쓰다 남은 색색의 천 조각을 이어 만든 거야. 남은 천 조각을 따로 모아 두었다가 적당한 크기와 색상의 조각을 찾아 썼어. 물건을 귀하게 여기는 마음과 삶의 지혜가 담긴 보자기야.

을 그린 '사당도'도 유행했는데, 집안에 사당을 갖출 형편이 못 되는 백성들은 사당도를 걸어 놓고 제사를 올리기도 했대. 원래 제사는 양반집에서만 지냈지만 19세기에는 일반 상민들도 대부분 제사를 지내기 시작했거든."

"확실히 조선이 많이 달라졌다는 걸 알겠네요."

허영심의 말에 용선생이 고개를 크게 끄덕였다.

"그래. 오늘 우리가 살펴본 조선 후기 문화의 여러 모습들은 조선 사회의 변화를 비춰 주는 거울이나 마찬가지야. 이미 여러 시간에 걸쳐 살펴본 것처럼 조선 후기에는 농업이며 상업이 발달하면서 신분보다는 경제력의 중요성이 한층 두드러지게 됐어. 가난한 양반보다 부자인 중인이나 상민이 더 행세하는 경우도 늘어 갔지. 그러니 신분 제도를 당연한 것으로만 여겨 온 백성들도 점차 생각이 깨어 갔어. 양반과 다른 신분의 경계가 조금씩 허물어지면서 모두가 평등하게 잘살 수 있는 세상이 되기를 바라는 백성들의 소망과 의지도 쑥쑥 자라난 거야."

"그 소망과 의지…… 정말 잘됐으면 좋겠다."

나선애의 말에 곽두기도 "나도!" 하고 보탰다. 그러자 멀찍이 떨어져 섰던 말뚝이 형이 다시 나섰다.

"그거다! 선생님, 저한테 멋진 생각이 떠올랐어요. 제가 조선 백성들의 그런 소망과 의지를 춤으로 한번 표현해 볼까요?"

또 껴드는 말뚝이가 못마땅한 장하다가 입을 쑥 내밀며 "형, 탈춤 대회 준비하려면 바쁘지 않아?" 했다. 하지만 말뚝이 형은 여전히 친절하게 대꾸할 뿐이었다.

"후배들을 위해서라면 아무리 바빠도 시간을 내야 되지 않겠니? 걱정 마."

이내 시작된 말뚝이의 열띤 춤사위에 허영심와 나선애, 그에 더

해 곽두기까지 입이 헤벌어졌다. 하지만 왕수재와 장하다는 달랐다. 왕수재는 '공부할 시간도 모자랄 텐데 저 형은 만날 춤만 추나?' 하고 생각하며 혼자서 고개를 흔들었다. 장하다는 자신이 기분 나쁜 이유를 모르는 채, 황홀해 보이는 영심의 얼굴을 연거푸 흘깃거렸다.

'저 형 이상하게 마음에 안 드네……. 모르겠다, 나도 확 탈춤이나 배울까?'

나선애의 정리노트

1. 신분 제도가 흔들리는 이유

① 일부 양반들의 몰락 — 양반들 사이에서도 계층이 나뉨

*양반의 변화

권반	한양에서 벼슬을 독차지하는 부유한 양반
향반	자기 동네에서 체면 차리는 양반
잔반	몰락한 가난한 양반

② 가짜 양반이 늘어남 — 군역을 피하기 위해 가짜 족보를 사거나 공명첩을 삼

2. 예술로 보는 조선 후기

① 일반 백성들의 다양한 삶을 그림

예) 김홍도의 〈서당〉, 〈씨름〉, 〈빨래터〉 등

② 남녀 간의 사랑을 솔직하게 표현함

예) 《춘향전》, 신윤복의 〈월하정인도〉 등

③ 양반을 비꼬고 풍자함

예) 봉산 탈춤, 박지원의 〈양반전〉 등

④ 조선의 산과 강을 그림

예) 정선의 〈인왕제색도〉

⑤ 백성들도 그림을 그리거나 소장함

예) 민화

용선생의 역사 카페

역사계의 슈퍼스타,
용선생의 역사 카페에
오신 걸 환영합니다

Log in

게시판 ❤

📋 역사가 제일 쉬웠어용!
📋 이제는 더~ 말할 수 있다!
📋 필독! 용선생의 매력 탐구
📋 전교 1등 나선애의 비밀 노트

암행어사의 모든 것

암행어사는 지방의 관리들이 일을 잘하는지, 못하는지 조사하는 관리야. 원래 '어사'는 왕의 명령으로 지방에 파견되는 임시 관직을 말해. 거기에 '신분을 숨기고 다닌다'고 해서 '암행'이란 말을 붙인 거지.

근데 왜 비밀리에 관리를 파견할까? 암행어사가 온다는 사실을 알면 못된 짓을 하던 지방 관리들도 일을 잘하는 척하거나, 증거를 없앨 수 있겠지? 그리고 백성들도 신분이 높은 관리에게 지방 관리의 잘못을 낱낱이 얘기하기 힘들 거고. 그래서 암행어사는 평범한 선비인 척하고 몰래 정보를 수집했어.

암행어사로 임명된 관리는 봉투를 받자마자 그 즉시 길을 떠나야 했어. 봉투에는 해야 할 일을 적은 책, 마패, 유척 2개가 들어 있었지. 마패는 '역'에서 말을 빌릴 수 있는

마패

증표야. 역은 관리들만이 이용할 수 있는 곳으로, 이곳에서 말을 갈아타기도 하고 잠을 자기도 했어. 보통 30리마다 하나씩 설치했지. 유척은 구리로 만든 자로, 도량형 도구가 제대로 만들어졌는지 확인하는 도구였어. 지역에 따라 같은 단위라도 실제 길이나 크기는 다른 경우가 많았다고 했지? 이것을 악용해 수령들은 여러 가지 비리를 저질렀어. 예를 들어 세금을 걷을 때는 표준보다 훨씬 큰 도량형 도구를 사용하고, 걷은 세금을 한양에 보낼 때는 표준 도량형 도구를 써서 남는 것을 가로채는 거야. 이때 유척을 사용해서, 수령들이 비리를 저질렀는지 여부를 밝혀낼 수 있었어.

목적지에 도착한 암행어사는 시중에 떠도는 정보들을 수집해. 수령이 잘못 다스리고 있다는 확신이 들면 관아로 들이닥쳐 "암행어사 출두야!"를 외치지. 암행어사가 출두를 하면 수령은 더 이상 업무를 볼 수 없었어. 암행어사는 수령을 취조하거나, 관아에 있는 문서를 뒤져서 비리의 증거를 찾아냈어. 그러고 나서 한양에 돌아와 왕에게 보고서를 내는 것으로 일을 마무리했지.

유척

☕ **COMMENTS**

👩 허영심 : 아하, 그래서 이몽룡이 거지 차림으로 돌아다닌 거군요.

↪ 🍰 용선생 : 근데 사실 이몽룡은 암행어사가 되어 남원으로 갈 수 없어. 원칙상 자신과 관련 있는 지역엔 갈 수 없거든.

한국사 퀴즈 달인을 찾아라!

달인 트로피

출발!

01 ★★☆☆☆

말뚝이 형 기억나지? 이렇게 얼굴에 탈을 쓰고 춤을 추면서 연극을 하는 걸 뭐라고 할까?

□ □

02 ★★☆☆☆

아이들이 조선 후기에 대해 이야기를 나누고 있어. 그런데 한 아이는 딴소리를 하고 있네. 그 사람의 번호는? (   )

 ① 조선 후기에는 양반 같지 않은 양반이 늘어났대.

 ② 그래서 양반을 조롱하는 탈춤도 널리 유행했다지.

 ③ 가짜 족보를 사서 양반 행세를 하는 사람들도 생겨났어.

 ④ 족보를 위조했다고 비난할 순 없어. 양반, 상민을 차별하는 세상이니 양반이 되고 싶겠지.

 ⑤ 양반이 되고 싶을 만하지. 조선 후기 양반들은 누구나 다 잘 먹고 잘살았으니까.

03 ★★★★☆

아이들이 회화 전시전에 갔어. 다음 전시전에서 볼 수 없는 그림은 무엇일까? (   )

전시 제목 : 조선 후기의 회화

①

②

③

④

04 ★★★★★

수재가 '소설로 보는 조선 후기'라는 주제로 짤막한 글을 쓰고 있어. 그런데 제일 중요한 단어가 생각이 안 나네. 수재 대신 아래 빈칸을 채워 줄래? (   )

조선 후기에 쓰인 대표적인 소설 두 가지, 〈양반전〉과 〈춘향전〉을 살펴보자. 〈양반전〉에서 양반은 허세에 가득 차 있으면서도 보잘것없는 존재로 그려지며, 소설 속에서 양반 신분을 마음대로 사고팔기까지 한다. 또한 〈춘향전〉에서는 기생과 양반이라는 신분 차이를 뛰어넘어 서로 결혼하는 모습을 볼 수 있다. 즉, □□ □□가 흔들리고 있는 모습, 혹은 □□ □□가 흔들리기를 바라는 마음을 소설 속에 그대로 반영한 것이다.

• 정답은 311쪽에서 확인하세요!

8교시

한 많고 사연 많았던 조선의 여인들

조선 초기까지만 해도 여성들의 삶은 비교적 자유로웠어.
하지만 점차 가부장제가 뿌리 내리면서 여성들의 삶은 크게 달라지게 됐어.
특히 두 번의 전쟁은 여성들에게 많은 굴레를 덧씌우는 계기가 되었지.
전쟁으로 혼란해진 사회를 안정시키기 위해
예의범절과 성리학적 윤리가 한층 더 강조되었기 때문이야.
조선의 여인들은 어떻게 살았을까? 한 양반집 부인의 삶을 통해 알아보자.

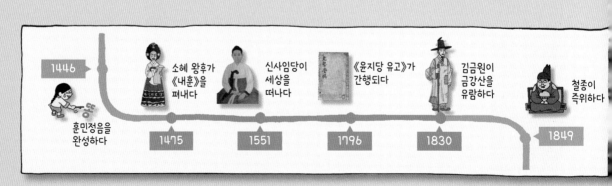

1446
훈민정음을
완성하다

소혜 왕후가
《내훈》을
펴내다
1475

신사임당이
세상을
떠나다
1551

《윤지당 유고》가
간행되다
1796

김금원이
금강산을
유람하다
1830

철종이
즉위하다
1849

김준근의 〈옷감 다루기〉

✔ 알고 있는 용어에 체크해 보자!
☐ 열녀   ☐ 허난설헌   ☐ 김만덕

"아흐, 오늘은 왠지 공부하기 싫다~."

장하다가 하품을 하며 몸을 잔뜩 뒤틀었다. 옆에 있던 왕수재가 "네가 오늘만 공부하기 싫겠냐?" 하며 구시렁거렸지만, 별 의욕이 없기는 마찬가지였다. 막 시험 기간이 끝난 참이라 잔뜩 늘어져 있는 아이들을 보며 용선생은 걱정스러운 표정을 지었다.

"이 선생님이 오늘 수업 준비를 무지 열심히 해 왔거든. 그런데 너희들 얼굴이 말이 아니구나. 이렇게 지쳐 보이니 선생님이 마음이 아파서 도저히 수업을 할 수가 없겠다."

아이들은 용선생이 무슨 소리를 하려고 그러나 싶어서 귀를 쫑긋 세웠다. 살짝 뜸을 들인 용선생이 뒷말을 이었다.

"할 수 없지……. 오늘은 그냥 옛날이야기나 해 줄까?"

순간 눈빛이 반짝거리는 아이들. 곽두기는 "우아! 옛날얘기다!" 하며 어깨를 들썩거리기까지 한다. 용선생은 성큼성큼 아이들 사이로 가서 빈 책상 앞에 자리를 잡고 앉았다. 그리곤 "옛날 옛적에" 하고 곧장 이야기를 시작했다.

열다섯 꽃다운 처녀가 혼례를 올리는데

"때는 조선 시대였어. 임진왜란과 병자호란이 지나가고 또 몇십 년이 지난 뒤쯤 되겠다. 어느 마을에 마음씨 고운 처녀가 한 명 살았어. 바느질도 잘하고 음식도 잘 만들고 어른들도 잘 모시는, 조선 시대로 치면 딱 훌륭한 신붓감이었지."

훌륭한 신붓감이라는 말에 관심이 확 쏠린 허영심이 "이름이 뭔데요?" 하고 물었다.

"이름? 글쎄…… 용씨 처녀 어떠냐?"

"지금 정하시는 거예요? 그럼 이왕이면 허씨 처녀로 해 주세요!"

허영심이 졸랐지만 용선생은 고개를 저었다.

"그건 안 돼. 해피엔딩이 아니라서 영심이 네 성을 붙여 줄 수 없겠다. 그래, 한씨 처녀였어. 한 많은 조선 여인 한씨 처녀."

하지만 이미 용선생의 말을 귀담아 듣지 않고 있는 영심의 머릿속에서는 상상의 나래가 펼쳐지고 있었다. 그 속에서 영심은 한복을 차려입고 단정히 앉아 수를 놓기 시작했다.

"열다섯 살이 된 처녀는 곧 혼례를 올리기로 되어 있었어."

용선생이 다시 이야기를 시작하려는데, 왕수재가 정색을 하고 "열다섯이 무슨 처녀예요? 청소년이죠!" 했다.

"아냐, 그땐 청소년이라는 시기가 따로 없었기 때문에 남자나 여자나 어린아이 시절을 넘어서면 바로 어른의 몫을 해내야 했거든. 남자는 열다섯, 여자는 열네 살이면 혼인을 하기 시작했지. 한씨 처녀는 멀리 떨어진 고을에 있는 양반집 도령과 혼례를 올리기로 되어 있었어. 부잣집은 아니었지만 대대로 높은 벼슬을 해 온 집안이었지. 혼례식 전날, 신랑 집에서는 혼인을 증명하는 혼서(婚書)와 신부에게 주는 비단, 그리고 장신구가 담긴 함을 보내 왔어. 신부는 이 혼서를 평생토록 간직해야 했고, 죽은 뒤 관 속에 함

함 혼인을 증명하는 혼서. 신부에게 주는 옷감과 장신구 등을 넣은 상자야. 함을 받으면 혼인이 성립되어 법적 효력이 있대. 이 함을 지고 가는 사람을 '함진아비' 라고 불러.

칠보 가락지 고리가 하나인 것은 반지, 쌍으로 된 것은 가락지라고 불러. 결혼한 여성만 가락지를 꼈어.

산호 가지 노리개 노리개는 한복 저고리의 고름이나 허리춤에 차던 장신구를 말해. 산호는 바닷속에서 부드러운 몸으로 살아가는 동물이야.

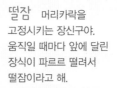

떨잠 머리카락을 고정시키는 장신구야. 움직일 때마다 앞에 달린 장식이 파르르 떨려서 떨잠이라고 해.

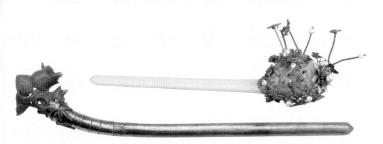

비녀 혼인할 때가 되면 길게 땋은 머리를 위로 틀어 올려 비녀를 꽂아 쪽을 지었어.

빗치개 가르마를 타서 머리카락을 정갈하게 정리하는 데 쓰였어.

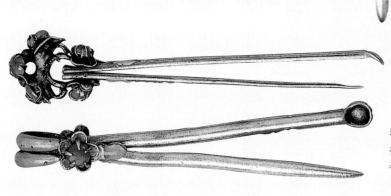

뒤꽂이 쪽머리에 꽂는 장신구인데, 빗치개로 쓸 수도 있었대.

김준근의 〈장가가고〉 하얀 말을 탄 사람이 신랑이야. 사모를 머리에 쓰고 관복을 입은 신랑은 포선으로 얼굴을 가리고 있어.

께 넣기도 했어. 드디어 혼례식 날, 사모를 쓰고 관복을 차려입은 신랑의 말 탄 행렬이 처녀의 집에 도착하자, 사람들은 한껏 들떠서 웅성거리며 웃고 떠들었어. 신랑은 나무로 만든 기러기 인형을 조심스레 상 위에 올려 놓았어. 서로 평생 사이좋게 함께 살자는 의미였지. 이제 방 안에 조용히 앉아 있던 한씨 처녀가 나갈 차례야. 처녀는 혼례복인 삼회장저고리에 청홍색 치마를 입고 있었어. 머리에는 족두리를 얹고, 볼에는 잡귀신들

기러기 인형
기러기는 한번 짝을 잃으면 다시는 짝을 얻지 않는 절개 있는 새로 알려져 있어. 그래서 신랑은 혼례식 때 살아 있는 기러기나 나무 기러기를 신부 집에 전했어.

을 물리치는 붉은색 연지 곤지를 찍었지. 처녀는 신랑의 얼굴은 어떻게 생겼을까, 목소리는 어떨까, 두근두근 설레는 마음으로 방을 나섰어."

이때 갑자기 장하다가 "에에?" 하며 이야기를 끊었다.

"그럼 지금 신랑 신부가 얼굴도 모르고 결혼하는 거예요?"

"응, 양반가에서는 철저히 집안 어른들끼리 혼례를 성사시켰어. 혼례는 두 사람이 만나서 올리는 것이 아니라 집안과 집안끼리 하는 것이라고 생각했거든. 한씨 처녀는 신랑 얼굴이 궁금한 것을 꾹 참고 고개를 숙인 채 혼례를 치렀어. 신랑과 신부는 서로 손을 깨끗이 씻고, 맞절을 하고, 표주박 잔에 술을 따라 주고받았지. 곧 두 사람이 부부가 되었다는 선언이 울려 퍼졌어. 처녀는 그 소리에 그만 눈물이 핑 돌았지. 곧 정든 집을 떠나야 하는구나 하는 생각이 밀려들었던 거야. 혼례식을 구경하고 있던 사람들은

경대 거울이 달린 화장대야. 아래 서랍에 빗, 장신구, 화장품 등을 넣어 둘 수 있었어.

분합 분가루 같은 화장 재료와 가루를 묻히는 분첩을 담는 그릇이야.

머릿기름함
머리카락을 윤기 나게 하는 기름을 담는 그릇이야. 분합과 함께 경대에 넣어 보관했어.

잡귀들이 싫어한다는 팥과 쌀을 한 줌씩 던져 주며 나쁜 일 없이
잘 살라고 축복을 해 줬어."

 시집살이 매운 맛에 한숨은 늘고

"혼례식을 마친 한씨 처녀, 아니 한씨 부인은 곧 신랑과 함께 집
을 나섰어. 혼례를 마친 신혼부부가 신부 집에서 사흘 동안 머물다
가는 경우도 있었지만 시댁에서 그걸 원하지 않았거든. 부인은 부

모님에게 작별 인사를 하고 떨어지지 않는 발걸음을 옮겼어.”

“잠깐요! 고려 때는 결혼하면 처갓집으로 가서 살았다면서요. 언
제부터 이렇게 바뀐 건데요?”

나선애의 말에 다른 아이들도 “참 그랬지!” 하며 맞장구를 쳤다.

“17세기 중반까지만 해도 여성이 결혼을 하고 친정살이를 하는
경우가 많았어. 신사임당도 혼인한 뒤 20년 동안이나 강릉의 친정
에서 살았어. 그 아들인 율곡 이이도 외가에서 자랐고. 혼인 문제
말고도, 고려 때는 제사를 모시거나 재산을 나눌 때 아들과 딸 사
이에 큰 차별이 없었지?”

아이들이 예전에 배운 내용을 떠올리며 고개를 끄덕였다.

“조선 초기까지는 이런 풍습이 고스란히 이어졌어. 하지만 조선
을 세우는 데 앞장섰던 사대부들은 모든 것을 성리학의 예법에 따

김준근의 〈시집가는 모양〉
호랑이 가죽을 덮은 가마에 신부가 타고 있고, 앞의 두 여인은
폐백함을 머리에 이고 있어. ‘폐백’은 시부모와 친척들에게
처음 인사를 드릴 때 전하는 선물을 말해.

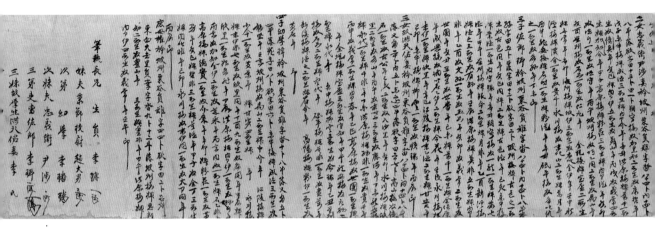

<율곡 선생
남매 분재기>
율곡 이이의 형제·자매
들이 부모님의 유산을
어떻게 나누었는지를
기록한 문서야.
아들·딸 차별없이 유산을
물려받았다는 사실을 알
수 있어. 세로 48cm, 가로
257cm, 건국대학교박물관
소장. 보물.

라 남자 중심으로 바꾸려고 했지. 재산을 나눌 때는 맏아들에게 제일 많이 주고 그 다음은 다른 아들들, 그리고 딸들에게는 아주 조금씩만 주도록 했어. 대신 맏아들은 제사를 맡아서 지내야만 했어. 만약 제사를 지내지 않는다면 재산도 물려받지 못하게 되어 있었어. 뿐만 아니라 여자들은 어려서부터 집 밖에 함부로 나다니지 못하게 하고, 가족이 아닌 다른 남자하고는 얼굴도 마주 대하지 못하게 했어. 혼인한 뒤에는 남편이 일찍 죽어도 다른 사람과 다시 혼인하지 못하게 했고, 만약 재혼을 하면 그 자식이 과거 시험을 보지 못하도록 했지."

들다 못한 나선애가 "어휴, 그게 뭐야!" 하며 투덜거렸다. 장하다는 이해할 수 없다는 표정으로 용선생에게 물었다.

"근데 그렇게 꼼짝 못 하게 하는데, 왜 여자들은 가만히 당하고만 있었대요?"

"처음엔 백성들이 이런 정책을 잘 따르지 않았어. 하지만 100년, 또 100년의 시간이 흐르는 동안 풍습은 점점 바뀌어 갔지. 가족은 아버지에서 맏아들, 또 그 맏아들로 이어지는 것이라는 가부장제 질서를 받아들이기 시작했고, 그러다 보니 자연히 아들은 귀하고 딸은 시집보내면 그만이라는 생각이 퍼졌지. 또 나라에서는 꾸준히 여성용 교육서를 펴내 남편에게 순종하고 가족을 위해 희생하는 삶이야말로 가장 가치 있는 삶이라고 가르쳤어. 임진왜란과 병자호란을 거친 뒤 나라의 질서와 규율을 다시 세우는 과정에서 이런 가치관이 완전히 자리 잡게 되었지."

"그래서 한씨 부인은 어떻게 됐어요?"

곽두기가 이야기를 재촉했다.

"응, 고추보다 맵다는 시집살이를 시작하게 됐지. 시집살이는 여성이 결혼해 시집에 들어가 사는 것을 말해. 새벽같이 일어나 시부모와 시할머니께 인사 올리고, 각각 밥상 차려 올리고, 하인들 불러서 청소며 빨래도 일일이 맡기고, 농

《내훈》 연산군의 할머니인 소혜 왕후가 한글로 쓴 책이야. 여성들이 지켜야 할 도리를 이야기하고 있어. 조선 시대에는 여성들을 가르치기 위한 이런 책들이 꾸준히 만들어졌다고 해.

사일도 살피고, 시어른들 입으실 옷은 손수 챙겨서 바느질도 하고…… 시어머니가 부르시면 쏜살같이 달려가야지, 달려가면 번번이 꾸중만 듣지, 시아버지 눈치 살펴야지, 헛기침이라도 크게 하시면 가슴이 철렁 내려앉지. 그뿐인가? 시할머니 방에 들락거리며 온갖 잔심부름 다 해야지……. 그야말로 하루하루가 어떻게 흘러가는지 모를 정도였어.”

“신랑은요? 신랑은 왜 안 나오죠?”

이야기가 자신이 기대했던 방향과 영 다르게 흘러가자 불안해진 허영심이 물었다.

“신랑? 과거 시험 공부를 한다고 뒷산 암자에 있는 날이 한 달에 반이었어. 집에 있는 날에도 매일 같은 방을 쓰는 게 아니었으니 신랑이란 사람 얼굴 한 번 못 보고 지나가는 날이 태반이었지.”

“원래 부부는 같은 방에서 사는 거 아니에요?”

“양반가에서는 대부분 부부가 같은 방을 쓰지 않았어. 아무리 부부라고 해도 늘 붙어 있어 너무 가까워지다 보면 서로 예의를 지키지 않게 되고, 그러면 남편의 위엄은 떨어지고 부인이 남편을 공경하는 마음도 줄어든다고 생각했기 때문이야. 그래서 남자들은 사랑채에서 생활하고 여자들은 안채에서 생활했지. 안채는 집 안 깊숙한 곳에 지었는데, 그 뒤에는 조상을 모신 사당이 있었어. 여자들이 안채로 드나드는 문은 일부러 사당 쪽으로 만들어서 늘 가문과

곽두기의 국어사전

암자
도를 닦기 위해 만든 조그만 절을 뜻하기도 하지만, 공부에 전념하기 위해 만든 조그만 집을 암자라고 하기도 해.

조상을 받들어 모시는 경건한 마음을 잃지 않도록 했대."

허영심의 표정이 점점 어두워졌다.

"하루가 짧을 정도로 할 일이 많은데, 또 걸핏하면 제삿날이 돌아와서 한씨 부인을 숨가쁘게 만들곤 했어. 조선 시대에는 부모님, 조부모님, 증조부모님, 고조부모님까지 4대에 걸쳐 제사를 모셔야 했고 설날이며 한식, 단오, 추석 등 철마다 돌아오는 4대 명절에도 꼬박꼬박 음식들을 장만해서 조상들에게 제사를 올려야 했거든. 한씨 부인은 갈수록 친정에 있는 가족들 생각이 간절했지만 아무에게도 내색을 못했어. 일없이 친정에 드나들 생각을 했다간 불호령만 떨어지고 말 테니까. 여자는 시집을 가면 죽어서도 그 집 귀신이라고 했거든."

나선애의 "쌕쌕" 하는 거친 숨소리에 곽두기와 왕수재가 동시에 돌아보았다. 입이 쑥 나온 것이 잘못 건드

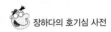

4대 명절

한 해가 시작되는 설(음력 1월 1일), 농사철이 시작되는 한식(동지로부터 105일째 되는 날), 여름이 시작되는 단오(음력 5월 5일), 곡식을 수확하는 추석(음력 8월 15일)을 말해.

김준근의 〈옷감 다루기〉
방망이로 옷감을 두드리는 것을 '다듬이질'이라고 해.
다듬이질을 하면 옷감이 부드러워지고 윤기가 났대.
다듬이질이 끝나면 인두나 다리미로 옷감을 다렸어.

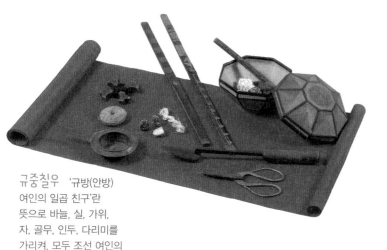

규중칠우 '규방(안방) 여인의 일곱 친구'란 뜻으로 바늘, 실, 가위, 자, 골무, 인두, 다리미를 가리켜. 모두 조선 여인의 중요한 덕목이었던 '바느질' 용품들이야.

리면 안 될 것처럼 보였다.

"고단하고 외로운 날들이 이어졌어. 그나마 부인의 마음이 편안해질 때는 조용히 혼자 바느질을 할 때였지. 바늘이며 실, 바느질을 할 때 손가락에 끼우는 골무는 아무 말 안 해도 부인의 마음을 알아주는 친구들이었어. 조선 여인들은 대부분 자주 사용하는 이런 도구들을 각별하게 생각했지. 그래서 바늘과 실, 골무, 옷감을 재는 자와 잴 때 쓰는 가위, 다림질할 때 쓰는 인두와 다리미를 규중칠우(閨中七友)라고 불렀어. 아녀자들의 일곱 동무라는 뜻이야. 글 쓰는 선비들에게 붓, 먹, 벼루, 종이의 문방사우(文房四友)가 있었다면 안방의 여인들에게는 규중칠우가 있었던 거지."

 ## 자식을 못 낳으니 시름만 깊어지고

"그런데 한씨 부인의 가장 큰 시름은 따로 있었어. 아이가 생기지 않는단 거였지. 시집온 지 두어 달 만에 시어머니가 부인을 앉혀 놓고 말했어. '어서 우리 가문의 대를 이을 손주들을 쑥쑥 낳아

다오. 그래야 너도 나중에 네 한 몸 의지할 데가 있지. 그저 삼종지도(三從之道)에 따라 사는 게 여자의 복이야' 하고 말야."

"어? 할아버지한테 배웠는데! 삼종지도! 어려서는 아버지를 따르고, 결혼하면 남편을 따르고, 늙으면 아들을 따른다는 거……."

신이 나서 종알거리던 곽두기가 말끝을 흐렸다. 나선애의 매서운 눈초리에 얼굴이 다 따가운 것 같았다.

"그래, 맞다. 그런데 안타깝게도 1년이 지나도록 한씨 부인에게는 아이가 생기질 않았어. 시어머니는 며느리가 몸이 약해서 아기가 생기지 않는 것 아니냐며 성화였지. 첩을 들여서라도 빨리 손주를 봐야겠다는 말까지 나오게 됐어."

"첩? 첩이라면 딴 여자?"

깜짝 놀란 허영심의 입이 벌어졌다.

"그래, 원래 조선의 제도는 일부일처제, 그러니까 한 남편과 한 부인이 가정을 이루는 것을 기본으로 하고 있었어. 하지만 경우에 따라 남편이 본부인 외에 다른 여자를 맞아들이는 것도 허용했어. 이때 새로 들인 부인을 첩이라고 했는데, 본부인보다 지위가 낮았을 뿐 아니라 첩의 자식들에게는 벼슬길을 제한하는 등 차별

나비모양 은단추, 박쥐무늬 도금단추 한복에 달았던 장식이야. 나비는 장수와 사이좋은 부부를 뜻하고, 박쥐는 복, 장수를 뜻해.

연밥 장식 자식을 많이 낳기 바라는 뜻에서 서민층 여성이 달고 다닌 주머니 장식이야.

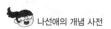
나선애의 개념 사전

칠거지악
① 시부모에게 순종하지 않는 것, ② 자식을 낳지 못하는 것, ③ 음탕한 것, ④ 질투하는 것, ⑤ 나쁜 질병이 있는 것, ⑥ 말이 많은 것, ⑦ 도둑질하는 것을 말해.

을 두었어. 혼인한 지 얼마 되지도 않았는데 첩을 들인다는 말에 한씨 부인은 화가 치밀었어! 그렇지만 아무 말도 할 수 없었지. 부인도 칠거지악(七去之惡)에 대해서 잘 알고 있었거든.”

“그건 또 뭔데요……?”

“부인을 집에서 내쫓아 버릴 수 있는 일곱 가지 죄를 가리키는데, 그중에 자식을 못 낳는 일이 들어가거든. 또 남편과 다른 여자 사이를 질투하는 것도 그 하나였지. 그뿐인가? 시부모에게 순종하지 않는 것, 말이 많은 것도 그 속에 들어갔거든.”

거의 울상이 된 영심이 고개를 설설 흔들었다.

“한씨 부인은 어떻게든 빨리 아이를, 그것도 아들을 낳고 싶었어. 그래서 밤이면 밤마다 뜰에 나가 맑은 물을 떠 놓고 삼신할미에게 기도를 올렸어. 삼신할미는 사람들에게 아이를 데려다 주고, 아이가 잘 자라도록 보살펴 준다고 여겨졌던 신이야. 또 아들을 낳게 해준다는 바위를 찾아다니는가 하면, 아들 많은 집의 물건을 가져다가 몸에 지니고 다니기도 했어. 그러면 아들을 낳을 수 있다는 이야기가 떠돌았거든.”

“그런다고 진짜 아들을 낳게 된대요?”

“물론 그건 아니지. 하지만! 한씨 부인은 얼마 뒤 정말로 아기를 갖게 됐어. 부인은 온 정성을 들여 태교를 했지. 앉을 때나 설 때나 누울 때나 바른 자세로 몸이 기울어지지 않게 했고, 좋은 말만 하고, 또 좋은 생각만 하려고 노력했어."

용선생의 말에 아이들의 표정이 조금 밝아졌다. 장하다가 서두르며 "그래서, 아들이었어요?" 하고 물었다.

"응! 부인은 기뻐서 어쩔 줄 몰랐지. 남편과 시어른들도 경사가 났다며 좋아했어. 대문에는 새끼줄로 금줄을 치고 소나무 가지와 숯, 고추를 매달았지. 아들일 때는 빨간 고추를 매달고, 딸이면 소나무 가지를 다는 거야. 아이가 태어난 집에서는 이렇게 금줄을 쳐서 나쁜 기운이 들어오지 못하게 막고, 사람들의 출입도 막았어. 여러 사람이 드나들면 그만큼 아이와 산모에게 병균이 옮을 가능성도 많을 테니까, 이건 꽤 합리적인 풍습이었지. 아이는 쑥쑥 자라

서 금방 백일이 돌아왔어. 부인은 하얀 백설기 떡을 만들어 백일상을 차렸어. 이렇게 아이가 태어난 지 100일이 되는 날과 1년이 되는 돌에 잔치를 한 것은 당시에 워낙 어려서 죽는 아이들이 많았기 때문이야. 지금까지 무사히 살아남은 것을 축하하고, 앞으로도 건강하게 오래오래 살라고 축복하는 거지."

남편이 죽으니 따라 죽어 열녀가 되라 하네

"그럼 이제 한씨 부인은 행복해졌네요?"

곽두기가 이제 안심이라는 표정으로 천진하게 묻자, 용선생은 고개를 돌려 천장을 바라보며 한숨을 내쉬었다.

"그랬으면 얼마나 좋겠니. 하지만 기쁨도 잠시, 과거 시험을 보러 먼 길을 다녀온 남편이 끙끙 앓기 시작한 거야. 남편의 몸은 점점 안 좋아져서 나중엔 앉거나 서는 일도 힘들 정도가 됐어. 하지만 시부모님은 특별히 의원을 부르거나 약을 쓰려 들지 않았지."

"이상한 사람들이네. 왜 그랬대요?"

"원래부터 검소하게 살아온 데다 몸이 아프다고 의원을 부르면서 호들갑을 떠는 것은 사대부의 체통에 맞지 않는다고 생각했거든. 부인은 남편에게 고깃국이라도 먹여서 기운을 차리게 해 주고

싫었지만, 워낙 검소함이 몸에 밴 시어머니는 그것도 안 된다고 했
어. 그뿐이 아니었어. 아픈 몸으로 추운 방에 앉아 억지로 책을 읽
던 남편은 시어머니가 끓여 준 국수를 먹고 단단히 배탈까지 나 버
렸어. 이번엔 아예 누워서 꼼짝도 못할 지경이 되고 말았지."

"어머, 어떡해……."

허영심이 불안한 표정으로 발을 굴렀다.

"애가 탄 한씨 부인은 더는 가만있을 수가 없었어. 아껴 두었던
치마를 팔아서 약을 짓고, 친정에 편지를 보내서 남편이 아프다
고 알렸지. 친정집에서는 당장 잘 우려낸 고깃국을 보내 줬어. 하
지만 남편은 약이며 고깃국을 거의 먹지 못했어. 시아버지가 '처갓
집의 것을 어찌 그리 좋아하느냐!' 하고 호통을 쳤기 때문이지. 결
국…… 한씨 부인의 남편은 얼마 못 가 죽고 말았어."

허영심의 어깨가 축 늘어지고, 나선애는 "도대체가 말이 되는 거
야?" 하며 쌕쌕거렸다.

"얼마 뒤, 시어머니가 조용히 한씨 부인을 찾았어. 그리곤 반
짝이는 칼을 한 자루 내밀었어. 그러니
까…… 열녀가 되라는 거였지."

"열녀요? 그러니깐 재혼하
지 말라는 뜻인가
요? 근데 칼

은 왜 줘요?"

나선애의 차가운 표정에 잠시 망설이던 용선생이 후다닥 말을 이었다.

"남편을 위해서 정조를 지킨 여자를 열녀라고 하지? 나라에서는 열녀를 칭찬하고 다른 사람들에게 본보기를 보여 주기 위해, 열녀가 나온 집이나 그 마을 앞에 열녀문을 세워 줬어. 쌀이나 옷감을 상으로 내리고 세금을 면제해 주기도 했고. 그러니 갈수록 양반집만이 아니라 일반 평민의 집에서도 열녀문을 받기 위해서 여성들의 희생을 강요하는 경우가 많아졌지. 그런데…… 처음엔 남편이 죽은 뒤에도 재혼하지 않고 평생을 보낸 과부들이라면 다 열녀라고 했는데, 그 수가 많아지다 보니 나중엔 남편을 따라서 죽은 여자에게만 열녀문을 세워 줬어."

"엑, 따라 죽어요?"

남평 문씨 열녀비
전라북도 장수에 있어.
남평 문씨는 시집온 지
겨우 3일 만에 남편을
잃고 홀로 양자를
키우다가 양자마저
세상을 떠나자 3년 만에
숨을 거두었어.

"그럼 시어머니가 칼을 줬다는 건……!"

허영심의 입에서 가느다란 신음이 새어 나오고, 장하다는 "이거 갈수록 공포 영화 보는 기분이 드네" 하며 팔을 문질러 댔다.

"한씨 부인은 그날 밤 잠을 이루지 못했어. 밤새 눈물이 끝도 없이 흘러나와 옷이며 베개를 적셨지. 갓난아이를 두고 스스로 목숨을 끊어야 할 처지였으니 그 심정이 어땠겠니. 어느덧 새벽이 밝아 오고, 열일곱 어린 과부는 조용히 몸을 일으켜 똑바로 앉았어. 그리고 천천히 칼을 바라보았어."

장도 몸에 지니고 다니는 작은 칼이야. 노리개처럼 장식으로 달고 다니기도 했어. 옆에 달린 은젓가락은 음식에 독이 있는지 없는지 가려내기 위한 거야.

"안 돼!"

갑자기 허영심이 외마디 소리를 질렀다. 눈에는 눈물까지 그렁그렁한 채였다.

"아이구, 영심아. 너무 놀라지 마라! 한씨 부인은 죽지 않기로 했어. 남겨질 아이가 가여워서 차마 그럴 수 없었지. 아마 아이를 잘 키우면서 오래오래 잘 살았을 거야. 안 되겠다, 한씨 부인의 이야기는 여기서 끝!"

허영심이 "후~" 하고 안도의 숨을 내쉬었다. 그제야 다른 아이들도 긴장이 풀린 듯 "죽으면 안 되지", "어쨌든 다행이다" 하며 재잘거리기 시작했다.

꿋꿋하게 다른 길을 걸었던 조선 여인들

"이 이야긴 선생님이 지어낸 거지만, 남편이 병든 부분부터는 실제 있었던 이야기야. 풍양 조씨라고만 알려진 여인이 자신의 이야기를 적은 《자기록》의 내용이지. 다행히 조씨의 시부모는 열녀가 되라고 강요하지는 않았나 봐. 하지만 그녀도 남편을 따라 죽으려고 칼을 들었대. 근데 막상 죽으려고 하니 무섭기도 하고 그 결심을 들은 그녀의 언니가 죽지 말라고 말리는 바람에 죽지 못했대. 그런 스스로에 대해서 '부부는 하나인데 내가 그 도를 거스르고 있다'고 괴로워하기도 했지. 하지만 《자기록》에는 병든 남편에게 약도 쓰지 못하게 하고 사돈집에서 보내온 음식도 선뜻 받지 못하는 시부모에 대해 상세하게 쓰여 있거든. 열녀가 되기보다는 잘못된 현실을 고스란히 기록으로 남겨서 그 잘못에 조용히 저항하고자 했던 조씨의 마음을 짐작할 수 있지."

"잘했네요! 남편이 죽는다고 따라 죽는 게 말이나 돼요?"

나선애가 여전히 화가 덜 풀린 목소리로 따지듯 말했다.

"그러게 말이다……. 하지만 이런 시대에도 당당하게, 적극적으로 자신의 모습을 찾으려 했던 여인들도 있었어. 너희가 잘 아는 신사임당은 시와 글씨, 그림에서 두루 재능을 발휘했어. 또 조선의 천재시인으로 평가받는 허난설헌이 남긴 시들은 동생 허균에 의해

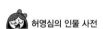 **허영심의 인물 사전**

허난설헌
(1563~1589)
시 쓰기에 재능을 보이자, 가족들이 스승 밑에서 공부하게 해 줬어. 여자가 시 쓰는 걸 이해 못하는 시댁에서 불행한 삶을 살다 27세에 죽었어. 동생 허균이 그녀의 시를 모아 《난설헌집》을 펴냈어.

《난설헌집》으로 간행돼 당대에 이미 중국 명나라에 알려졌대. 허난설헌은 8살 때 시를 지어 그 천재성을 인정받았지. 참, 신사임당은 죽을 때 남편에게 재혼하지 말라고 당당하게 말했대. 공자, 증자, 주자의 예를 조목조목 들며 이들도 재혼하지 않았다면서 남편의 입을 다물게 만들었지. 그런가 하면 학문을 통해 이름을 남긴 여인들도 있어. 임윤지당은 여자로서는 드물게 성리학을 연구해서

허난설헌의 〈앙간비금도〉 허난설헌이 아버지와 딸이 날아가는 새를 바라보는 모습을 그린 거야. 산수화에 여성을 그려 넣은 것은 당시로선 매우 파격적인 일이었어.

자기만의 학문 세계를 만들어 냈던 사람이야. '여자나 남자나 하늘에서 받은 품성에는 차이가 없다, 여자도 노력하기에 따라서 훌륭한 성인이 될 수 있다'고 주장했어. 또 강정일당은 글공부가 부족한 남편의 스승 역할까지 했던 여인인데, 마치 제자가 스승의 글을 모아 문집을 엮듯이 그 남편이 강정일당의 글을 모아서 문집을 엮기도 했대."

《윤지당 유고》
임윤지당(1721~1793)은 오빠 임성주한테 학문을 배웠어. 결혼한 뒤에도 독학을 계속해서 당시의 학문인 성리학을 높은 경지까지 깨쳤다고 해. 이 책은 임윤지당의 글을 모은 것으로, 동생 임정주가 펴냈어.

《정일당 유고》
강정일당(1772~1832)의 글을 모은 책이야. 집안이 어려워지자 바느질로 생계를 이으며 남편과 함께 계속 공부했어. 시도 잘 짓고 글씨도 매우 잘 썼다고 해.

찾아든 곳곳마다 절경이로구나!

하아, 왠지 저 녀석에게 끌린다!

"한씨 부인 같은 여자들만 있던 건 아니었네요?"

"그래! 그보다 더 자유로운 삶을 택했던 여인들도 있었어. 김금원이라는 여인은 열네 살 때 남자처럼 꾸미고서 혼자 금강산을 여행하고 다닌 뒤 《호동서락기》라는 기행문을 남기기도 했어. 여자는 바깥 출입도 마음대로 할 수 없던 시절이었으니 결코 쉬운 일은 아니었지. 게다가 김금원은 시를 좋아하는 여성들과 함께 시 모임까지 만들어서 시를 쓰고 읽었대. 사대부 남자들이나 하는 줄 알았던 일을 당당하게 한 거야. 또 장사를 해서 부자가 된 김만덕이라는 제주도 여성은 그 돈으로 굶주린 사람들을 도와서 이름을 남기기도 했어."

"어? 김만덕 알아요. 전에 드라마에서 봤는데, 진짜 그런 사람이 있었단 말이에요?"

"그래! 정조 때였는데, 제주도에 지독한 흉년이 계속되자 나라에서 곡식을 내려보냈어. 그런데 곡식을 싣고 가던 배들이 태풍을 만나 가라앉아 버린 거야. 제주도 사람들은 꼼짝없이 굶어 죽을 처지가 되었지. 그때 김만덕이 전 재산을 풀어서 제주도 사람들을 살려 냈대. 이 소식을 듣고 감동한 정조는 직접 그녀를 불러 칭찬하였고, 벼슬도 주고 금강산 구경도 시켜 주었대."

"와오~ 대단한데요?"

장하다의 감탄에 곽두기가 "진짜 멋져요!" 하고 장단을 맞췄다.

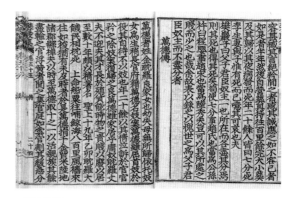

〈만덕전〉 조선 후기 채제공이 지은 것으로 《번암집(樊巖集)》이란 작품에 실려 있어. 실제 인물 김만덕(1739~1812)의 의롭게 재물을 쓸 줄 아는 마음을 기리고, 널리 알려 만인의 귀감을 삼고자 지었대.

"이렇게 특출한 여인들은 아니었지만 남편을 벌벌 떨게 만든 부인들도 많아! 남편이 다른 여자한테 한눈을 팔자, 욕하고 때리며 온 동네 사람들 앞에서 망신을 준 양반집 부인들의 이야기도 꽤 전해지고 있어. 홍천민이라는 양반의 아내 유씨는 남편이 일찍 죽은 뒤 외아들을 회초리로 키워 과거에 장원 급제시킨 어머니로 알려져 있어. 그런데 똑똑하고 강단이 있던 만큼 성미도 대단했던 모양이야. 젊은 시절 홍천민이 집에 온 친구에게 아내가 사나워서 고민이라고 했더니 친구가 그냥 내쫓아 버리라고 했대. 밖에서 그 말을 들은 유씨 부인이 어떻게 했냐면, 글쎄 방문 창호지에 구멍을 뚫고는 그 사이로 똥을 묻힌 막대기를 집어넣어서 그 친구의 뺨을 때렸다는 거야."

"와하하~ 웃긴다!"

"어머! 통쾌!"

웃음보가 터진 아이들이 잠잠해지기를 기다려 용선생이 차분한 목소리로 말했다.

"얘들아, 조선 시대에 여자들이 받았던 대우를 생각하니 분한 생각이 들지? 하지만 그건 고작 200~300년밖에 안 되는 기간이었어. 지금은 그런 시대가 아니니까 너희들은 마음껏 꿈을 펼치고 이 사회의 주인으로 자라야 돼. 아직도 간혹 조선 시대의 흔적이 남아서 어른들 중에는 남자가 먼저고 여자는 그 다음이라고 여기는 경우가 있긴 해. 그렇지만 너희들은 절대로 그런 생각을 가져서는 안 돼. 알겠지?"

"네!"

허영심은 한씨 부인처럼 고통받았던 여인들이 얼마나 많았을까 생각하니 마음이 아팠다. 한편 조선 시대에 '훌륭한 신붓감'으로 태어나지 않아서 참 다행이라는 생각도 들었다.

'맞아. 좋은 신붓감이라는 게 얌전하고 말 잘 듣는 여자는 아니잖아? 남자를 벌벌 떨게 만든다…… 그것도 괜찮겠는데?'

빙그레, 영심은 혼자 미소를 지었다.

그럼 8권에서 계속!

나선애의 정리노트

1. 여성의 지위가 변화했다!

	조선 초기	조선 중기 이후
결혼풍습	주로 장가를 감	주로 시집을 감
제사	아들, 딸 돌아가며 지냄	맏아들만 지냄
재산	공평하게 나눔	맏아들에게 많이 물려줌
재혼	가능	재혼하면 차별받음

2. 여성들에게 강요된 여러 가지 규범

① 삼종지도: 여자는 어려서는 아버지, 결혼하면 남편, 늙으면 아들을 따라야 함

② 칠거지악: 부인을 집에서 내쫓을 수 있는 일곱 가지 죄를 말함

3. 열녀란?

남편을 잘 섬기거나 남편이 죽더라도 재혼하지 않고 혼자 산 여자

→ (조선 중기 이후) 죽은 남편의 뒤를 따라 스스로 죽은 여자

4. 자신의 재능을 뽐낸 조선 여인들

① 신사임당, 허난설헌: 시와 그림에 능했음

② 임윤지당, 강정일당: 학문이 뛰어났음

③ 김금원: 기행문 《호동서락기》를 남김

④ 김만덕: 상인. 흉년 때 곡식을 풀어 제주도 사람들을 살려 냄

용선생의 역사 카페

역사계의 슈퍼스타,
용선생의 역사 카페에
오신 걸 환영합니다

Log in

게시판 ⌄

📄 역사가 제일 쉬웠어용!

📄 이제는 더~ 말할 수 있다!

📄 필독! 용선생의 매력 탐구

📄 전교 1등 나선애의 비밀 노트

장화와 홍련 이야기

공부하느라 지친 너희들에게 귀신 이야기를 하나 들려줄게. 바로 《장화홍련전》!

자매인 장화와 홍련은 새어머니한테 갖은 구박을 받으며 살아가고 있었어. 그러다 장화가 결혼하게 되자, 새어머니는 혼수를 장만하는 데 쓰일 재물이 아까워서 계략을 꾸몄어. 장화에게 '처녀가 애를 낳았다'는 누명을 덮어씌우고, 못에 빠뜨려 죽인 거지. 언니의 억울한 죽음을 알게 된 홍련은 언니가 빠져 죽은 못을 찾아가 따라 죽고 말았어.

억울하게 죽은 두 소녀는 귀신이 되었고, 관청의 사또를 찾아가 억울함을 풀어 달라고 애원했어. 근데 귀신을 본 사또들은 너무 놀란 나머지 기절해서 잇달아 죽고 말았어. 그러다가 마침내 용감하고 똑똑한 사또가 나타나, 장화와 홍련의 억울함을 풀어 주게 되지.

참 안타깝고 슬픈 이야기지? 언니가 억울하게 죽은 걸 알고도 자살하다니 잘 이해가 안 되기도 하고 말야. 그런데 조선의 여인들은 누명을 자기 힘으로 벗을 길이 없는 약자였어. 장화와 홍련이 죽어서 자기 목소리를 냈다는 것은, 거꾸로 말해 살아 있는 한 자기 목소리를 내지 못한다는 것을 뜻해.

근데 왜 장화와 홍련은 귀신이 되어서도 사또의 힘을 빌려야만 했을까? 왜 자신들의 손으로 나쁜 새어머니에게 벌을 주지 못한 걸까?

이런 귀신 이야기를 만든 사람도 주로 남자들이었기 때문이야. 아무리 귀신이라고 해도 여자가 혼자서 사건을 해결하는 것은 말이 안 된다고 생각했던 거지. 그래서 사또나 선비, 즉 남자를 찾아가서 사건을 해결해 달라고 하는 거야.

처녀 귀신 이야기는 거의 다 이런 식이야. 평생 여자로서 순종하고 절개를 지키기를 강요당하다가, 죽어서 귀신이 되어야만 비로소 자기 목소리를 낼 수 있었지. 그리고 '용감하고 정의로운 남자'를 운 좋게 만나야만 자신의 한을 풀수 있었어. 그래서 처녀 귀신 이야기는 사실 귀신 이야기가 아니라, 억압받았던 조선 여인들의 삶 그 자체라고 할수 있어.

조선 여인의 가죽신
조선 시대에는 남녀와 신분에 따라 신을 수 있는 신발이 정해져 있었어. 위 사진의 신발은 양반가 여인이 신던 가죽신으로 '당혜'라고 불러.

COMMENTS

허영심 : 그럼 다른 시대 여자 귀신은 달랐나요?

↳ 용선생 : 《삼국유사》를 보면 여자로 변신한 호랑이가 남자와 자유롭게 연애를 하고, 남자의 목숨을 구해주는 이야기도 있단다.

↳ 장하다 : 헐~ 귀신도 시대마다 다르다니!

한국사 퀴즈 달인을 찾아라!

달인을 찾아라링!

출발!

01 ★★★☆☆

전통 혼례에 어떤 물건이 사용되었는지 다들 기억하고 있지? 그렇다면 빈칸에 알맞은 단어를 적어 줄래?

도착!

02 ★★★★★

왕수재가 다음 주제를 가지고 보고서를 쓰려고 해. 보고서에 들어갈 내용으로 옳은 것은 무엇일까? (   )

주제 : 조선 후기 여성의 삶

① 여성들은 남편이 죽은 뒤 재혼을 해도 문제가 되지 않았다.
② 결혼을 하면 남편이 아내의 집안에 들어와 살았다.
③ 남편이 죽으면 따라 죽으라고 강요를 받기도 했다.
④ 집안의 제사를 아들과 딸이 돌아가면서 지냈다.

03 ★★★☆☆

한씨 부인이 꼬박꼬박 음식들을 장만해야만 했던 4대 명절 기억나? 다음 중 4대 명절이 아닌 것은 무엇일까? (   )

① 설날
② 단오
③ 추석
④ 동지

04 ★★★★☆

조선 시대에 태어나 당당하고 적극적인 삶을 살았던 여성들에 대한 설명이야. 그런데 설명만 있고 이름이 없네! 빈칸에 들어갈 이름을 아래에서 골라 줄래?

① (   )은 조선의 천재 시인 중 하나야. 그녀의 시집은 중국과 일본에서도 출간되어 큰 인기를 끌었대. 그녀의 동생 허균은 소설 《홍길동전》을 썼어.

② (   )은 열네 살 때 남자처럼 꾸미고서 혼자 금강산을 여행한 후, 《호동서락기》라는 기행문을 남겼어. 게다가 시를 좋아하는 여성들을 모아서 시 모임을 만들기도 했지.

③ (   )은 장사를 해서 엄청난 부자가 되었는데, 제주도에 흉년이 들자 전 재산을 풀어 제주도 사람들을 살려 냈어. 그 공으로 벼슬까지 받았대.

④ (   )은 성리학을 연구해서 자기만의 학문 세계를 만들어 냈어. '여자나 남자나 하늘에서 받은 품성에는 차이가 없다. 여자도 노력하기에 따라서 훌륭한 성인이 될 수 있다'고 주장했지.

| 임윤지당 | 허난설헌 | 김금원 | 김만덕 |

평화와 신비의 섬
제주도를 가다

떠나 볼까?

용선생 현장 강의

제주도는 우리나라의 남쪽에 있는 큰 화산섬이야. 사시사철 아름다운 경관을 자랑하지. 선사 시대부터 근현대까지 사람들이 살아온 흔적과 신비한 설화가 숨어 있는 제주도로 떠나 보자.

한라산

한라산은 한반도에서 백두산 다음으로 가장 높은 산이야. 그 높이가 무려 1,950미터나 되지. 한라산은 고려 시대 때 화산이 분출한 이후 지금까지 별다른 조짐을 보이진 않았지만 언제든 화산 활동이 일어날 수 있는 활화산이라고 해. 다양한 야생 동물과 식물도 살고 있어 1966년에 국내 최초로 천연 보호 구역으로 지정되었고, 2007년엔 유네스코 세계 자연 유산으로 능재났어. 우리가 아끼고 지켜야 할 곳이야.

백록담 한라산의 정상에 있는 분화구의 호수야. 백록담까지 가기 위해서는 5시간 정도 등반을 해야 돼. 사전 예약이 필요한 코스도 있으니 잘 확인하고 도전해 봐!

한라산 국립 공원 진달래가 가득 핀 봄의 한라산이야. 진달래뿐만 아니라 유채꽃, 철쭉 등을 볼 수 있어.

○ 한라산 ○ 새별오름 ○ 협재 해수욕장 ○ 만장굴 ○ 제주목 관아

새별오름

제주도 한라산 근처에는 무려 360개가 넘는 오름이 있어. 오름은 큰 화산 근처에 만들어진 소형 화산을 말하지. 우리는 밤하늘에 샛별 같이 외롭게 서 있다고 이름 붙여진 새별오름에 다녀왔어. 정상에 오르니 한라산과 바다가 한눈에 들어와 가슴이 탁 트이는 것 같았어.

새별오름 새별오름에 오르는 길은 아주 가파르지만 30분이면 금방 정상에 올라설 수 있어. 황금빛 억새로 물든 새별오름이 정말 아름답지?

제주도에는 해충을 없애기 위해 들에 불을 놓는 전통이 있지. 매년 3월이 되면 새별오름에서 이 전통을 잇는 들불 축제가 열려. 새별오름 전체가 타오르는 모습은 마치 거대한 횃불 같아!

들불 축제 축제가 열리면 땅에서는 들불이 타오르고, 하늘에서는 불꽃놀이가 펼쳐지지. 제주 전통문화 공연도 있으니 기대해도 좋아.

협재 해수욕장

협재 해수욕장

새별오름에서 내려와 바다가 있는 쪽으로 향하니 협재 해수욕장이 나왔어.
협재 해수욕장은 수심이 얕아 물놀이하기 아주 좋았어. 바다색도 아름다워 보고만 있어도
기분이 좋아졌지. 썰물 때는 은빛의 백사장이 한없이 펼쳐지는데 푸른 바다와 검은 바위가 조화를
이룬 모습은 정말 장관이었어! 협재 해수욕장에서 수평선으로 보이는 그림 같은 섬은 비양도라는
곳이야.

만장굴

한라산의 화산 활동으로
만들어진 굴이야. 총 길이는
약 9,000미터에 달해. 만장굴이란
이름도 '아주 깊다'란 뜻이지. 크고
시커먼 동굴에 들어가 천천히 사방을
보았어. 그 옛날 용암이 흘러간
흔적도 발견할 수 있었지. 우리가
지키고 보호해야 할 천연 기념물이야.

제주목 관아

조선 시대 때 제주 지방을 통치하던 곳이야. 관아 입구에 있는 관덕정은 세종 때 지어졌는데, 제주도에서 가장 오래된 건물로 알려지고 있어. 최근까지 제주목 관아는 일제 강점기를 거치며 그 흔적을 찾기 어려웠다고 해. 그러다 1990년대에 들어 발굴 조사를 하고 각종 기록과 전문가들의 의견을 모아 동헌, 흥화각, 연희각 등의 옛 모습을 복원할 수 있었지.

제주도 감귤

감귤은 제주도의 오랜 특산품이야. 탐라(제주)가 백제에 바쳤다는 기록이 있을 정도지. 우리는 감귤 농장에 가서 감귤 따기 체험을 했어. 금방 딴 귤은 정말 꿀맛이었어! 나는 따는 족족 까먹기 바빴지.

제주도 토종 돼지인 제주 흑돼지 구이를 먹으러 왔어. 제주 흑돼지는 제주도를 대표하는 먹거리인데, 쫀득하고 고소한 맛이 일품이지. 제주도 사람들은 2~3천 년 전부터 돼지를 길렀는데, 돼지에게서 필요한 영양소를 얻고, 가죽으로 옷도 만들어 입었대. 제주도 사람들에게 돼지는 없어선 안 될 가축이었을 거야!

제주 흑돼지 구이

한국사

1592년	임진왜란이 일어나다
1593년	권율이 행주산성에서 승리를 거두다
1597년	정유재란이 일어나다
1598년	이순신이 노량 해협에서 승리를 거두다
1610년	허준이 《동의보감》을 완성하다
1618년	광해군이 명나라에 군사 1만 명을 보내다
1623년	인조반정이 일어나다
1627년	정묘호란이 일어나다
1636년	병자호란이 일어나다
1637년	인조가 삼전도에서 청나라에 항복하다
1645년	청나라로 끌려갔던 소현 세자와 봉림 대군이 돌아오다
1654년	조선이 청나라를 도와 러시아를 물리치다(나선 정벌)
1659년	1차 예송 논쟁이 일어나다
1674년	2차 예송 논쟁이 일어나다
1677년	경상도에서 대동법이 시행되다
1678년	상평통보가 전국적으로 사용되다
1696년	안용복이 독도에서 일본인을 쫓아내다
1701년	인현 왕후가 세상을 떠나고 장 희빈이 사약을 받다
1708년	대동법이 전국적으로 시행되다
1712년	청나라와 조선의 국경을 확정하는 백두산정계비를 세우다
1725년	영조가 탕평책을 실시하다
1750년	균역법을 실시하다
1760년	청계천 준천 공사를 실시하다
1762년	사도 세자가 죽다
1765년	홍대용이 청나라에 가다
1776년	정조가 창경궁에 규장각을 설치하다
1778년	박제가가 《북학의》를 쓰다
1780년	박지원이 《열하일기》를 쓰다
1786년	서학을 금지하다
1791년	금난전권을 없애다
1793년	장용영을 설치하다
1796년	수원 화성을 완공하다

1600년

1700년

이순신 장군 동상

삼전도비

상평통보

탕평비

수원 화성 팔달문

아시아

몽골

아프리카

북아메리카

오세아니아

남아메리카

1600년

1590년	도요토미 히데요시가 일본을 통일하다
1598년	프랑스 앙리 4세가 개신교 신앙을 허용하다(낭트 칙령)
1603년	도쿠가와 이에야스가 권력을 잡아 에도 막부가 시작되다
1618년	명나라와 후금 사이에 전쟁이 벌어지다
1619년	흑인 노예들이 최초로 북아메리카에 도착하다
1628년	영국에서 왕을 상대로 국민의 권리를 주장할 수 있는 청원 제도가 생겨나다(권리 청원)
1642년	영국에서 청교도들을 중심으로 최초의 시민 혁명이 일어나다
1644년	명나라가 멸망하고 청나라가 중국을 통일하다
1648년	독일에서 30년 전쟁이 끝나고 칼뱅교도들이 종교의 자유를 얻다(베스트팔렌 조약)
1649년	영국의 찰스 1세가 처형되고 공화국이 건설되다
1654년	무굴 제국의 황제 샤 자한이 타지마할을 완공하다
1682년	프랑스의 루이 14세가 베르사유 궁전으로 거처를 옮기다
1688년	영국 시민들이 제임스 2세를 왕위에서 몰아내다(명예혁명)
1689년	청나라와 러시아가 국경을 확정하다(네르친스크 조약)

도쿠가와 이에야스

타지마할

1700년

1701년	독일에서 프로이센 왕국이 성립하다
1712년	영국에서 토머스 뉴커먼이 최초로 증기 기관을 만들다
1723년	청나라에서 기독교 포교를 금지하다
1733년	영국에서 존 케이가 자동 방직기를 발명하다
1740년	오스트리아에서 왕위 계승을 놓고 전쟁이 벌어지다
1757년	영국군과 프랑스군이 인도의 플라시에서 무역권을 두고 전쟁을 벌이다
1762년	프랑스에서 루소가 《사회 계약론》을 발표하다
1776년	미국 식민지 대표들이 영국으로부터의 독립을 선언하다
1784년	영국이 인도를 직접 다스리기 시작하다
1789년	프랑스에서 시민들이 혁명을 일으키다
1793년	프랑스의 루이 16세와 마리 앙투아네트가 처형되다
1796년	청나라에서 백련교도들이 난을 일으키다
1799년	프랑스에서 나폴레옹이 권력을 장악하다

베르사유 궁전

나폴레옹

찾아보기

ㄱ

강정일당 291
강홍립 59~61
개다리소반 235~237
개잘량 235~237
거북선 22~24
거중기 141~143, 217~218
경강상인 182, 185
경복궁 18~19, 39
고랑 168~169
고추 169, 171~172, 193, 279, 285
〈곤여 만국 전도〉 219
골뿌림법 167
공명첩 39, 244
공인 97, 181
《곽우록》 203~204
곽재우 26~28, 93
광해군 19, 56~57, 59~64, 93, 96~97
군역 128~130, 243~244
군포 128~130, 243
권율 28~29
귀무덤 32~33, 42
규장각 132~134, 137, 140~141, 213, 215
규중칠우 282
균역법 129~130
금난전권 138~139, 182
금산 칠백의총 27
금주령 127
금줄 285
김금원 292
김만덕 292~293
김육 95, 200
김정호 228~229
김홍도 132, 173, 175~176, 240, 255~257

ㄴ

《난중일기》 20

남인 91, 93, 98~99, 101~107, 109~110, 135, 217
남한산성 67~69
내상 183~185
노량 해전 20, 35
노론 110, 123, 125~126, 131~132, 135~137, 140~141, 156~157, 213, 221, 235
누르하치 57, 65

ㄷ

담배 170, 172~173
대동법 94~97, 108, 175, 181, 200
대동법 시행 기념비 95
《대동여지도》 228~229
대상인 182~184, 189
도요토미 히데요시 14~16, 33, 37, 44
도화서 250, 252, 256
독도 97, 108~109
〈동래부 순절도〉 15
《동의보감》 55~56
동인 89~91, 109
동전 178~180, 200

ㅁ

〈만덕전〉 293
만상 183~185
명나라 16, 18, 22, 29, 33, 36, 39, 41, 54~55, 57~61, 63, 65~66, 70, 82~83, 185, 206, 291
명량 해전 34~35, 37
모내기법 165~167, 173, 202
《목민심서》 224~225
문방사우 282
민화 257~258

ㅂ

박제가 133, 213, 215, 218
박지원 186, 211~213, 240

《반계수록》 200~202
병자호란 54, 67, 76, 92, 94, 110, 112, 133, 200, 271, 279
보부상 181, 189
봉림 대군 76~78, 82, 99
봉산 탈춤 238~239
북벌 78~80
북인 91, 93, 109
《북학의》 213
북학파 211, 213, 217
붕당 89~90, 92~94, 97~98, 101, 103~105, 107, 109~110, 123~125, 135~136

ㅅ

사도 세자 123, 125~127, 131, 135~136, 139~140, 146~148, 152, 157
사림 89~91
삼전도비 55, 71
상평통보 179, 200
서인 89~91, 93, 98~99, 101~107, 109
서학 152, 217~219
선조 13, 18~19, 22, 26, 29, 37, 55~56, 61~62, 89~90
《성호사설》 203~204
소론 110, 123, 125~126, 135, 235
소현 세자 76~78, 82~83, 99, 133
송상 183, 185
송시열 101, 110
숙종 80, 88, 96~97, 103~110, 179
시전 상인 138~139, 181~182, 185
신문고 128
신사임당 116, 277, 290~291
신윤복 250~252, 254, 256~257

실학 198~201, 217, 224
심환지 136~137, 157

ⓞ

안용복 109
안택선 25
〈양반전〉 212, 240
연행사 112~113, 133, 215
열녀 286~288, 290
《열하일기》 212~213
영조 110, 123~131, 133, 135,
141~142, 151~152, 173, 243
영창 대군 62
유득공 133, 206
유상 183, 185
유형거 141, 143
유형원 200~205, 221
윤증 110
의병 20, 26~28, 42, 93
《의산문답》 216
이랑 168
이몽룡 246~249, 265
이삼평 44~45
이순신 12, 20~21, 23, 26,
28~29, 34~38
이이 116
이익 203~205, 220~221
인목 대비 62
인조 61, 64~65, 67, 69~71,
77~78, 82~83, 93, 96~97, 99
인현 왕후 88~89, 105, 107
임윤지당 291
임진왜란 13, 20, 22, 24, 29, 32,
38~41, 44, 48, 55, 57, 59, 61,
65, 75, 79, 89, 91~94,
112, 172, 185~186, 200, 271,
279

ⓩ

《자기록》 290
자명종 218

장돌뱅이 164, 180~181, 189
장시 139, 164~165, 177, 181,
184~185
《장화홍련전》 296
장 희빈 88~89, 105~107, 110
정묘호란 65, 67
정약용 135, 141, 143, 204,
206, 217~221, 224~225
정약전 206
정유재란 34, 39
정조 122~123, 131~148,
151~153, 156~157, 181~182,
207, 211, 213, 218, 220~221,
224, 256, 292~293
조공 33, 58, 70
조식 91, 93
조총 13, 16~17, 23, 79
지점 183
진주 대첩 26, 28

ⓒ

천주교 78, 112, 152, 218~221
《천주실의》 219
청 태종 70~71
청계천 141~142
《춘향전》 246, 248

Ⓔ

탕평채 125
탕평책 123~124, 135
통신사 112~113, 169, 192~193

Ⓟ

판소리 248~249
판옥선 22~25
〈팔도총도〉 109
평양성 29~30, 248
포구 139, 173, 175, 177, 189
풍속화 257

Ⓗ

학익진 21, 23

한산도 대첩 20~21, 24, 28, 38
행주 대첩 28~30
행주산성 29
허난설헌 290~291
〈허생전〉 186, 207~208,
211~212
허준 55~56
현종 96, 99, 102~103
《호동서락기》 292
홍대용 215~216, 218~219
화성 122~123, 135, 140~141,
143~153, 217
《화성 성역 의궤》 148~150
화성행행도 147, 151, 153
효종 77~78, 80, 95~100,
102~103

참고문헌

도록

《국립민속박물관》, 국립민속박물관, 1997

《국립중앙박물관》, 국립중앙박물관, 2000

《국립중앙박물관 100선》, 국립중앙박물관, 2006

《규장각 명품 도록》, 서울대규장각, 2000

《북한의 문화재와 문화 유적》, 서울대학교출판부, 2002

《사랑방문화》, 서울역사박물관, 2005

《서울역사박물관》, 서울역사박물관, 2002

《서울의 도요지와 도자기》, 서울역사박물관, 2006

《오구라 컬렉션 한국문화재》, 국립문화재연구소, 2005

《우리네 사람들의 멋과 풍류》, 서울역사박물관, 2006

《조선 목가구 대전》, 호암미술관, 2002

《조선 시대 문방제구》, 국립중앙박물관, 1992

《조선 시대 풍속화》, 국립중앙박물관, 2002

《조선유적유물도감》, 조선유적유물도감편찬위원회,
1988~1996

《조선의 과학문화재》, 서울역사박물관, 2004

《조선의 도자기》, 서울역사박물관, 2009

교과서

초등학교 5학년 2학기 《사회》, 2015

초등학교 5학년 2학기 《사회》, 2019

초등학교 6학년 1학기 《사회》, 2016

초등학교 《사회과부도》, 2019

주진오 외, 《중학교 역사(상)》, 천재교육, 2011

주진오 외, 《중학교 역사(하)》, 천재교육, 2012

조한욱 외, 《중학교 역사①》, ㈜비상교육, 2013

한철호 외, 《중학교 역사①》, ㈜좋은책 신사고, 2013

김종수 외, 《고등학교 한국사》, ㈜금성출판사, 2014

주진오 외, 《고등학교 한국사》, 천재교육, 2011

최준채 외, 《고등학교 한국사》, ㈜리베르스쿨, 2014

한철호 외, 《고등학교 한국사》, 미래엔컬처그룹, 2011

책

강명관, 《조선 풍속사 1》, 푸른역사, 2010

강명관, 《조선 풍속사 2》, 푸른역사, 2010

강명관, 《조선 풍속사 3》, 푸른역사, 2010

강명관, 《책벌레들 조선을 만들다》, 푸른역사, 2007

고미숙, 《열하일기, 웃음과 역설의 유쾌한 시공간》, 그린비,
2003

고지마 쓰요시, 《사대부의 시대》, 동아시아, 2004

권내현 외, 《미래를 여는 한국의 역사 3》, 웅진지식하우스,
2011

규장각 한국학연구원, 《조선 국왕의 일생》, 글항아리, 2009

규장각 한국학연구원, 《조선 양반의 일생》, 글항아리, 2009

규장각 한국학연구원, 《조선 여성의 일생》, 글항아리, 2010

김돈, 《뿌리 깊은 한국사 샘이 깊은 이야기 4 조선 전기편》,
솔, 2014

김동욱, 《실학 정신으로 세운 조선의 신도시, 수원 화성》,
돌베개, 2002

김은하, 《조선시대 암행어사》, 웅진주니어, 2006

김호, 《조선과학인물열전》, 휴머니스트, 2003

류희경, 《우리 옷 이천 년》, 미술문화, 2008

마크 C. 엘리엇, 《만주족의 청제국》, 푸른역사, 2009

박찬영 · 정호일, 《한국사를 보다4》, ㈜리베르스쿨, 2011.

백승종, 《정조와 불량선비 강이천》, 푸른역사, 2011

서미경, 《홍어 장수 문순득, 조선을 깨우다》, 북스토리, 2010

송기호, 《동아시아의 역사분쟁》, 솔, 2007

송찬섭, 《한국사의 이해》, 한국방송통신대학교출판부, 2011

아틀라스 한국사 편찬위원회, 《아틀라스 한국사》,
사계절출판사, 2004

안대회, 《정조의 비밀 편지》, 문학동네, 2010

안휘준, 《미술사의 정립과 확산 1: 한국 및 동양의 회화》,
사회평론, 2006

안휘준, 《미술사의 정립과 확산 2: 한국 및 동양의 미술》,
사회평론, 2006

안휘준, 《안견과 몽유도원도》, 사회평론, 2009

안휘준, 《청출어람의 한국미술》, 사회평론, 2010

역사비평 편집위원회, 《논쟁으로 읽는 한국사 1》, 역사비평사, 2009

역사비평 편집위원회, 《역사용어 바로쓰기》, 역사비평사, 2006

역사신문편찬위원회, 《역사신문 3》, 사계절출판사, 1996

염정섭, 《아 그렇구나 우리 역사 9》, 여유당, 2006

오주석, 《오주석의 옛 그림 읽기의 즐거움 1》, 솔, 2005

오주석, 《오주석의 옛 그림 읽기의 즐거움 2》, 솔, 2006

오항녕, 《조선의 힘》, 역사비평사, 2010

유성룡, 《징비록》, 서해문집, 2003

이병휴, 《조선전기 사림파의 현실인식과 대응》, 일조각, 1999

이수광, 《나는 야위어도 천하는 살찌리라》, 일송북, 2006

이순신, 《난중일기》, 서해문집, 2011

이시바시 다카오, 《대청제국》, 휴머니스트, 2009

이옥, 《연경, 담배의 모든 것》, 휴머니스트, 2008

이정원, 《전을 범하다》, 웅진지식하우스, 2010

이태진, 《조선시대 정치사의 재조명》, 태학사, 2003

이한, 《조선기담》, 청아출판사, 2007

임기환 외, 《현장 검증 우리 역사》, 서해문집, 2010

임용한, 《난세에 길을 찾다》, 시공사, 2009

임용한, 《조선 국왕 이야기 1》, 혜안, 1998

임용한, 《조선 국왕 이야기 2》, 혜안, 1999

전국역사교사모임 외, 《마주 보는 한일사 2》, 사계절출판사, 2006

전국역사교사모임, 《살아있는 한국사 교과서 1》, 휴머니스트, 2012

전상운, 《한국 과학사》, 사이언스북스, 2000

정진영, 《조선 시대 향촌 사회사》, 한길사, 1998

지상현, 《한국인의 마음》, 사회평론, 2011

최기숙, 《처녀귀신》, 문학동네, 2010

최석태, 《조선의 풍속을 그린 천재 화가 김홍도》, 아이세움, 2001

최응천 외, 《금속공예》, 국립중앙박물관, 2007

최익환, 《실학파와 정다산》, 서해문집, 2011

최형철, 《박물관 속의 한국사》, 휴머니스트, 2007

한국고문서학회, 《조선시대 생활사 1》, 역사비평사, 1996

한국고문서학회, 《조선시대 생활사 2》, 역사비평사, 2001

한국고문서학회, 《조선시대 생활사 3》, 역사비평사, 2006

한국사연구회, 《새로운 한국사 길잡이 上》, 지식산업사, 2008

한국사특강편찬위원회, 《한국사특강》, 서울대학교출판부, 2008

한국생활사박물관 편찬위원회, 《한국생활사박물관 10》, 사계절출판사, 2004

한국생활사박물관 편찬위원회, 《한국생활사박물관 11》, 사계절출판사, 2004

한국역사연구회, 《조선시대 사람들은 어떻게 살았을까 1》, 청년사, 2005

한국역사연구회, 《조선시대 사람들은 어떻게 살았을까 2》, 청년사, 2005

한국역사연구회, 《조선은 지방을 어떻게 지배했는가》, 아카넷, 2003

한국의상협회 편집부, 《500년 조선왕조 복식》, 미술문화, 2003

한명기, 《정묘·병자호란과 동아시아》, 푸른역사, 2009

한영우, 《다시 찾는 우리역사 2》, 경세원, 2008

한일관계사연구논집 편찬위원회, 《왜구·위사 문제와 한일관계》, 경인문화사, 2005

황문숙, 《조선 시대 혼인식에 가다》, 가나출판사, 2009

사진 제공

14 〈부산진 순절도〉(육군박물관) / 15 〈동래부 순절도〉(육군박물관) / 16 도요토미 히데요시(오사카시립박물관), 조총(육군박물관) / 18 정선의 〈경복궁도〉(고려대학교박물관) / 20 〈난중일기〉(국가유산청) / 22 불랑기포(사계절 출판사), 호준포·천자총통(국립진주박물관), 지자총통, 신기전과 화차(전쟁기념관), 비격진천뢰(현충사관리소(국가유산청)) / 23 거북선(이미지클릭) / 25 안택선(이미지클릭), 판옥선(서울대학교 규장각한국학연구원) / 27 금산 칠백의총(북앤포토) / 30~31 〈임란 전승 평양 입성 도병〉(고려대학교박물관) / 32 폴 루벤스의 〈조선 남자〉(장 폴게티미술관) / 33 귀무덤(연합뉴스) / 45 이마리 채색 동식물 무늬 합(국립중앙박물관) / 48 동래읍성(별별여행) / 49 해운대 해수욕장(Depositphotos), 장산에서 바라본 광안 대교(PIXTA) / 50 부산 국제 영화제 거리·자갈치 시장(Depositphotos), 영화인의 핸드 프린팅(별별여행) / 51 감천 문화 마을(Gigiek | Dreamstime.com), 어린 왕자와 사막 여우 동상(PIXTA), 부산 임시 수도 대통령 관저(부산광역시) / 55 삼전도비(북앤포토) / 56 《동의보감》(시몬포토) / 58 〈항해조천도〉(국립중앙박물관) / 63 정선의 〈세검정도〉(국립중앙박물관) / 64 광해군 묘(서헌강) / 69 남한산성(북앤포토) / 74 김윤겸의 〈호병도〉(국립중앙박물관) / 76 《심양일기》(서울대학교 규장각한국학연구원) / 95 대동법 시행 기념비(북앤포토) / 100 《효종 국장 도감 의궤》(서울대학교 규장각한국학연구원) / 101 사모·각대·홀(한국기독교박물관) / 107 숙종과 인현 왕후의 능(시몬포토) / 109 〈팔도총도〉(서울대학교 규장각한국학연구원), 〈동국대지도〉(국립중앙박물관) / 110 송시열(국립중앙박물관), 윤증(충남역사문화원) / 113 연행도(숭실대학교 한국기독교박물관), 〈조선인래조도〉(북앤포토) / 116 오죽헌 뒤뜰의 오죽(PIXTA) / 117 정동진의 해돋이(PIXTA), 정동진 레일 바이크(별별여행) / 118 경포대(디앤에이스튜디오_한국관광공사), 경포호(주식회사 디노비즈) / 119 강릉 커피 거리(별별여행, 크라우드픽), 오징어회(traveling Jiny) / 122 화성 행궁(서헌강) / 124 영조(국립고궁박물관), 탕평비(북앤포토) / 125 탕평채(이미지클릭) / 129 균역청 사목(장서각) / 131 정조(타임스페이스) / 132 김홍도의 〈규장각도〉(국립중앙박물관) / 137 심환지(경기도박물관), 정조 어찰(국립중앙박물관) / 141 〈춘천 시사 열무도〉(서울대학교 규장각한국학연구원) / 143 거중기·유형거·녹로(서울대학교 규장각한국학연구원) / 144 서장대·서남 암문·팔달문·봉돈(서헌강) / 145 창룡문·동북 공심돈·화홍문·장안문·화서문(서헌강) / 146 〈봉수당 진찬도〉(동국대학교박물관) / 147 〈한강 주교 환어도〉(삼성미술관 리움) / 150 《화성 성역 의궤》(서울대학교 규장각한국학연구원) / 151 〈환어 행렬도〉(삼성미술관 리움) / 152 《홍재전서》·〈어정 오경 백편〉(서울대학교 규장각한국학연구원) / 153 〈서장대 성조도〉(국립고궁박물관) / 157 《한중록》(북앤포토) / 163 평창 봉평면 메밀꽃밭(Gettyimages/이매진스) / 172 〈수계도〉의 담배 피우는 장면(시몬포토) / 173 김홍도의 〈담배 썰기〉 일부(국립중앙박물관) / 175 김홍도의 〈주막〉(국립중앙박물관) / 176 김홍도의 〈나룻배와 강 건너기〉(국립중앙박물관) / 178 도량형 도구(국립민속박물관) / 179 상평통보(국립민속박물관) / 201 《반계수록》(성호기념관) / 204 이익·〈성호사설〉(성호기념관) / 211 박지원(시몬포토) / 212 박지원의 《열하일기》 표지(서울대학교 규장각한국학연구원), 내지(북앤포토) / 213 《북학의》(한국기독교박물관) / 214 〈태평성시도〉(국립중앙박물관) / 217 정약용(다산기념관) / 218 안경(실학박물관), 천리경·자명종(한국기독교박물관) / 219 〈곤여 만국 전도〉(서울역사박물관), 《천주실의》(한국기독교박물관) / 220 다산초당(토픽포토) / 225 《목민심서》(국립중앙박물관), 《흠흠신서》(성호기념관) / 229 《대동여지도》 지도책·목판(국립중앙박물관) / 238~239 양반탈·초랭이(국립중앙박물관), 말뚝이·맏양반·둘째 양반·셋째 양반(안동 하회동 탈박물관) / 240 김홍도의 〈자리 짜기〉(국립중앙박물관) / 244 공명첩(독립기념관) / 248 〈평양도〉 중 판소리 장면(서울대학교박물관) / 251 신윤복의 〈월하정인도〉(간송미술관) / 252 이상좌의 〈송하보월도〉(국립중앙박물관) / 253 정선의 〈인왕제색도〉(삼성미술관 리움) / 254 신윤복의 〈미인도〉(간송미술관) / 255 김홍도의 〈씨름〉(국립중앙박물관) / 256 김홍도의 〈빨래터〉·〈서당〉(국립중앙박물관) / 257 〈백수백복도〉(국립고궁박물관) / 258 〈까치 호랑이〉(시몬포토) / 259 청화 백자(국립중앙박물관), 옹기(북앤포토), 경상·떡살·소반·조각보(국립민속박물관), 나전 칠기(서울역사박물관) / 264 마패(국립중앙박물관) / 265 유척(국립고궁박물관) / 272 함(국립민속박물관) / 273 비녀·뒤꽂이(담인복식미술관), 빗치개·떨잠·칠보 가락지(서울역사박물관), 산호 가지 노리개(국립고궁박물관) / 274 기러기 인형(국립민속박물관) / 275 머릿기름함·분합·경대(국립고궁박물관) / 278 〈율곡 선생 남매 분재기〉(건국대학교박물관) / 279 《내훈》(서울대학교 규장각한국학연구원) / 282 규중칠우(서울역사박물관) / 283 나비모양 은단추·박쥐무늬 도금단추·연밥 장식(담인복식미술관) / 289 장도(서울역사박물관) / 291 허난설헌의 〈앙간비금도〉(유로크레온), 《윤지당 유고》·《정일당 유고》(국립중앙도서관) / 293 《만덕전》(서울대학교 규장각한국학연구원) / 297 조선 여인의 가죽신(국립고궁박물관) / 300 백록담·한라산 국립 공원(토픽이미지스) / 301 새별오름(교보생명 공식블로그), 들불축제(PIXTA) / 302 협재 해수욕장(별별여행), 만장굴(이범수, 한국관광공사) / 303 제주목 관아(이범수, 한국관광공사), 제주도 감귤·제주 흑돼지 구이(PIXTA)

정답

1교시

01 곽재우 / 이순신

02

	O
O	
O	
O	

03 ③ – ② – ① – ⑤ – ④

04 ④

05 ① 공명첩 ② 명나라
③ 성리학 책 ④ 도자기

2교시

01 ④

02 명나라

03 ②

04 ③

05 ⑥ – ② – ④ – ① – ③ – ⑤

3교시

01 ① 동인 ② 서인 ③ 북인 ④ 남인

02 ③

03 ③

04 ④

4교시

01 배다리

02 ⑤

03 ①

04 ③

5교시

01 보부상

02 구황

03 이랑, 고랑

04 ④

05 ⑤

6교시

01 오른쪽

02 ③

03 ③

04 ⑤ – ④ – ① – ③ – ②

05 ③

7교시

01 탈춤

02 ⑤

03 ④

04 신분 제도

8교시

01 ① 모란꽃 병풍 / ② 소나무와 대나무 /
③ 표주박

02 ③

03 ④

04 ① 허난설헌　　② 김금원
③ 김만덕　　④ 임윤지당

용선생의 시끌벅적 한국사 ⑦ 임진왜란과 병자호란을 극복하다

저자 현장 강의 전면 개정판(양장판) 1쇄 발행 2023년 5월 2일
저자 현장 강의 전면 개정판(양장판) 2쇄 발행 2024년 11월 25일

글 금현진, 정윤희 | 그림 이우일
정보글 나종현 | 지도 박소영, 조고은 | 기획 세계로
검토 및 추천 전국초등사회교과모임
자문 및 감수 송찬섭
어린이사업본부 이승필
편집 송용운, 김형겸, 오영인
마케팅 윤영채, 정하연, 안은지
경영지원 나연희, 주광근, 오민정, 정민희, 김수아, 김승현
디자인 가필드
조판 디자인 구진희, 최한나
사진 북앤포토, 포토마토

펴낸이 윤철호
펴낸곳 (주)사회평론
전화 02-326-1182
팩스 02-326-1626
주소 03993 서울시 마포구 월드컵북로6길 56 사평빌딩
용선생 클래스 yongclass.com
용선생 카페 cafe.naver.com/yongyong
출판등록 1993년 10월 6일 제 10-876호

ⓒ 사회평론, 2016

ISBN 979-11-6273-272-4 63900

종이에 손을 베지 않도록 주의하세요.
책 모서리에 다칠 수 있으니 책을 던지지 마세요.

이 책을 읽고 추천해 주신 선생님들

강관섭 안산디자인문화고등학교   강성기 월랑초등학교   강수미 서울흥일초등학교   강진영 백록초등학교

고정숙 애월초등학교 더럭분교장   고혜숙 신영초등학교   고환수 한려초등학교   곽병현 표선초등학교

국현숙 영서초등학교   권순구 용황초등학교   권영성 매곡초등학교   권용수 복주초등학교

김경아 아화초등학교   김경태 죽전초등학교   김대운 신광중학교   김도한 화성금곡초등학교

김량현 아양초등학교   김미송 성산초등학교   김미은 월포초등학교   김봉수 기산초등학교

김상옥 인계초등학교   김선영 화명초등학교   김선화 연수초등학교   김설화 제일고등학교

김영주 수완중학교   김영희 용황초등학교   김옥진 양천초등학교   김용현 남원산내초등학교

김우현 한산초등학교   김은희 광주동산초등학교   김재훈 동량초등학교   김정현 서울수송초등학교

김종관 광주동산초등학교   김종훈 우만초등학교   김주섭 용남초등학교   김진호 경일관광경영고등학교

김현수 이리부송초등학교   김현애 영림초등학교   남궁윤 평창초등학교   박상명 백산초등학교

박상철 광주동산초등학교   박성현 상일초등학교   박순정 서울남사초등학교   박옥주 충주삼원초등학교

박정용 반곡초등학교   박종영 광주봉주초등학교   배영진 무주적상초등학교   배옥영 서울적심초등학교

백승춘 남신초등학교   서단 가포초등학교   서윤영 황곡초등학교   성주연 대구불로초등학교

손유라 교동초등학교   손흥호 대구비봉초등학교   송준언 서울봉은초등학교   신대광 원일중학교

신민경 함덕초등학교 선인분교   신은희 서울개웅초등학교   양은희 서울문교초등학교   양창훈 가락초등학교

양해준 호반초등학교   양혜경 복주초등학교   양혜경 서울탑동초등학교   위재호 서울수송초등학교

윤경숙 새금초등학교   윤일영 서울수송초등학교   이건진 서광초등학교   이기남 본촌초등학교

이수미 운동초등학교   이연민 황곡초등학교   이유리 황곡초등학교   이정욱 대구남산초등학교

이종호 순천도사초등학교   이준혁 안계초등학교   이지영 서울우이초등학교   이충호 가락초등학교장

이혜성 금부초등학교   이훈재 서울봉은초등학교   전영옥 군자중학교   정민영 대운초등학교

정의진 여수여자중학교   조성래 진안초등학교   조성실 치악초등학교   조윤정 서울수송초등학교

진성범 용수초등학교   진유미 원봉초등학교   진현 황곡초등학교   최보람 연수초등학교

최수형 운산초등학교   최재혁 남수원초등학교   하은경 대반초등학교   하혜정 춘천농공고등학교

허승권 비봉고등학교   홍경남 서울수송초등학교   홍지혜 자여초등학교   홍효정 대구동부초등학교

황승길 안성초등학교   황은주 검바위초등학교   황철형 백동초등학교